艺术大师刘海粟的朋友圈

石楠 著

广西师范大学出版社
GUANGXI NORMAL UNIVERSITY PRESS
·桂林·

艺术大师刘海粟的朋友圈
YISHU DASHI LIU HAISU DE PENGYOUQUAN

图书在版编目（CIP）数据

艺术大师刘海粟的朋友圈 / 石楠著. --桂林 ：广西师范大学出版社，2022.3（2022.6 重印）
ISBN 978-7-5598-4713-3

Ⅰ. ①艺… Ⅱ. ①石… Ⅲ. ①刘海粟（1896-1994）－生平事迹 Ⅳ. ①K825.72

中国版本图书馆 CIP 数据核字（2022）第 018246 号

广西师范大学出版社出版发行
（广西桂林市五里店路 9 号　邮政编码：541004
网址：http://www.bbtpress.com）
出版人：黄轩庄
全国新华书店经销
广西昭泰子隆彩印有限责任公司印刷
（南宁市友爱南路 39 号　邮政编码：530001）
开本：787 mm × 1 092 mm　1/16
印张：18　　插页：18　　字数：245 千
2022 年 3 月第 1 版　　2022 年 6 月第 2 次印刷
定价：78.00 元

代序

我与艺术大师刘海粟

我和海翁相识在38年前，其缘由是我的处女作《画魂——潘玉良传》。

那是1982年12月25日，在雪片似的读者来信中，有封署名“刘海粟”的信。我读这封信时的心情特别激动，这个名字在我的《画魂》中写到过。可我在撰写这部传记小说之先，却未能采访他，凭借的只是一些报刊资料和当年就读于他创办的上海美专的部分艺术家的访谈。没想到我这本小书却深深打动了这位87岁高龄的艺术大师，他竟流着泪读了一遍又一遍。他邀请我于当月25—26日到南京，参加南京艺术学院（前身上海美专）建校70周年校庆典礼和他从事艺术活动70周年纪念画展。

本书作者石楠（左）与刘海粟大师合影

因为《清明》文学季刊和安徽作协定于当月29日在合肥为我这部作品举办研讨会，我得在28日之前赶到合肥。我赶到南京时已是26日的晚上了，未能赶上校庆典礼，晚上10时才辗转与海翁取得联系。他要立即派车接我到他的住处，因为时间太晚，我谢绝了。我们相约第二天在南京美术展览馆他的画展开幕式上相见。

海翁剪彩时才来。参加开幕式的宾客很多。江苏省领导人陪着他，我没去惊动他，他却没忘记他请来的客人，派人来招呼我：看过展览后，他在休息室等我。

我随着人流观看画展。展出100多件作品，都系他不同时期的代表作。我喜欢他油画的绚丽色彩、国画的阔大气派，以及弥漫其间的浪漫主义气韵和浓郁的民族传统艺术的韵律。可因为他陪着江苏省委负责人和艺术界名流观看画展，从一楼一口气上到三楼，脉搏骤然加速，被立即送回住地西康路33号省委招待所，接受检查治疗。他在接受心电图观察时还记着我，向身边的人打听我在哪里，说他要见我。有人把我从南京美术馆接到他的住地，嘱咐我说:“只见见,不要跟他说话。他的心脏一分钟跳到 150 多次,不能激动。”

我遵嘱一言不发,海翁却紧紧攥住我的手说:“你的《画魂》写得好呀!我还以为你是我上海美专的校友呢!没想到你这么理解我,这么理解我的美专,理解我的事业……”他老泪肆淋,激动得泣不成声。他的老友南京艺术学院副院长谢海燕教授、伊乔夫人、医生都吓慌了,一齐俯身劝道:“你不能说话,不能激动!”他却不管这些,继续说:“石楠同志,我有很多话要跟你说……”

谢院长又一次打断他:“刘院长,有话现在不能说!等你好了,我们再请石楠同志来,你再慢慢说,今天不行。”

我使劲从他手里抽出手来,含着莹莹泪光,退了出去。谢院长亲自把我送上了去合肥的火车。

1983 年 1 月 29 日,我收到他身边工作人员的信,说海翁就要去广州和他归国的子女欢度春节,说他想在去穗前和我谈谈。

我应邀前往。不巧的是,我到南京的前一天,他背上患了一个囊肿住进了工人医院。我在他的秘书和伊乔夫人的陪同下,乘坐南京警备司令员的车去看他。

海翁侧卧在床,一见到我,就颤巍巍伸出了双手,紧紧握着我的手说起来,谈他如何创办我国第一所美术专门学校上海美专,谈他首倡男女同校、模特儿写生和旅行写生这些中国美术史上的创举,谈潘玉良的性格、才艺,谈蔡元培先生对他的扶植,谈怎样向康有为先生学书法和古诗词,谈他与徐志摩、郁达夫、郭沫若、傅雷、陈独秀的交谊,谈他虎步西洋艺海的苦读力学。一说就是一个多小时,却把亲自驾车送我们来的司令员冷落一边,好像室内没有他这个人存在似的。我感到很不过意,示意他的秘书去跟那位热爱艺术的司令员说说话。

他越说越兴奋,越说越激动,声音洪亮,滔滔不绝,根本不像一个患了病叫人为之担忧的87岁的老人。若不是夫人上来劝阻，他还要继续说下去。为了他的健康，我起身告辞。伊乔夫人却非要我用了一碗红枣藕粉羹才让走。

1983年5月，海翁的画展在北京美术馆开幕，他住在钓鱼台国宾馆，寄给我两张请柬。我不能前往出席开幕式，在复信中约略透露了一点儿正在风起云涌的有关《画魂——潘玉良传》的争议。他在回信中对我说："《潘玉良传》之所以轰动一时，说明人们之觉悟愈高，对封建主义之憎恶必然愈甚，绝不是任何人可以否定的。一切都置之不理可也。专此奉答，不尽凄凄。"又在信后空白处写了："纸上人间烟火，笔底四海风云。"

我第三次见到海翁，是1984年7月5日。上海沪剧院根据《画魂》改编的大型沪剧《画女情》在沪公演，邀请我们这天同时观赏。我夫妇和海翁夫妇被安排在五排正中，我依老人而坐。他神情非常专注，随着剧情变化着，忽悲忽喜，几近沉醉。幕间休息，我们又一起在休息室里会见了主要演员，和他们合了影。剧终，我们又一起走上舞台，祝贺演出成功并和全体演职员合影留念。他邀请我夫妇第二天下午4时到他下榻的衡山宾馆10楼5号相见。

我们如约前往。推开他画室的门，里面已是宾客满堂了。上海电视台在拍他挥毫作画的专题，有记者，有搞摄影的，办画刊的，搞根雕的，有想请他给自己作品题识的，有想请他推荐扶植的，有请他题写刊名、栏目标题的，有想抢拍镜头的，50多人把老人簇拥着。他一见我们进去，就扶着沙发扶手站起来，挽起我的手，在人群中转着圈子，向宾客们介绍着我："这是写《画魂》的石楠同志，她的作品影响很大，我到哪儿，哪儿的人都知道，石楠同志很有才气……"他这一广告，我的脸不由发热发烧，围着他的人倏然对我这土里土气的女人刮目相看了，拿着相机揿动了快门，给我和海翁拍照，报刊编辑上来向我约稿，喧声琅琅，老人和我都陷在重围中。忠诚于他的秘书见老人已招架不了，便拨开人群大声说："老先生累了，老太太也累了，老人要休息了！"他架着海翁冲出重围，把老人扶进了内室，又回来把客人们一个个赶走了。我们也知趣地退出了。海翁觉得就这么让我们走了，心里很不过意，批评了秘书，又亲自打电话给沪剧院，请他们邀请我夫妇和导演、编剧、主要演员到他住处谈谈。

他一见到我们，就连声道歉，当场就在我带去请他题字的《画魂》获奖奖品册页上题写了："一卷画魂书在手，玉良地下有知音。石楠为潘玉良作传，而玉良之名始著人间，儿女异代知音，书此赠之。"又兴奋地谈起了中国画坛的发展和繁荣的情况。他说："我一向反对艺坛上的宗派主义，我主张艺术大公，各种流派同存和竞争，就像一个花园，花的品种越多就越绚丽。"

1985 年 12 月初，我为写《寒柳——柳如是传》寻访柳如是足迹，从吴江、常熟转到上海。我给海翁家打电话，他的侄儿告诉我，他在上海，仍住衡山宾馆 10 楼 5 号。2 日晚上，我们在电话中相约 3 日上午 10 时相见。他一见到我，就紧紧攥住我的手说："好久未见到你了，你怎么不来看我？"

我想，我来看你容易吗？到哪去报销路费？我什么也没说，只笑了笑。

老人把我拉到沙发上坐下，就侃侃谈了起来。他先讲中国人在外国是英雄，列举了在美国的吴健雄、李政道、杨振宁等一批科学家，又讲华罗庚、钱伟长、钱学森是中华民族的英雄。他勉励我说："你要力争做个文学上的英雄，要不断地突破自我，超越自我，永不要满足。不仅要有在国内文坛上去一争雌雄的志气，还要有到国际文坛上去一争雌雄的志气。人生就是要不知疲倦地奋进。我已听说过，你承受了很大的压力，对于压力和妒忌，不要发脾气，要争气。妒忌古已有之，你读过《报任安书》没有？”

我点点头。

“读一遍不行，十遍、百遍还不够。归震川说：‘千读始得其神，万读始得其味。’这是经验之谈哪！”他背起了其中一段：“盖文王拘而演《周易》；仲尼厄而作《春秋》；屈原放逐，乃赋《离骚》；左丘失明，厥有《国语》；孙子膑脚，《兵法》修列；不韦迁蜀，世传《吕览》；韩非囚秦，《说难》《孤愤》；《诗》三百篇，大抵圣贤发愤之所为作也……”他诵完之后，又说：“我这个人哪，一生什么样的境遇都历经过，有过轰轰烈烈的生活，更多的时候是被误解。得意之时，我淡然处之；失意之时，我泰然处之。任何一个人，一生都不可能一帆风顺，没有挫折的人生不能算是完美的人生。何谓丈夫？何谓坚强？在别人活不下去的环境中活着，又不丧失人生信念和高尚气节，能忍人所不能忍，方能为人所不能为！你不要怕，要挺住，不要被人一压就压垮了！压力越大，你越要争气，任何时候都不能放弃你对事业的热爱和追求。一切官爵都是过眼烟云，只有事业永存。不要去追求那些东西，要写出好作品，让人佩服的好作品，让作品说话！”他又问我这几年有些什么新作。我一一告诉了他。他点点头说：“这很好！”又问我有什么新的创作计划。我说我正在写《寒柳——柳如是传》，他高兴地大声说：“这好呀！柳如是是一代奇女子，我给你写书名。”说着就起身走进了画室，给我写了两张，一张淡墨的，一张焦墨的。我告别时，他把我送到门口，再次握着我的手说：“要好好干，你还年轻，一定要写出更好的作品来。”

这次会晤，给我留下了刻骨铭心的印象。他的那些话，都是他长长人生的经验之谈，也长长地影响了我。每当我的人生旅途遇到了逆风恶浪，每当我的心律失衡的时候，老人的这席话就会像黄钟大吕般在我心头响起，经过灵魂震颤，压力慢慢地化作了动力，失衡的心也逐渐回归到正常。它永远激励着我去迎接困难。

1990 年春，上海文艺出版社社长、总编辑江曾培先生写信约我撰写海翁的传。我写信征求他的意见。那时，他正在洛杉矶游历。他接到我辗转寄达的信，立即嘱咐他在美国的义女、刘海粟国际文化基金会副秘书长慕慧君女士给我写信。说他得知我有意为他立传，非常高兴，他和全家都将全力支持我，说他相信我能有新的突破。他寄望于我，并亲笔题赠了刚刚出版的《刘海粟书画集》和他在国外举办画展、讲学活动的剪报资料，并告知我他飞香港的日期和回沪的日程，约我做竟日之谈。

慕慧君女士还从美国飞到上海与我会晤，提供了海翁在海外弘扬中华文化的有关素材和资料。他的家人又陆续给我寄来了他几近全部的著作，谈艺录、年谱、传记等和他们搜集整理的报刊资料。海翁无不亲笔题字签名。可一晃他在香港女儿处就过了两个生日，我们的竟日之谈可望而不可即。

经 5 年苦苦笔耕的《沧海人生——刘海粟传》终于在 1994 年初完成了初创。我把这个消息告知了他，老人非常高兴，在寄给我的新年贺卡上写道："……上海市人民政府建立现代化刘海粟美术馆，我的故乡常州市已建成刘海粟美术馆，上海市文化局举办百岁寿辰庆典活动，同时，石楠女士巨著《沧海人生——刘海粟传》完成，这是对我一生追求真善美、一生为艺术奋斗的高度评价，我深深地感铭。"并说："我们 2 月 28 日飞沪，相见在即，照片及资料面交。"

期待 5 年的会晤终于到来了。1994 年 3 月 16 日，是海翁的百岁生日。上海市人民政府委托上海市文化局举办刘海粟百岁诞辰庆典，我作为《沧海人生——刘海粟传》的作者和他的友人，受到邀请，有幸出席了这一盛大的生日庆典，重逢了阔别 9 年的海翁。祝寿庆典在上海虹桥宾馆嘉庆堂举行。我们的车一驶近，就看到宾馆门口摆得像山一样的祝寿花篮，鲜花微笑，绸带迎风，洋溢着喜庆的气氛。嘉庆堂内，云聚着海内外的嘉宾，两块大屏幕上交替放映着寿堂庆典活动和海翁十上黄山、江泽民总书记观看他十上黄山画展的录像。寿翁来了，人头攒动，掌声雷鸣，100 支红烛点起来了，100 朵红玫瑰簇拥着百岁寿星。寿翁身着大红羊毛衫，外套西服，精神焕发，光彩照人。伊乔夫人玫瑰红的上衣，披着雪白的披肩。600 多位嘉宾，不是老友，就是学生，谁个和他没有一段情缘？谁个不想迎上去握下他的手，道一声祝福？谁个又不想上前去敬他一杯寿酒？寿堂像海浪样涌动了，沸腾了，吓慌了庆典的主持人，他大声请求嘉宾给予配合，回到各自的席位上。我虽然也想上去问声好，告诉他，我来了。可我没有起身，只是从我的席上望着大屏幕。百岁寿星在“生日快乐”的歌声中，在来宾的祝福声中切开了由 60 个精美蛋糕组成的 3 层 1.5 米高的生日蛋糕。上海京剧院的名角为喜爱京剧的寿翁清唱了《将相和》京剧选段。上海戏剧学校的学生们为他表演了《白雪公主和七个小矮人》的祝寿节目，并送给属猴的海爷爷一只长毛绒猴子。中共上海市委副书记陈至立代表正在北京出席全国人大的上海市领导人吴邦国、黄菊等向寿翁拜寿，并赠送一柄红木如意，祝愿他吉祥如意。寿翁的学生、新加坡艺术协会主席刘抗先生和寿翁在联合国外交官任上工作了 38 年的长子刘虎也在会上发表了热情洋溢的讲话，104 岁的著名画家朱屺瞻先生是上海美专的首期校友，也特地赶到寿堂，向海翁祝贺生日，两位百岁画坛巨擘紧紧握手，互祝长寿。海翁直夸朱翁“画好”！镁光灯四起，百岁寿翁的致词在寿堂中引起了阵阵雷鸣般的掌声，把寿庆推向了高潮。可宾客们怎甘心屏幕上的会晤？他们从德国来，法国来，美国来，日本来，南洋来；广东来，四川来，西安来，黄山来，北京来……千山万水，万里迢迢，谁不想见上海翁一面？报纸上印着赫然标题：《终日访客盈门，老人不堪打扰》。上海市文化局为了老人的健康，派了专人护理，两位女干部守在门口挡驾。她们的嗓音都嘶哑了，许多老友和学生为不能见到他“怨声载道”呢！

庆典的第二天下午5点，我估摸海翁已午休起来了，便带着他约我在上海见面的亲笔信闯到他下榻的衡山宾馆。文化局负责护理的同志见到他的亲笔信，才给予通报。他的小女儿刘蟾小姐出来把我迎了进去，说他爸正在会客，把我引进了另间会客室，伊乔夫人正在陪着等待会见的一批客人。我们等了一会儿，就听到海翁与客人道别的声音，我连忙走过去。老人被访客们重重围着，两位护理小姐扶着他，往内室里搀。一位80多岁的老画家泪水横流地攥着他的一只手在说：“刘校长，这次我能见到您，今生再也无憾事了！”

海翁在人群中发现了我，大声地问我：“我正在等你呢！你

刘海粟夫妇与米屺瞻先生（左一）

何时来的？”

我迎上去说：“我来了好几天，几次电话约见您，他们不让见，今天是我闯来的！”他从那位老学生手里抽出手，指着我，对要把他往卧室搀的护理小姐大声说：“我要见石楠——！我要见石楠——！”护理小姐对着他的耳朵大声说：“您今天累了，应该休息了！”他仍然坚持着：“我在等石楠哪！我要见石楠！”

他们只得把他又扶回会客室的单人沙发上。他紧紧握着我的手说：“我还有很多话要跟你说，我早就等着和你见面呢！”接着他就讲起他生平最重要的经历和故事。刚讲了几分钟，又涌进一批客人，护理小姐走进来，大声对他说：“今天不能会客了，我们要为您的健康负责！”不管他愿意不愿意，就搀起了他。他像一个孩子那样不依不饶：“我还要见石楠！我还要见石楠……”他拉着我的手不放。我这才说：“你们都听见了吧！不是我要见他，是他要见我！”

伊乔夫人和刘蟾小姐拨开了人群走过来对我说：“您明天再来一次吧，让他单独见您。”我们当即约好，还是下午 5 时相见。

3 月 18 日，我通知了想会见海翁的《刘海粟传》的责编和上海《新闻报》一位好友同去见他。海翁刚刚午休起来，精神很好，他紧紧握着我的手就继续着前一天的话题。他思路清晰，很有条理地跟我叙说了他怎样成为一个艺术家和艺术鉴赏家的历程，回忆了他抗日战争时期、“文革”时期的遭际。

我告诉他，这些我都写进了传里。在座的责编也说：“我看过书稿，这些都详细地写了。”海翁非常高兴地说：“你辛苦了，看了我所有的书，你一定写得很好！”我说：“写得好不敢妄说，要等读者的检验，您的书我都读了，不是读一遍，有的读了数十遍呢！”他再次攥住我的手，连声说：“谢谢！谢谢！你是我的忘年知己啊！”接着说，他非常感谢上海的几任市长对他的关心，汪道涵称他是国宝，要加倍爱护，令他十分感动。江泽民市长看了他十上黄山的全部作品，亲自为他十上黄山画展写了序，对全部作品做出了精到的评价，他说江市长是位懂艺术的政治家。他还要说下去，护理小姐和上海文化局的一位处长上来打断了他："您不能再说话了，您该休息了，晚上还要约见客人。"他紧紧拉着我的手说："我有东西送你！"又转身对护理人员说，"我要题字！"他们把他扶到桌边，他让伊乔夫人取来两件礼品：印制精美有很多名人学者题跋的数丈长的《刘海粟洞庭渔村图卷》和台湾历史博物馆出版的大型综合本《刘海粟书画集》，他亲笔一一题上"石楠女史谡存，百岁老人刘海粟一九九四年三月十六日。"临别时，他再次紧握我的手说："人生得一知己，我死而无憾了！"他的眼睛湿了，我的眼睛也湿了。

海粟老人已仙逝26年了，他没有见到我为他写的传记，于他于我都是个遗憾。他走后第二月，即1994年10月，台湾地球出版社出版了我撰写的繁体竖排版55万字《沧海人生——刘海粟传》。1995年4月，上海文艺出版社出版了35万字的修订本。后来，我将删节下来的部分内容，加以丰富后整理写成了《百年风流——艺术大师刘海粟的友情和爱情》一书。这部《艺术大师刘海粟的朋友圈》，是以《百年风流》为基本素材整合删节而成，删去了与交谊无关的内容，只选用了海翁与友人交往故事，重新撰写而成。海翁一生交游广阔，很多历史名流都是他的朋友，他们交往的故事荡气回肠，感人至深，乃人间友谊佳话。希望读者喜欢。广西师范大学出版社独具慧眼，将这本专写艺坛友情的书和海粟老人传记同时推出。在此致谢。

石楠于楠木书屋

2020年7月3日

目录

康有为：向康有为执弟子礼

公生南海，归之黄海。
吾从公于上海，吾铭公兮历沧海。
文章功业，彪炳千载！
——刘海粟《南海康公墓志铭》

天马会画展初识康有为

康有为曾收艺术大师刘海粟做弟子，渊源是天马会的绘画展览。

天马会是中国第一个民间美术团体，刘海粟是其重要的发起人和组织者。共同发起人还有江小鹣、刘亚农、张辟（辰白）、王济远、陈国良、江新、杨清磬、丁悚（慕琴）。他们都是上海美术界名流。

1921 年 8 月 4 日，天马会第四届绘画展览会在美国传教士李佳白新建的尚贤堂开幕。他们提倡创新精神，展品强调新意，吸引了无数的观者。那是一天下午，一位身着纺绸长衫的老人，在三两随从相伴下，迈进展厅。他举止潇洒，气宇轩昂，两鬓霜白，面色略显清癯，银眉似剑，神采奕奕，藏在深陷眼窝中的那对眼睛，如烛如炬。他的风度、气概引起了王济远、江小鹣等画家的注意，便迎上去请他在观众留名册页上签名。

只见此人大笔挥出“康有为”三个字，原来举世闻名、主张拥帝变法维新的大学者来了，这对每一位参展画家来说无不是个鼓舞。他们对老人顿生敬意，陪着老人一行观看展览。

康有为久久停立在刘海粟的《雷峰夕照》《回光》《埠》等油画面前，细细品味。看完全部参展作品，王济远捧上一张六尺大宣，请他为画展题写几个字。他一口应允，并说：“我想和刘海公谈谈。”丁悚告诉他：“他今天不在这里。”康有为“哦”了一声，流露出失望神色，转身往门口走去。王济远、江小鹣、丁悚把他送出展厅，却在门口台阶上与刘海粟不期而遇，丁悚高兴地给他们做介绍：“康南海先生，这位就是刘先生！”

康有为微微仰起头打量着他，问：“你是刘海公的儿子吧？”

刘海粟在孩提时候，就听母亲讲过康有为冲破清朝森严禁令、领头要求变法维新的故事，也曾读过他的《新学伪经考》，对“公车上书”的勇士们由衷钦敬。他有些激动地说：“在下就是刘海粟。”

“你就是刘海粟？”康有为用惊讶的目光审视着他，“我还当你是50岁左右的人呢！你的油画老笔纷披，气魄雄厚，你却如此年轻！”喜爱之情溢于言表。

刘海粟被当众褒奖，感到不好意思，自谦地说：“老先生过奖了！”

康有为的话匣子打开了，他问海粟：“不知你在中国画家中服膺谁人？”

海粟脱口而出：“董源、巨然、黄公望、吴仲圭、倪云林、王蒙、沈周、徐渭、八大、石涛等，都是震古烁今的杰出画家。”

康有为又问："在西洋画家中，你爱重谁人？"

海粟答道："我喜欢达·芬奇、拉斐尔、米开朗琪罗、伦勃朗，也喜欢印象派诸家，他们对光、色的创新，给西洋画注入新的生命。"

康有为掩饰不住内心的高兴，大声笑了起来，握住他的手说："太好了，明天请到我家里来。我有吴仲圭、沈石田的真迹；也有拉斐尔、米开朗琪罗的油画复制品，那是我在欧洲时请很高明的画家临摹的，你可以来研究一番。"又给海粟介绍了陪侍在旁的女婿潘其旋，并给海粟留下了他的住址。

入室论道，南海择弟子

第二天一早，刘海粟怀着对领导"戊戌变法"的这位思想家的敬意，按照康有为留下的地址找到愚园路 172 号康府的竹篱笆门外，看门人立即迎上来说："您是刘先生吧？康大人吩咐我在这儿等候多时了。"

进门后是一座布局别致的花园，小桥流水，石径幽篁，曲廊碑碣，域外雕刻。康老的居室题作"游存庐"，建筑成茅舍形式，门外的回廊、栏杆、门窗，皆以未去皮的圆木建成，有一种原生趣韵，使他顿生走进山野人家之感。可茅庐里却是另一方天地。脚下是紫红色地毯，墙上挂着唐画、宋画、元画，檀香案上陈设着庄严妙曼的佛像和意大利石雕、稀有动物标本，满书橱的线装书和烫金的外文图籍。

康有为见到他非常高兴，携起他的手，把他带到石雕前，让他欣赏那些出自异域艺术家之手的作品。后又把他引进挂着的中国画前，谈起了中国历代的画家。他们从王维、二米谈到元四大家的高士逸笔，从明四家的唐寅、仇英又谈到画杰石涛、石溪，还有郎世宁。他们信马由缰，在中国画广阔的天宇间驰骋。谈到纵情处，两人放声大笑。

康有为又拿来一个卷轴对海粟说："你们组织了个天马会，我画了一幅《天马行空图》，拿给你看看。"他把画展开在海粟面前，共同欣赏起来。

海粟被康有为绘画的恢宏气度、书法的雄厚根基和灵动中蕴含的古拙吸引住了，他脱口而出："天马行空，神交久矣！"两人纵声大笑。

审美趣味的相投，使两人忘了年龄的差距，康有为觅到了海粟这个论画知音，快乐得像个急迫地向伙伴们展示财宝的孩子，把他请进内室，让他观看提香、伦勃朗、拉斐尔、米开朗琪罗、米勒的名作。虽是复制品，但出自高手。这以前，海粟只在印刷品中见过这些画。拉斐尔的《圣母子》中，圣母温柔仁爱，有如流溢着母爱的人间年轻美丽的母亲，荡涤了一切宗教气息，越看越美，越看越神往，他不禁脱口赞道："拉斐尔真乃画圣也！"又看了拉斐尔另一杰作《西斯廷圣母》，康有为向他介绍："它的原作藏在德累斯顿，替我临摹的画家给我讲过拉斐尔创作此画的故事，那时意大利正受到外族侵略，国内封建势力欲乘机复辟，人民生活在贫困和痛苦之中，幻想有位威严如女王、亲切似母亲的神来保护他们。拉斐尔吸收了达·芬奇描绘女性美的细腻手法，又融合了米开朗琪罗的构图技巧和雄健笔力，完美地把人民的幻想体现在他的这幅杰作中，因而西斯廷的圣母不仅善良纯朴，可亲可爱，又蕴藉着神力和威严。"

刘海粟激动地听着。

康有为从书案上拿起王济远要他题字的六尺宣交给海粟说："我已遵命写好。"

刘海粟双手接过，展开在康有为的书案上，朗读起题写的内容来：

画师吾爱拉斐尔，创写阴阳妙逼真。
色外生香饶隐秀，意中飞动更如神。
拉君神采秀无伦，生依罗马傍湖滨。
江山秀绝霸图远，妙画方能产此人。

接下来是则长跋：

吾游罗马，见拉飞（斐）尔画数百，诚为冠世。意人尊之，以其棺与意之创业帝伊曼奴核棺并供奉邦堆翁石室中，敬之至矣。一画师为世重如此，宜意人之美术画学冠大地也。宋有画院，并以画试士，故宋画冠古今。且观各国画院，十四纪前画法板滞，拉飞尔未出以前，欧人皆神画无韵味，全地画莫宋画。所惜元、明后，高谈写神弃形，攻宋院画为匠笔，中国画遂衰。今宜取欧画写形之精，以补吾国之短。刘君海粟创开美术学校，集合中西，他日必有英才，合中西成新体者其在斯乎？南海康有为游存叟。

刘海粟看完，并不卷起来，而是略有所思地抬起头，转向康有为。康有为银眉一扬问：“刘先生，你不赞成我的画论？”

刘海粟微笑着答道：“有同也有异。”

康有为不觉惊诧起来，还从未有人敢当面说与他的见解相悖，但他很快平静下来，说：“愿听其详。”

刘海粟向康有为抱拳说：“海粟斗胆了！先生对拉斐尔的评价，主张中西融合，强调神形兼备，海粟举双臂拥护，此亦为海粟所追求。但先生颂扬院画，恕我不能苟同……”他见康有为眼里泛起了不悦之色就停住了话头。康有为却叫他说下去，他说：“海粟

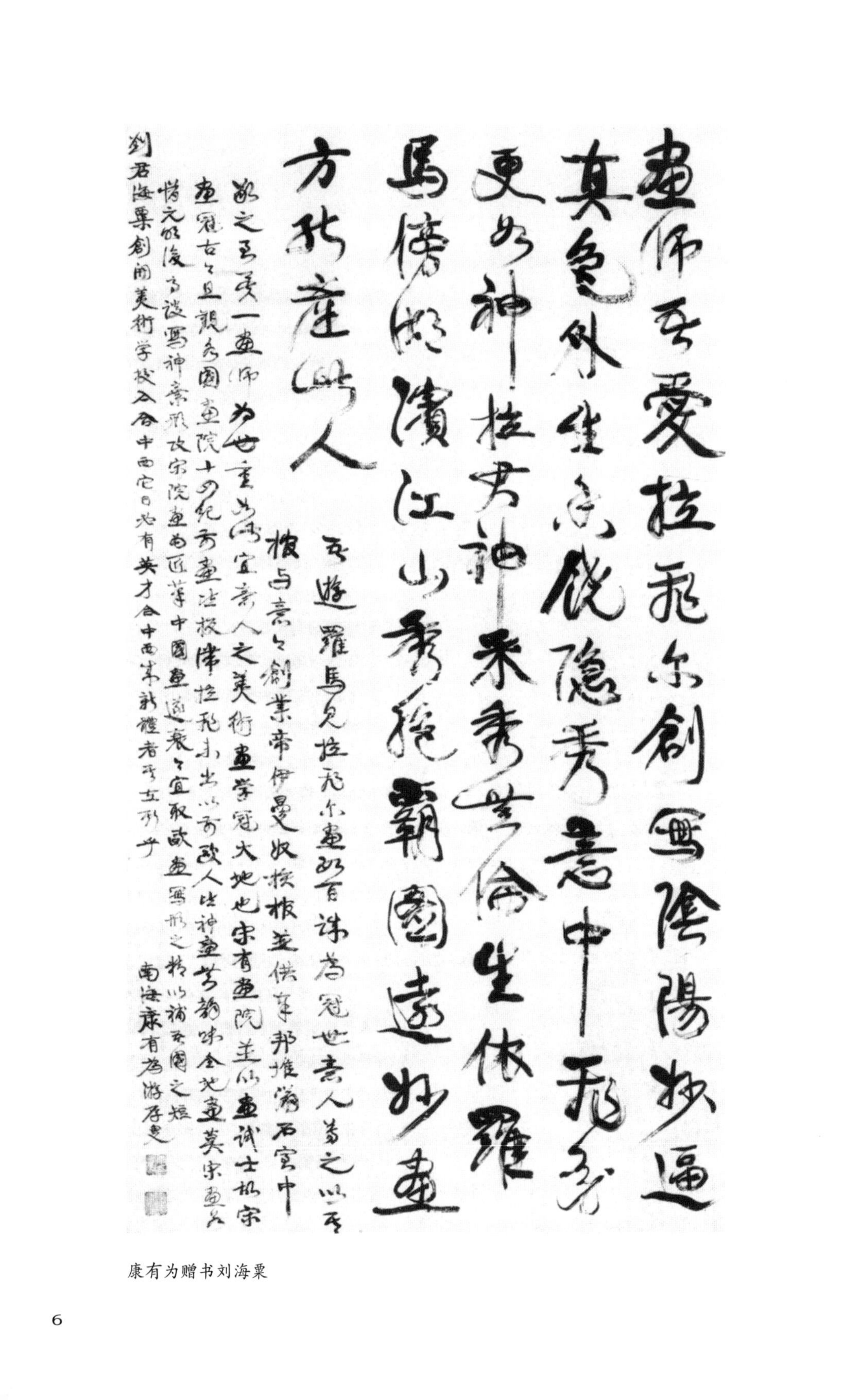

康有为赠书刘海粟

不敢！”

康有为克服了心理上的尴尬，坚持说：“学术上的争论可以求同存异嘛！”

“那我就直言了！”海粟侃侃地说起来，“北宋时期，能继承五代设立画院，养了一批画家，对繁荣艺术起了一定作用。但是，后来以画取士，产生了大批仿古而远离生活的八股画家。我以为，此乃中国画走向衰落的主要原因。”

康有为沉吟不语，但他并没生气，片刻之后，又变得满面春风，说：“刘先生，你是第一个敢当面驳我的人，我很赞赏你的勇敢率直。我一生教了不少学生，林旭 8 岁能诗，梁启超 16 岁考中举人，著述很多，谭嗣同文章人品并传不朽，马君武任广西大学校长，工七律，译过雨果诗篇，这些人物可谓一时之盛。我办的天游学院更是人才辈出。遗憾的是，没有一个通绘画的学生。你 17 岁创办上海美专，画也阔厚雄奇，前程远大，我非收你做学生不可。”

这是刘海粟所没料及的，他怎敢想与梁任公、谭壮飞同列门墙？他还是鼓起胆子说：“我跟您学什么呢？我不愿只挂弟子空名。”

康有为沉吟有顷说：“书画同源，我可以教你写字。”

海粟高兴地应道：“我愿意跟先生学书法，也学诗词古文。”

康有为叫他每星期五到家里来上课。

这第一次造访，他们谈了一天，直到月上树梢。临别，康有为送给刘海粟一本《万目草堂藏画目》，并说欢迎他随时来观摩临摹他的藏品。

书画同源，海粟从康有为学书

几天后，康有为为收刘海粟做弟子大宴宾客。

这是他第一次收弟子举行如此盛宴。来赴宴道贺的有词人况夔生、朱古微，书法家沈寐叟，书法鉴定家甘翰臣等。朋友们纷纷举杯祝贺他喜得高足。他非常高兴，当众教诲刘海粟说："你还年轻，要狠下些功夫，你习颜字时间很长，鲁公对后世书学贡献良多，但唐碑磨之已久，多有损失，辗转翻刻拓印，已非原貌。再说颜字写法也有师承，要追本求源。学书应从钟鼎石鼓入手，只是你年龄已过，身为校长，事多，没有时光从头练起，可先写《石门颂》，再写《石门铭》，后者神姿飞逸，结体疏宕，乃从前者化出。我生于科举时代，以光方乌大之小楷为进身之阶梯，多崇大小二欧。我虽求风骨棱劲，亦可独树一帜。北游之后，以收置金石碑版自娱。观京师收藏家拓本数千种，仅盛伯羲一家，亦有数百种之多，方识汉魏书法之美，苦练《爨龙颜》《石门铭》《灵庙碑阴》，得魏碑中最俊秀之《六十人造像》，渐得苍古沉雄之趣，似婉而刚之力。凡掠捺笔划，辄取上翘之势，多取法《石门》。"那日，康有为赠海粟自著《书镜》(即《广艺舟双楫》)一部。

学书，康有为尊碑不尊帖，特别看重汉碑。他教导海粟："北碑浑涵质朴，庄穆厚重，格调高。学书应该广搜博览，不要独宗一家。"

他教他用墨："干研墨，湿着纸；湿研墨，干着纸。宁浓勿淡，过浓肉滞，淡则单薄无力。"又教他："心是主帅，腕为偏裨，锋是先锋，副毫是战足，纸墨为器械。"

刘海粟每次去上课，康有为都事先叫人磨好墨。他一到，康有为就示范写给他看，边写边讲运笔和字的结体要领，走时将范本送给他，要他回家反复摹练。康有为对他要求极严，要他先练二寸对方大字，写小字也强调悬腕。还常常拿出拓片，要他细细研究结体的讲究，运笔奥妙。并说："只读一家一派碑铭，殊不可取，多见多闻多临，自己悟出道理。路需自己走，否则背熟古人书论即可为书家，写字岂不太容易？”他要求海粟读历代画论：“临碑不读书，至多得古人之皮毛，字匠而已。唐驼非无功力，书卷气不足，故未能免俗。习字得转折、停顿、收缩之法不难，健筋骨、血肉丰满、有个性甚难。而书卷气则极难，唯有书外求之。博览群书，气高志洁，心有巨眼，下笔自然超拔。此境非终生苦学不成，潜移默化，自有天地！”

是师生亦是诤友

刘海粟仿效蔡元培兼容并蓄的办学宗旨，邀请了很多著名的学者到上海美专讲学，康有为也应邀到美专讲学。他容止温文，端重自勉，非常注重仪表，夏天讲课也着长衫，衣冠整齐，口若悬河，引用古书，随口背诵，声若洪钟。海粟既重师道尊严，又不附和他的某些偏颇之见。比如，康有为常常当众诋毁孙中山先生，有一次竟当着日本首相和海粟的面又说孙先生的革命不成功。海粟不赞成他的观点，待客人走后，对他说：“以后请康师不要当众评论孙先生。他和您的政治主张不同，救国热忱并无二致。他的功绩，他的革命精神在史册上自有其不朽地位。”

康有为勃然大怒，拍桌子骂道：“你也太胆大妄为了！他革他的命，我不是什么革命！为什么要相提并论？他的学问可以和我相比吗？！”

刘海粟说：“我知道老师不喜欢随声附和，才说出自己的看法。是非老师可以评断，但我决不说假话！所谓革命，就是除旧布新，旧的东西不合适，提出新的东西来替代它。不仅政治上如此，艺术上、思想上亦如此。我不懂政治，说不出深奥的道理，您主张君主立宪，孙先生主张民主政体，五族共和，比您更进一步，所以绝大多数民众跟着他的潮流走，皇帝被推翻了！”

康有为怅然长叹说："你从哪儿学来这些道理？"他没有再发怒，海粟只得悄然离去。他以为康有为对他产生了成见，不再教他了。但轮到上课那天，他怀着忐忑的心情还是去了。康有为的气却早就消了，他像从没发生过那件事一样，还褒奖了他："你很聪明，敢说实话，这很可贵。尽管你的道理没说服我，但我还是喜欢说真话的学生。"

有一天，刘海粟向康有为询问一些清末掌故，一下触动了他的满腹愤懑，他说："现在的后辈都视我为保皇党，不知我处于斯时斯地难言之痛。清末国运垂危，列强虎视眈眈，那拉氏等不以国事为重，结党营私，吏治不修，欲废皇帝。我之所以保皇者，志在变法，法不变，国土陆沉。我奔走呼号，不遗余力。世人多以成败论人，我何言哉？遍览经籍，中国向无宗教，佛教自印度，耶教来自欧洲，伊斯兰教来自麦加，均非吾土所出；儒教乃教化方式，并非宗教，所言者为政治及处世律己之理想，无佛耶等教参拜仪式；道教浅薄，愚弄愚夫愚妇，与老庄无涉，李渊父子标榜，亦借此维系人心，而收效甚微。余昔大声疾呼，君主立宪，旨在宪政，君主不过维系人心之一大主教，供人顶礼而已。若宪政雷厉风行，清末国事虽千疮百孔，然未尝不可为也！"

康有为兼通中医，海粟多次生病，他都亲自去给他诊治开方，关怀备至。1924 年，美专新校舍落成，康有为为其主楼题写了"存天阁"三字，喻之为储蓄天才之阁。

1926 年，军阀孙传芳下令上海美专禁用模特儿，通缉刘海粟。康有为非常关心他的安全。有一天，竟一连三次赶到美专，要海粟离开，说："我长期过流亡生活，同军阀们打过交道，这些人对异己者无所不用其极，什么手段都会用上。当年谭嗣同在北京，劳神焦思，临危镇定，大仁大勇，他想尽办法，让我和任公化装逃出那拉氏毒手。自己入狱前，本能走开，但他一心要用热血唤

康有为题刘海粟《存天阁》

起同胞，终于壮烈牺牲。我每当深夜吟起他的绝命诗，就老泪泉涌，你不能再像他，我不愿你再流血！”他伸出颤抖的手攥住海粟的手要求着：“你得走，离开上海！留得青山，才有美专哪！”

1927 年 2 月 23 日，康有为 70 岁。面对军阀横行、外强侵略、国无宁日、民不聊生的世状，他仍为空怀壮志不为世用而郁闷。那天，他离开上海，去青岛崂山，海粟到十六铺去送他，竟成永诀。4 日后他到达青岛，27 日广东同乡会在英记酒楼为其接风洗尘，仅饮了一杯橙汁，就七孔流血而死。暂厝青岛李村象耳山。

海粟闻之，悲恸之极，他深感老师教导之恩，直至耄耋之年而不忘。1984 年 5 月，为重建康有为墓园，他从南京乘火车到青岛。启程的前一日，还为康有为第七女康同环所藏其父 94 件书法集题写了《南海康先生法书》书名和序言，他在序言中写道：“吾师奖掖后进，诲人不倦，桃李满园，人才辈出，励精治学，见解独具，于经于史，阐述宏富。尤于书法、诗文，精严纵横，片纸只字，中外同珍。”他在青岛到东郊浮山察看了青岛市政府为康有为选的新墓址，商讨了墓园设计图，又去福山支路 5 号凭吊他恩师的故居。又应青岛市政府邀请，为康有为撰书了新的碑文：

公讳有为。原名祖诒，字广厦。号长素，戊戌后易号更生。

广东南海人也。公十九岁时乡试不第，即慨然以天下为己任。光绪十四年伏阙上书。不得达。十七年撰《新学伪经考》。二十年入京会试，遭弹劾，书被焚而名益彰。次年中日马关订约，天下謷謷言，公深耻之，与弟子梁启超合各省举人上书，世称“公车上书”。值会试榜发，成进士，授工部主事，辞不就。返粤讲学于万木草堂。撰《孔子改制考》。二十三年公复赴京。明年岁首，李鸿章、翁同龢等延晤于总理衙门，公纵论变法维新之宜，众莫能难。翁以公信入奏，德宗下诏陛见，变法诏下，倡君主立宪，忤西太后那拉氏，又为袁世凯所卖，谭嗣同等六君子死焉。公亡命海外十有六年，……撰《大同书》诸作。辛亥后，丁母优归国，在沪创“天游书院”，自号天游化人。公博学善文，擅诗书，精鉴赏，力主革新，然军阀横行志不得酬，郁郁终于青岛。公生于清咸丰戊午，卒于民国丁卯，享年七十。公墓毁于丙午，今得青岛市政府予以重修，背山临海，肃穆壮观。铭曰：“公生南海，归之黄海，吾从公兮上海，吾铭公兮历沧海。文章功业，彪炳千载。”

1985年10月23日，刘海粟以90岁高龄去青岛，出席康有为迁葬和揭墓典礼。新墓地选在浮山南麓，占地700平方米，墓周以花岗岩石建筑围墙，墓后两侧植龙柏六株，象征戊戌维新遇害六君子。他久久伫立墓前，心潮起伏，他的眼前又一次浮起在十六铺码头送别老师康有为的情景，海风撩拨着他的白发，掀动着他的长衫……他不觉想到，人生几多生离死别啊！有的人活着，没人知道他，记着他；有的人死了，却永远有人怀念他。耄耋之年的刘海粟，老泪纵横，他激动地说：“康师，历史是公正的，您安息吧！”

梁启超：亦友亦师梁任公

天下之至乐，当于至苦中求之。
——梁启超

海粟大师和梁启超先生同是康南海先生的门徒。可海翁却说，梁任公无论是学问、道德、文章都堪称他的师表。自清末以来，梁启超的名字一直与康有为并齐，在思想界、学术界有很大影响。任公始终关怀支持他的事业，他们的关系亦师亦友。

1916年，袁世凯称帝，受到全国人民的反对，梁启超草撰了《异哉所谓国体问题者》一文，抨击袁世凯复辟帝制的逆行，斥责为袁黄袍加身张帜鼓吹的“筹安会”。文稿刚脱，袁世凯就知道了，他很害怕梁启超的这篇文章，派他的心腹杨皙子给梁启超送去了一张20万元的银票，说是为梁父祝寿的贺礼，条件是不发表那篇文章，否则，后果自负。

梁启超没有丝毫犹豫，坚决拒绝了袁的收买，毅然退回去银票，还当面斥责了杨皙子。

第二天，袁世凯又派另一心腹来威劝梁启超："先生曾亡命十余载，此种况味，亦曾饱尝，何必自苦？"

梁启超大气凛然地答道："吾乃老于亡命之经验家也！宁乐于此，而不愿苟活于污浊之空气中也。"

文章说出了别人想说而不敢说的心里话，刊出后，震动神州大地，受到全国人民的热烈称赞。21 岁的刘海粟读后，激动不已，挥笔就给梁启超写了封信，声援他这篇讨袁檄文。不过，这只是雪片般的声援信中的一封，梁任公对他不会有什么印象。他们首次相见，是在五年后。

那是一个特殊场合。海粟应著名教育家李建勋、经亨颐之请，到北京高等师范学校讲学。他上讲台的时候，陪同他的人说："今天梁任公也来听你演讲了，就在主席台上。"

他不由紧张起来，心也倏地跳快了。在这样的大学问家面前，他自觉学识太浅陋，担心讲错了，让梁先生见笑，也有在鲁班面前弄斧之嫌。一向自信的他，也不敢自信了。开头发挥得很不理想，但讲了一刻钟后，他的心神渐渐平静下来，鼓励着自己："我还按我的思路讲，就是讲错了也没关系，还可以向他请教呢！有什么可怕的。"这样一来，自信又来到了他心中，他口若悬河讲起来。

但这一次他同梁任公只是匆匆见了一面，未能深谈。

回沪后，由蔡元培先生提议，刘海粟聘请梁启超担任了上海美专校董。他们的真正相识是在 1925 年 8 月，刘海粟从山西参加全国教改会议回来，暂住在徐志摩的北京住所松树胡同 7 号期间。

梁启超是徐志摩的老师，那时，他在清华大学执教。有时，写文章研究学问疲倦了，就到志摩那里去打几圈麻将，放松一下紧绷的心神。海粟被志摩拉来与他同住那天，梁启超又到志摩那里来了。他与同来的蒋百里、蒋复聪和随后进来的胡适搓了两圈麻将后，就到书房来看刘海粟的画。

这些画，有的是他在山西开会时画的速写，有的是他逗留北京期间画的油画。

梁启超坐在徐志摩书案前的藤椅上，海粟把画稿摊放在书案上面，梁先生一张一张观赏。海粟站在他旁边介绍："这张画的是山西晋祠的周柏。这是那里的唐槐。北方的槐不同于我们江南的槐，叶小，开黄花，枝干遒曲苍劲。"

梁启超边看边点头，说："你的速写有特色。"

海粟又拿过另几张佛塑速写介绍说："这是祭祀虞叔母亲邑姜的圣母殿中的宋塑。那圣母像，塑得无与伦比的美。因是集体参观，没时间画出它的贤淑端丽。殿内有 40 多座女塑像，个个传神。由之可见我国古代雕塑艺术的辉煌。"

梁启超评说道："你这张周柏线条有种力感，笔力很气派，有种磅礴气势。"他说着就把那些在北京画的油画拉到面前。"你用色很有个性，浓丽中透出一片辉煌。你用原色作画，与西方新兴的野兽派有着异曲同工之美。难怪志摩总说，力和大要从你的画中飞腾而出啊！"他指着北海那张写生接着说，"这幅代表了你绘画的新水平。比你送我的那张《西湖》有了长足的进步。"

海粟因首倡人体模特儿写生，被攻讦为"艺术叛徒""文妖"、艺术界的"怪人""狂人"。但他听到梁启超的褒奖，居然腼腆起来，说："先生过奖了！海粟未能有很多时间从事艺术创作，大部分精力都得放到教学上，也未能出国深造，自己瞎闯罢了！先生却给我这样的鼓励，深感惭愧呢！"

"海粟，"梁启超改变了对他的称呼，"你不要客气，你我同列康南海先生门墙，算是同门学友。惭愧的应该是我，我任上海美专校董也多年了，你们为模特儿与伪道学们争战的事，我是知道的，我却未能给你们一些帮助，没有尽到一个董事的责任。”

“先生快别这么说，您学识渊博，是学问界的前辈，当为我的老师，您的清名更让我钦敬，海粟怎敢妄与先生称同门。实在不敢，不敢！”

“哈哈……”梁启超快活地笑了起来，“这是事实嘛！好，不谈这个了。”他话锋一转：“我只有你的一张油画，至今还挂在我家客厅中，每每来了客人，我都要请他们欣赏。今天志摩这里有现成的纸笔墨砚，你给我画张国画。”

海粟那时很少画国画，但梁任公开口了，他又不好说自己不善国画，就问：“您想要我画什么呢？”

“就画张竹子吧！”海粟从未画过竹子，但他还是硬着头皮应了。他铺上一张四开宣纸，几笔下来，遂添了信心，笔墨间有了种生动气韵。一竿竹子绰约纸上。

围观的蒋氏叔侄为他鼓起掌来，胡适也起哄地叫好。

海粟心里有数，这是为他捧场。他笑笑说：“梁先生，说心里话，我这是第一次画竹子，赶鸭子上架，您逼出来的。”

“任何事都有个第一次，这不很好吗？”梁启超很高兴，他拿起海粟放下的笔，题上了“孤竹君之二子”六个字。

海粟回沪的前一天，徐志摩请朋友吃饭，算是给他送行。他请了梁启超、胡适、闻一多，还有画家王梦白、姚茫父。席间，大家都很高兴，天南地北地闲聊。胡适夹起一块猪肉，举起来，左看右看，说：“中国诗人都吃肉，可就没人写过猪，只有这个畜生没有入过诗。”说着把肉放进嘴里，摇着头细细嚼着，吞了下去，又说：“给予人类如此美味的畜生没入诗，不公平！”

大家哈哈笑了起来。博学的梁启超没有笑，他说：“不见得猪就没入过诗吧，乾隆就写过‘夕阳芳草见游猪’的诗句。”

胡适不服输："它入过诗，可没入过画。"

王梦白接上说："以画猪出名的是没有，但猪还是可以入画的。"

"你画一张怎么样？"志摩来了兴致，"请梁先生题上乾隆的诗句。"

"好！"王梦白扔下筷子，离席走到志摩书案前，铺上宣纸，挥笔就画。

海粟第一个离开餐桌，跟到案前看画猪，接着大家都围了过来。梦白不愧为丹青高手，丑陋的猪在他的笔下，也变得憨态可爱起来，不一会儿就画好了。海粟情不自禁地叫起好来。梁启超在上面题上了乾隆那句诗。姚茫父也题了一首。数天后，这张画发表在《晨报》画刊上。大家又要海粟也画一张。

海粟说："今天就算了吧，梁先生累了。"

梁启超兴致很高："你画吧，我不累。"

海粟遂画了一张猪的速写。后来发表在《上海画报》上。海粟放下画笔，拿出一把泥金扇面，请梁启超写字，梁启超当即就在上面题了一首陈其年的诗。这把扇面，海粟一直珍藏了几十年，却在那颠簸的岁月中失去了。

梁启超离去时，对海粟说："我明天回家，你回去也要坐火车，不如跟我一道到我天津舍下小住几日。"

海粟高兴地接受了邀请。第二天，他跟梁启超同乘头等火车，两人一个包厢的卧铺到天津。

海粟十分珍爱这次天津之行，直到晚年，还念念不忘这次旅行给他的人生启迪。他对笔者说："和梁先生的长谈，我受益终身。"他还粗略地记得他们先谈的是戊戌变法。梁启超说，谭嗣同本来是可以逃走的。我去浏阳会馆劝他出逃，可他不肯走，还要以死来抗争。说到谭壮飞遇难，梁启超潸然泪下。他们也谈到梁启超退回袁世凯20万两银子的事。海粟不由激动起来，说："梁先生，您这篇檄文一出，举世盛赞您的清明，不知您可有印象，我曾投书给您，声援您呢？”

“哈哈，我们神交久矣！”梁先生不由又快活起来，“可这篇文章，让我饱尝了逃亡奔波之苦啊！”

“先生，您能给我说说这次流亡详情吗？”海粟诚恳地请求着。

“当然可以，我的这段反袁流亡经历，对于有志的年轻人，也许有些启示。”他遂说了他何时从天津出发，何时抵沪，电请广西都督陆荣廷宣布独立，如何乘“横滨号”出吴淞口，如何躲过密探，偷渡国境，从越南入云南，去与蔡松坡将军会齐，将在昆明宣布独立。当他吃尽千辛万苦到达昆明时，正遇军警大搜捕，他被送到山区帽溪，藏在山脚下的茅屋中。他说：“蚊蝇横飞，三餐粗饭，夜间一灯如豆，没有纸写作，没有烟吸。几日后，突患急病，痛苦难言，幸得牧人用草药相救。当时我想，前方将士苦于我数十倍，自身不能适应突变环境，实为学养不足的明证。我深有所感，人生唯常常受苦乃不觉苦，才不致为苦所窘。天下之至乐，当于至苦中求之。”

海粟在天津梁家住了两天。晚上，他们长谈到子夜。梁启超的博学令海粟震惊不已，他无比敬慕地问：“先生，您的学识何以这样渊博呢？”

他恳切地回答说：“这不能算是长处，你不要学。我曾为之写过一首诗，其中就有这样两句：‘吾辈病爱博，用是浅且芜。’”他给海粟打了个比喻，这就像一个渔人捕鱼，他同时撒出一百张网，是绝不可能捞到大鱼的。他勉励着海粟说：“治学要深厚，你的目标，首先是绝尽力量办好你的上海美专，造就一批艺术人才，这很有意义；再就是要下狠功夫进行你的艺术创作实践，把你的绘画艺术提高到一个新高度。基础好，天分好，这只是一个方面，最重要的是勤，是精，要有永不满足的胸怀。有了这两个明确的目标，就要以毕生的精力去求之。”他约略停了一下，感叹了起来：“盖生命有限，知识无穷，王船山有言，‘才成于专而毁于杂’[1]。海粟你记着，要办好一件事，已属难得，若力气分散，则势必一事无成耶！”

刘海粟终生铭记着梁启超的教诲，直到晚年，仍把梁启超这番话当作座右铭。

数月后，梁启超到上海来了。海粟早就有请他到上海美专讲学之想，但一直未敢开口，便趁他旅沪之机提了出来。梁启超一口应允。他演讲了三个专题：《美术与人生》《达·芬奇的生平和艺术成就》《论创作精神》。讲得很精彩，受到师生们的热烈欢迎。

演讲的次日，海粟在家设宴招待他。饭后，他为海粟的《西湖风景画册》题了字，又给海粟写了两副对联。他俩又做了次彻夜长谈，天马行空，无所不及。

梁启超担任上海美专的董事，并非像他所说没有尽到职责，他是很关心上海美专的前途和发展的。

上海美专因模特儿事件导致了经济困顿，梁启超听说后，即给他的友人中国信托公司的黄溯初先生打招呼，黄先生当即给海粟送来一张 5000 元的支票，解了海粟的燃眉之急。

他们通信很多，从劫后仅存的两封信中也能窥到梁启超对上海美专的关怀和对海粟事业的支持。一封是这样写的：

海粟：

来书言之慨然。世俗固极陋极，不可以为伍，则唯有斗之斥之，以警其俗而破其陋。海粟豪爽，盍兴乎来共作战矣！

1　该言出自王安石。王安石号半山。——编者注讲义收到，今晚阅读，不禁笔痒，一起遂不可止。得三千言，且较原文逾倍矣。我言甚朴，因不愿唯公教之。

歆海犹未归，失意事多，可叹；然得意亦尔尔，或不如失意为饶诗意。否则亦无可为比量矣。

启超

另一封：

海粟仁兄惠鉴：

奉书敬悉，尊议倡购德国所印文艺复兴各国美术名迹，甚善，甚善！此议君励前亦提过，亟应发起募捐，望公即拟一捐启，弟当列名发起。并一尽微力也，专此敬复，即颂台安不尽！

启超

这两封信，海翁曾给笔者解说过，前封首段所言系指孙传芳的爪牙们借模特儿事再次围攻海粟，梁启超对此表示了他的愤慨和声援。第二段所言讲义事，是指梁启超在美专演讲后，美专拟把他的讲稿印成讲义发给学生，可学生整理的笔记不完整，请梁审阅补充。后封信所言的是：美专开设的“世界美术史”课，需要增添一些文艺复兴时期的名画印制品，向国外订购，需要很多钱。梁启超倡议募捐来解决，他自己将带头捐款。1926 年，中华书局出版《海粟近作》，梁启超为是书题词：

杜工部云：“语不惊人死不休。”艺术家不具此胆力及志愿，未足与言创作也。海粟之画是真能开拓得出者。比诸有宋词家，后村、龙川之亚耶？抑杜老又言：“老去渐于诗律细。”海粟方盛年，日在孟晋（同猛进）中，它日波澜老成，吾又安测其所至也？

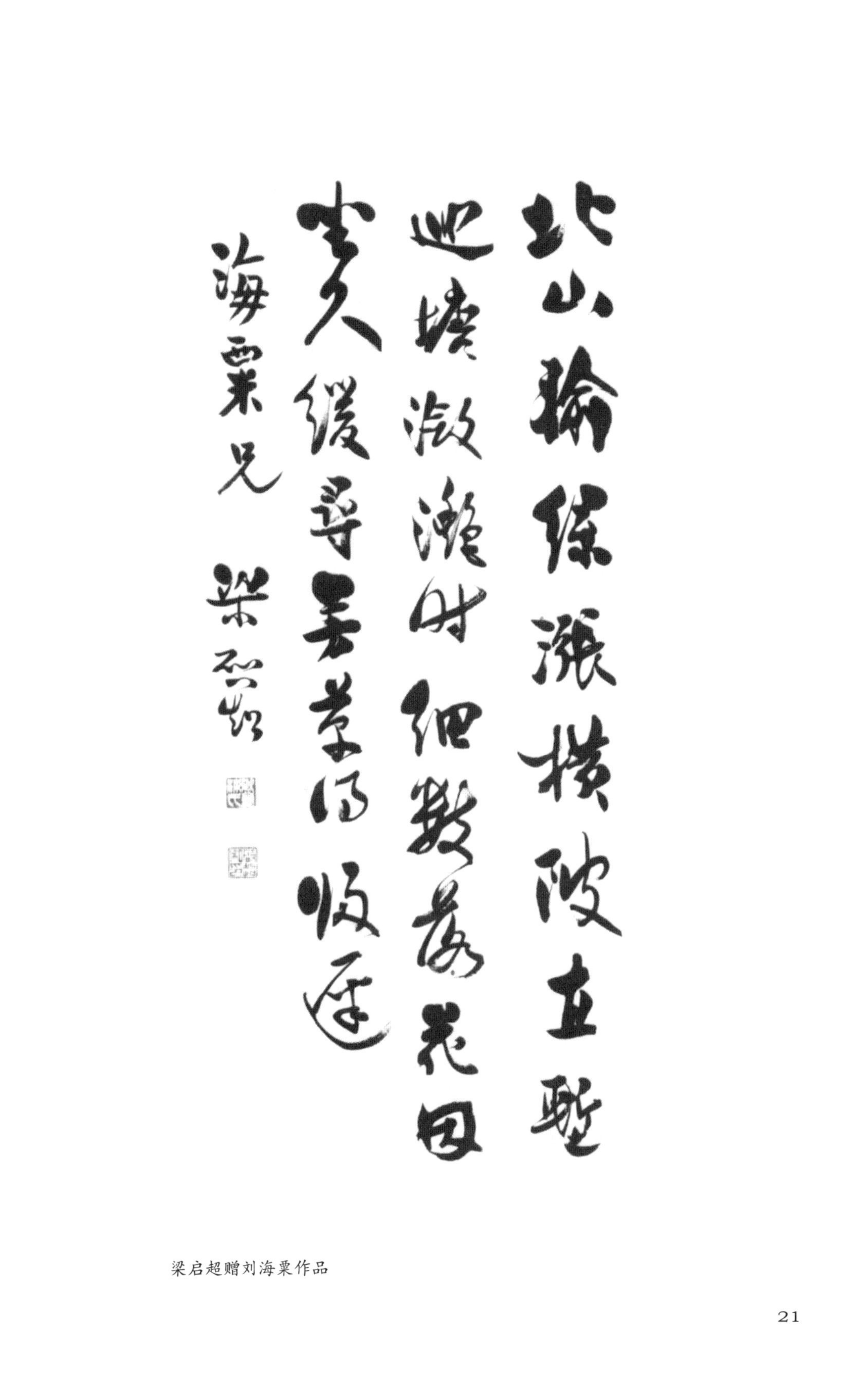

梁启超赠刘海粟作品

海粟与梁启超交往日深，成了无所不谈的忘年之交。梁启超也向海粟倾诉过他和康有为师生反目的原因和由之导致的精神苦恼。

梁启超是中举后拜康有为为师的。康有为十分爱重他。“百日维新”，他是康有为的左臂右膀，依仗的梁柱。可后来，张勋搞复辟，末代皇帝溥仪授予康有为弼德院副院长，康竟然接受了这一职位，并把这个头衔写上了他母亲的墓碑。梁启超反对复辟，参加了讨张运动，师生政见分歧，从此反目。康有为骂梁启超是“梁贼”“枭獍”。

海粟知道后，认为张勋复辟不过是一场闹剧，师生为之伤了和气和情感不值得。他就有了帮助修复他们关系之想。海粟便把他的想法告知了梁启超，他也有与老师重修旧好之想，海粟决定请他们同桌吃饭，作为和解的契机。他先给康有为送去一张请帖，言明是请他们两位，他就不会因太突然而发脾气。可康有为没有来赴宴，但回了信：“海粟仁弟，请转卓如仁弟，因事不克赴约。”语气已缓和了。

海粟又请康、梁共同的友人黄溯初先生去康有为那里疏解，得到康有为的默允。第二天，他陪同梁启超一道去游存庐康宅看望了康。后来，康、梁又和好如初了。

海翁还向笔者描述过梁启超的耿直性格，和他对弟子之爱的深沉和严格。在他的弟子中，他最深爱的还是徐志摩。可他对志摩的要求也近乎苛刻。

徐志摩在柏林与张幼仪离婚时，梁启超写信严厉地斥责他。后来志摩与陆小曼结婚，志摩的父亲不喜欢陆小曼，给志摩提出三个条件，其中一条就是要请梁启超证婚。这可难倒了志摩，因为梁启超对他的离婚、结婚一直持反对态度。后经胡适等人苦苦央求，方答应。但有个交换条件，要志摩当众接受他的一次训斥。

大家以为这是玩笑话，也没当真。

婚礼在北海公园举行。这天，凡在北京的文化界名流几乎都来了，热闹非凡。首先是介绍人胡适致辞，他满怀热情地祝贺他们为爱情百折不挠终获成功。接下是证婚人梁任公致辞。他以严师的身份，引经据典，对志摩夫妇训斥道："志摩、小曼，婚姻乃人生大事，万万不可视作儿戏。你们两人都是过来人，我希望你们万勿再做一次过来人！现时青年，口口声声标榜爱情，试问：爱情又为何物？这在未婚男女犹可说，而有室之人、有夫之妇，侈谈爱情，便是逾矩了！试想你们为自身的所谓幸福，弃了前妻前夫，何曾为他们的幸福着想？古圣有言：己所不欲，勿施于人。此话当属封建思想吧？建筑在他人痛苦上的幸福，有什么荣耀？有什么光彩？……"男女宾客，大惊失色。事后，他自己也说："此恐是中外古今闻所未闻之婚礼吧！"

海粟说："这就是梁任公！"

蔡元培：世无蔡元培，便无刘海粟

尝自傲生平无师，惟公是我师矣，故敬仰之诚，无时或移。

——刘海粟《致蔡元培函》

在为撰写《沧海人生——刘海粟传》搜集的大量史料中，我发现影响中国现代美术史的两位巨人——刘海粟、徐悲鸿，都得助于伟大的教育家、著名学者蔡元培的扶助。廖静文女士在《徐悲鸿一生》中也有记述。当徐悲鸿持着康有为致其友罗瘿公的信去北京求职时，罗把徐悲鸿推荐给时任教育部长傅增湘，傅答应派遣留学生去法国时不会遗忘悲鸿，徐悲鸿在京等待出国留学期间，认识了北大校长蔡元培。蔡先生十分看重悲鸿，聘他担任北大画法研究会的导师，可不久报上发表的中国教育部派驻欧洲留学生的名单中，没有徐悲鸿的名字。悲鸿十分气愤，即给傅增湘写了封措辞尖锐的责问信，傅非常生气，悲鸿留学法国的希望，也因之成了泡影。蔡元培知此事后，亲自给傅增湘写信，为他打圆场。傅增湘即复信蔡元培，表示不食前言。徐悲鸿才得以公费到法国留学九年，攻研艺术。悲鸿学成回国，又是蔡元培举荐他任北平大学艺术学院院长。他才有可能把才华发挥出来，在中国现代美术史上占有重要的一席地位。刘海粟在和我的多次畅谈中，几乎每次都对我说："蔡先生是我的恩师，于我恩重如山，他还是我们上海美专的精神领袖，我终生感激他。我和悲鸿若非蔡先生提拔，也许是另一种命运。"他不止一次跟我谈过蔡元培对他扶掖的往事。

名副其实的美专校董会主席

1919年，蔡元培在《新青年》杂志上发表题为《以美育代宗教说》的文章，刘海粟十分赞同他的"舍宗教而易以纯粹之美育"观点，就写信给他，希望他能支持上海美专的教育改革。蔡元培立即复信，支持他的教育主张。1919年12月，上海美专成立校董会，蔡先生担任了董事会主席，他又提名梁启超、袁观澜、沈恩孚、黄炎培担任校董。他不是挂名的董事会主席，而是亲自过问董事会一切事务，领导了美专提高教学质量、改革学制等一系列教改工作。由于远在北平，他又委托黄炎培做他的驻沪代表，负责日常工作。后来，有人提出增补新校董，他接到报告后，即复信海粟：

惠书并校董事会函敬悉，弟对此事已详复董事会函中，查董事诸君中，为钱士青、谭廉、唐雄、阮性存、张福增、章慰高等六位，弟不知其详，如蒙便中嘱书记抄赐各位履历一纸甚幸。

他认认真真承担了上海美专校董事会主席之职责，并写了“闳约深美”四字，请刻工用楠木雕刻制匾，从北京送到沪上，在上海美专礼堂上悬挂了 30 多年，直到美专合并到华东艺专。

1922 年，他给当时的教育部次长陈垣写信呼吁给上海美专立案，以使美专毕业生享受国立专科学校毕业生同等待遇。

刘海粟第一次进京

1921 年秋天，刘海粟写信给蔡元培，希望能给他提供一个进京机会，面聆教诲，也画些北国风光。蔡就邀请他到北京大学画法研究会去讲学，给他定的讲题是《欧洲近代艺术思潮》。这说明他早就注意了海粟发表在报刊上的那些有关凡·高、塞尚、高更及后期印象派的文章。

刘海粟喜出望外，又有些紧张，他自感太年轻了。他一边积极读书，准备讲稿，一边蓄起了胡须。12 月 14 日，他乘三等火车北上了。这是他第一次入京，首次领略北国风情。骆驼昂首阔步旁若无人的步履、熙来攘往的马车、干燥的风和空气中的微尘，都使他感到新鲜。可蔡元培不在家，他脚上患疮在东交民巷德国医院住院。海粟走进病房时，蔡元培刚刚动过手术。病房的小桌和床头都堆放着很多德文、法文书刊。他正倚在床头看一本装帧精美的莱比锡印制的欧洲名家画集。

“蔡先生，”他们虽然是第一次见面，但海粟一眼就认出了他，“你的脚好些了吗？”

“感觉好多了，”蔡先生立即坐了起来，取下老花眼镜，“你是刘先生吧？请坐！”他示意海粟坐在一张单人沙发上，“你来得正好，我在医院里感到寂寞，看了些论艺术的著作和画册，欢迎你常来谈谈，互相探讨研究。”

蔡先生一点儿没有某些大学者的那种架子，他的谦和使刘海粟感动，海粟说："先生，我太年轻，治学办学没有经验，请先生多给些指教。""哈哈！"蔡先生爽朗地笑了起来，"你就蓄起了胡子！"他像慈母看着自己深爱的儿女那样，"有志不在年高，无志空长百岁，这是中国民间一句俗语，你已经画过不少年了，有一定的心得，不要过谦了，你可以大胆地把你对新兴艺术研究的心得讲授给我们北大画法研究会的成员，给他们送来知识和艺术的新鲜空气。"

首次见面，蔡元培给他留下了一代师表那种博大胸怀和对年轻人无限信任和关爱的深刻印象。他提供的这次进京机会，使刘海粟结识了对中国近代社会和历史起过巨大作用的名流人物。在医院里，他认识了李大钊、许寿裳、经亨颐、胡适、梁启超、徐志摩，还有陈独秀。蔡先生将他安排在北京美专教师宿舍居住，又使他有机会和蜚声北国画坛的姚茫父、陈师曾、李毅士、吴法鼎建立深厚的友情。他们一起探讨文艺思想，评说中外名作，他们陪他逛王府井、琉璃厂、荣宝斋，那张石涛的《黄山图》就是那时得到的。

他每天外出写生，画了《前门》《长城》《天坛》《雍和宫》《北海》《古柏》，很快就积累了36张画稿。蔡先生看了他的画稿很高兴，就准备为他举办个展。但有人在蔡先生面前说他的坏话，讲他的画不行，蔡先生不听信谤言，亲自起草了《介绍画家刘海粟》一文作为画展的序言，并发表在《新社会报》和《东方杂志》上。这是他的第一次个展，他终生记着那篇文章：

刘海粟用了十四年毅力，在中国艺术界里创造了一个新方面，这虽是他个人艺术生命的表现，却于文化发展上也许受到许多助力。民国十一年一月十五、十六、十七三日，高师的美术研究会和平民教育社等，为他举办个人展览会。我写这篇文章，不独是介绍刘君，并希望我国艺术界，多产几个像他那样有毅力的作者。

……

刘君的艺术是倾向于后期印象主义，他专喜欢描写外光。他的艺术纯是直观自然而来，忠实地把对于自然界的情感描写出来，很深刻地把个性表现出来，所以他画面上的线条结构里、色调里都充满着自然的情感。他的个性是十分强烈，在他的作品里处处可以看得出来。他对于色彩和线条都有强烈的表现，色彩上常用极反照的两种调子相互结构起来。线条也是很单纯很生动的样子，和那些细纤女性的技巧主义是完全不同。他总是绝不修饰，绝不夸张。拿他的作品分析起来，处处可以看出他总是自己走自己的道路，自己抒发自己要抒发的情感，就可知道他的制作不是受预定的拘束的。所以刘君的艺术，将来的成功，或者就是在此。

……

这对一个刚刚 26 岁的青年画家该是怎样的鼓舞和激励啊！画展取得很大的成功，他的作品风格引起了评论界的关注。这无不与蔡先生的推荐有关。

当蔡先生得知他在北京的生活有困难时，又向德国大夫克里依博士推荐了他的油画《西单牌楼》和《天坛》。大夫送给他稿酬 150 元，在当时的北京是相当高的。

在蔡先生的推荐下，享有盛名的高等师范也来请他去讲学，并给予他盛情的接待。北京之行，为他的事业打下了基础。

助刘海粟到欧洲考察艺术

到欧洲学习考察艺术，是刘海粟的多年心愿。可他没有经济来源，费用成了困难的关键。蔡元培为了解决他在欧洲求学期间没有基本生活保障的问题，聘任他为大学院挂名撰述员，每月汇给他 160 元，并勉励他说："巴黎是个奇妙的地方，可以日挥万金，也可以过穷日子，刻苦不损国家体面，你要有自信！"海粟临行前，他又教导："考察艺术不要限于绘画，各种兄弟艺术，各种艺术流派都应广泛接触，采众花之蜜，酿自我之香，用西人之长，补自己之短，画画要保持民族的气质，东方人的气质，中国文化有五千年历史，有独自的魅力，不能忘了祖宗。"

海粟十分感动，想说几句感激的话，刚开口，就被他打断了，他说："这不是为了你，也不是为大学院，而是为了需要振兴美育的神州。希望寄托在年轻人身上，不为后人挺身请命，披荆斩棘，要老年人干什么！这是我的义务，你也应该做到最后一息。"

第一次欧洲之行，对海粟来说，是他艺术人生的一个关键性转折，对他未来的人生之路、艺术之路都产生了深远的影响。

促成了柏林中国现代画展

海粟第一次欧游，与德国东方艺术协会达成了 1934 年到柏林举办中国现代画展的协议。此事首先遭到了中国驻德公使蒋作宾的反对，他说："刘海粟不过一区区教授，怎能代表国家答复这么重要的问题？"但蔡元培热情支持，并和海粟一起拟订了初步计划，又取得了叶恭绰先生的赞同和支持，蔡元培担任赴德画展筹委会主任，叶恭绰任副主任，这又引发了一些作品未入选画家的不满。他们上教育部、行政院请愿，指责是刘海粟在包办，闹得沸沸扬扬。蔡元培为他一一解释，才平息了这场纷争。这次画展在欧洲引起了强烈反响，产生了轰动性效应，但也引起一些人的妒忌，令他立即回国。他冒天下之大不韪，拒绝回国，坚持到欧洲各国巡回展览。回国后，蔡元培、叶恭绰给了他极高的评价，并在上海设宴为他洗尘。蔡元培之致辞是这样说的：

刘海粟先生此次代表吾国赴德举办中国现代画展，获得无上光荣与极大成功。在柏林展览后，引起各国之注意，二年间，在欧巡回展览十余处，震动全欧，使欧人明了吾国艺术尚在不断地前进，一变欧人以前之误会，因其他方面对各国宣传艺术，以东方艺术代表自居。吾国以前则未及注意。此次画展之后，移集欧人之视线，此固吾全国艺术家之力量所博得之荣誉，而由于海粟先生之努力奋斗，不避艰辛，始有此结果。此等劳绩与伟大精神，实使吾人钦佩与感谢。吾国年来多故，对外文化宣扬，未遑注意，即经济方面亦感困难。此次画展经行政院决定后，并拨经费四万五千元，其事由叶玉甫先生费尽心血，始抵于成。……柏林展览会开幕以后，德国各省及各国均热烈欢迎，纷纷要求续展，其经费虽由各地方政府或美术院分别筹拨津贴，而刘先生个人往返川资使用，所费不赀，皆由其所筹之画款垫用及私人借贷。似此政府以少量之经费，获若（偌）大之成功，诚出吾人意外，不过刘先生私人之负累过重，吾人尤不能不设法以谋补救。现刘先生已载誉归来矣。将所有未售之作品，已登报请各作家向筹备处领回；已售之画款，已托潘会计发还。各事妥善缜密，尤为可佩。谨共举一觞，对刘先生表示敬意！

海粟的珍贵藏品中有很多名人墨迹，其中就有不少是蔡元培先生的。

海粟 40 岁生日，没有举办庆祝会，可蔡元培却没有忘记，亲书了寿联送他：

技进乎道，庶几不惑；名副其实，何虑无闻？

蔡先生还为海粟题过很多画。《九溪十八涧》上题的是：

传闻扬子泣歧途，理智常夸统万殊。
艺感由来忌单调，转因复曲得欢娱。

《言子墓》上题的是：

风光殊不似初春，老树槎枒欲搏人。
想见秋声催栗感，不教怀旧转怀新。

《溪山松风图》中题的是：

不是一定有这样的石头，也不是一定有这样的松树；也不是一定有这样的石头与这样的松树同这种样子一块儿排列着。完全是心力的表现，不是描头画角的家数。

《黄山松》中题的是：

海粟先生于本年（一九三三年）十一月游黄山，在风雪中作此，不胜岁寒后凋之感。

又在《黄山古松图》上题道：

黄山之松名天下，夭娇盘拿态万方。漫说盆栽能放大（人言黄山松石恰如放大之盆景），且凭笔力与夸张。

刘海粟作《言子墓》，蔡元培、吴昌硕题跋

《临黄石斋松石图卷》上题的是：

黄山天目与天台，踏石看松曾几回。
选写英姿二十九，铁肩辣手一齐来。

晋帖唐临也逼真，每参个性一番新。
但求神似非形似，不薄今人爱古人。

海粟的两次欧游作品展览会，他都亲为其作序，给他以激励和支持。并为他的《海粟丛刊》作了序言。

他们在香港最后一面

1938 年上海沦陷，租界成了孤岛，日本特务和汉奸势力猖獗，海粟在上海待不下去了，1939 年 11 月，他只身走南洋，举办筹赈画展，支持抗战。他搭乘荷兰商船芝巴德号途经香港，去雅加达，趁商船在香港补充给养期间，拎着一只藤提箱，去看望已搬到九龙定居的蔡元培先生。

他站在一条偏僻小巷深处一扇紧闭的木门前，愣住了，风雨已剥蚀了它的油漆，给人一种苍凉凄清之感，他没想到蔡先生这样的学者伟人会住在这么简陋的地方，他都不敢敲门，当蔡夫人周峻真真实实请他进门时，他才相信这是真的！蔡元培见到他就说："你来了，我很高兴。你是准备来此常住还是路过？"

海粟告诉了他南行之目的，他高兴地说："发动侨胞支援抗战，这很好！"当他得知海粟是因拒绝汪精卫的邀请，人身安全受到威胁才离开上海之后，脸色倏地阴了下来，眼里充溢着忧愤，好半天才说："我早就看出他是个卖国贼！"同时发出一声深沉的长叹。

海粟见他衣衫破旧，棉袍上好几处打了补丁，面色青癯，眼窝深陷，眼泡黄亮浮肿，两颊清瘦得只剩一层皮了，腰也佝偻了，声音失去了往日的洪亮，变得苍老无力了。室内陈设十分简陋，海粟一阵难过，他知道蔡先生一生清廉，不置产业，他的全部心血都用在培育青年身上了，到了古稀之年，还是两袖清风，仅靠中央研究院的一点儿薪水和商务印书馆的一点儿编辑费维持生计。物价飞涨，致使他落到如此困境，海粟想资助他，又怕伤害了他。趁蔡先生为他题画时，便去到厨房，从川资中拿出部分钱，求夫人暗暗收下，给蔡先生治病。这回，蔡元培为海粟题了最后一次画，不想竟变成了永诀！

刘海粟痛悼恩师

海粟到南洋后，就与华侨领袖们协商，接蔡先生到南洋治病，正拟派人到香港接他时，《天声日报》传来了噩耗："著名教育家、杰出学者蔡元培先生于民国二十九年三月五日在港病逝，享年七十有四。身后欠医院医药费达千元，无钱购置棺木。一代伟人，在忧愤贫病中告别人世！呜呼哀哉！……"

海粟顿觉心肺撕裂，眼放金星，天地顿时也旋转起来，昏倒在地。

侨领们吓慌了，把他抬到床上，用凉毛巾敷到他额上，请来医生抢救。他醒来后，就抱头痛哭："蔡先生！蔡先生！世上无您，就没有我刘海粟呀！"他撕扯着头发，频击着脑袋，像疯了一样呼喊着："蔡先生，我没能送您去医院，没能帮助到您，我对不起您！我这心受不了呀！……"侨领们劝海粟节哀，但怎么也拦不住，他像个孩子，不停地捶打自己，呜呜咽咽，几天不吃东西。侨领们见他如此哀伤，决定为蔡元培先生举办追悼会，他才开始喝点儿稀饭。他写了万言悼词，在盛大的追悼会上，泪水洗面，泣不成声，在悼词后说："世无先生，就无我刘海粟！我要永远记住先生的教导，学习先生的精神，不断前进，为振兴中国艺术奋斗终生！不管前路如何险恶、崎岖，我都会走下去的！"

抗战胜利后，海粟在上海美专设立了蔡孑民先生纪念奖学金，建立了孑民美术图书馆。

蔡元培先生精神万古

1988 年 10 月 11 日，蔡元培诞辰 120 周年纪念日，出自雕塑大师刘开渠之手的蔡元培纪念铜像在上海静安公园落成，海粟以 90 多岁之高龄，坐着轮椅出席了奠基和揭像典礼。他站在像前激动不已，大声地说："我已 93 岁了，我仍觉得我是一个小学生，艺无止境，这是您的精神在激励我永远前进，我的艺术才如此年轻啊！"

1994 年 3 月 16 日，我出席海粟大师百岁华诞庆典，与他的两次长谈中，他又说到他深感蔡元培先生的知遇之恩，又一次对我说："世有蔡元培，才有我和徐悲鸿。没有他的鼎力扶助，悲鸿去不了法国深造，我也非今天面目。我永远记着他的支持和提携！"

吴昌硕：与吴昌硕论画

吴中文化传千古，
海色天光拜墓门。
——吴昌硕《题海粟画〈言子墓〉》

海粟大师撰写过回忆昌硕大师的文章，说他虽未拜昌硕先生为师，但受过他的影响。在他所接触过的前辈画家中，知识渊博、人品高尚、画艺高超、爱护后辈、和蔼可亲者，首推昌硕先生。

两位大师相识于20世纪20年代末，相识的缘故是关仝的一张画。

1919年10月，24岁的刘海粟代表中国新艺术界出席日本帝国美术展览会开幕典礼，返程时在船上认识了画家徐朗西。回沪不久，海粟去徐府拜访，恰遇一位河南客人拿着两轴旧画请徐朗西找买主。一幅是陈中立的绢本青绿山水；一幅是双绢本的山水，没有题款，这是一张大画，长 199 厘米，宽 188 厘米，岚光水色，仍能从古旧的色彩中流溢出来。

海粟一见就爱上了。

徐朗西叫他把两幅画一道买下来。海粟那时手头不宽裕，300 元也不是个小数，但他无法抗拒这幅画的艺术魅力，咬咬牙就买下来了。

买回家，他就挂在墙上，有空就站在画前观赏，流连在那空蒙的山光水影之间。

大概在这年冬天的一个星期天，他又一次站到这张画前来了。看着看着，突然在一块石头上发现了两个小字，他的眼睛蓦然睁大了，他情不由已地念出了声："关仝！"

关仝是五代梁朝人，一代山水巨匠，在中国美术史上占着极重要的地位。他以为自己眼睛出了毛病，就取下眼镜，揩了又揩，擦了又擦，复又戴上。

确是"关仝"二字！他兴奋不已。他虽从画史中了解到，唐、五代画家有以不署名而被赏画者识为荣的习惯，但他仍然不敢相信，这么轻而易举就得到了关仝的画！

他当即取下画，拿着去找他的同事、美专教授、收藏鉴赏家唐吉生，请他鉴定。

唐吉生未见过关仝的画，也不能确定就是关仝的。但他认为，就这张画的本身看，有很高的艺术价值。他建议海粟送去给吴昌硕、高邕之几位老画家看看。

那时的海粟，还只是个 20 多岁刚出头的青年，在上海滩虽已打出了名气，但他学的是洋画，而昌硕先生是位年近 80 岁的老翁、中国画坛名家。他们虽然彼此知名，但没有交往。海粟不敢冒昧，就让唐吉生送去请吴老看。

几天后，唐吉生来对海粟说："吴缶老仔细看过，认为是件无价之宝。还说，你那么年轻，怎么弄来了这么好的画？”

海粟便请唐吉生引荐，去拜访吴昌硕先生。

吴老见面就对海粟说：“你是美术学校校长，学洋画，画模特儿的，能对古画这样钟爱，很难得。关仝的手迹，凤毛麟角，我也是初次见到，应该妥善珍藏。”

吴老说话的语气，亲切和蔼，解除了海粟初见的拘束。他率直地提出了疑问：“吴老先生，题款的字那么小，很不显眼，您怎么就能依此断定这是关仝的画呢？”

老人乐哈哈地看着他回答说：“我在吴大徵家见过宋人的山水，作者中就有关仝的后辈。至于题款，唐和五代画家，以不题名而被人识出作者是谁为荣。错不了的。”他再次嘱咐他：“这样的宝画，你得用心保藏。”

海粟想请老人在画上题首诗，他把这个意思悄悄对唐吉生说了，请他跟老人说。唐吉生把他的想法转告了老人，昌硕先生连连摇头，坚决地说：“我不够格！这张画有近千年的历史了，非常名贵，题脏了，愧对古人。”

毕竟是初次见面，海粟和他还不熟，也不好强求。但误以为吴老是要润笔，又托吴老的外甥诸闻韵先生去对老人说，表示愿意付高酬。

几天后，昌硕先生让唐吉生转告他：“你告诉刘海粟，不是我舍不得几个字，古画历经磨难留下来，是稀世之宝。一题就弄坏了，破坏了画面。你对他说，千万别找人题字。”

海粟过去没有这方面的认识，是昌硕先生让他懂得了，珍贵的古画不能乱题乱盖章。不能学乾隆，见到好画就题诗盖印。从此，海粟成了山西路吉庆里吴宅的常客，他们很快超越了彼此年龄的差距，成了忘年之交。老人有了得意之作，也留着让海粟来看。海粟邀请他加入沪上青年美术家的团体天马会，老人欣然答应，拿出优秀作品参加一年一度的美展，并担任了天马会中国审查委员，直到 1927 年 12 月 6 日逝世。他把他的《缶庐诗集》赠给海粟，视海粟为青年知音。海粟有了新作，也首先送去给吴老看，请求批评。吴老每每给予他鼓励。

那时，海粟对中国画还很少涉猎，主要是画油画。1920 年春天，海粟到常熟写生，作了张油画《言子墓》，回沪后，便携去给吴老看。吴老很喜欢这张画，说："你的洋画有吴仲圭和沈石田风味，我劝你在攻研洋画的同时，可以下下功夫攻攻中国画，一个中国画家，千万不要把国画的根基丢了。"

海粟接受了昌硕先生的建议，开始攻习中国画了。四年后的 1924 年，海粟创作了中国画《言子墓》，拿去给吴昌硕看。吴老反复观赏，高兴得像个孩子，当即提笔在上面写道：

> 吴中文学传千古，海色天光拜墓门。云水高寒，天风瑟瑟。海粟画此，有神助耶。

海粟读着老人的题识，兴奋不已，但又感到忐忑不安，就说："老先生，你这样题，让我心跳脸红啊！我刚刚开始学画国画，什么也不懂，还不会画，更不知道如何画才画得好呢！"

老人慈祥地看着他，说："你这张画，好就好在你不会画。有些人画不好，是因为太会画了。我们要学习传统，但学传统是为了走出传统，套袭旧法，画出来的东西就没得生命呢！"老人当着海粟的面教训起他的儿子东迈来："你看，海粟画几笔，就有他自己的面目。你呢，画得和我一个样，有什么用？"他摇摇头，复又微笑着对他们说："化我者生，破我者进，似我者死。海粟，你说对不对？"

"对！对！"海粟连声应着，"太对了！"

海粟在与昌硕先生的交往中，常常听到这样精彩的“画语”，他都默默地记着，从吴老处得益很多。直至晚年，海粟还对吴老的人品、艺术赞不绝口。他常常怀着崇敬的心情在朋友面前回忆吴老给予他人生、艺术的影响。他对笔者说：“若非吴老的引导，我也许仅仅只是个拿油画笔的洋画家；若非吴老的鼓励，我在国画上不一定会取得今天的成就！”

胡适：两『叛徒』一见如故

我来正值黄梅雨，
日日楼头看烟雾；
才看遮尽玉皇山，
回头已失楼前树。
——胡适《题海粟〈高庄写生图〉》

刘海粟与胡适都是中国新文化史上的风云人物，刘海粟因首创人体模特儿写生，被卫道者斥为“艺术叛徒”。胡适因倡导白话文学，被目为“文学叛徒”。两“叛徒”都因是北大校长蔡元培的朋友而相识。

1925年8月，任上海美专校长的刘海粟与教育家黄炎培先生入京，会合蔡元培、马寅初、陶行知、竺可桢诸先生同去所谓模范省会山西太原，参加中华教育改进年会。返程又经北京，蔡元培要海粟在京留住几日，他在蔡宅见到了胡适。

两“叛徒”一见如故，都有种相见恨晚之感。他们很快成了朋友，在京期间，常常见面。

刘海粟在与胡适相识之前，就常听人褒奖胡适信守婚约的美德。说他太太是个只上过两三年私塾的小脚村姑，按社会常理，像胡适这样留美的洋博士，提倡白话文学的摩登学者，且又风度翩翩，理应与摩登的女士相配。海粟不相信，以为是传扬之误，一直疑惑在心。刚相见，就想当面问问他，但又不好意思问出口。有天，他请徐志摩带路去胡宅拜望胡适，路上他又想到此事，就问志摩可是真的。

徐志摩幽默地说："适之兄的婚姻是土洋结合，新旧参半。"

"那是真的哟！"

"这还有假！请听他自撰的新婚喜联。"徐志摩诵诗般背了起来，"旧约十三年，环球七万里。"

"十三年！了不得！了不得！"

"适之兄还有惧内的美誉呢！"

"哦？！"刘海粟连连摇头，"我没法理解！没法理解！"

"你可以当面问问他，让他给你解释。"

刘海粟竟真的在胡适送他们回去时，在北大校园中的小道上向他提出了自己的疑问。

胡适笑了，说："这很好理解，一切都是为了我母亲。订婚那年，我十四岁，已在私塾读了九年书，很多人家都看上我，一定要把姑娘嫁给我。我母亲就把这些提亲姑娘的'八字'放进灶君的神龛，请灶神爷来裁决。这些'八字'放进去了一段时间，家里太太平平，什么事也没发生。母亲认为这些姑娘的'八字'都不与我犯冲。就从中任意拣了一个出来，正是我太太江冬秀的'八字'，老人认为这是天意，天作之合。就这样，不是很好理解么？"

刘海粟像听天方夜谭般感到不可思议，他拽住胡适，问："这都是真的？"

胡适哈哈地笑了起来，诙谐地说："这是最占便宜的！"

刘海粟更困惑了，不解地问："这又作何解说？"

"人们把一切好的名声都给了我，而把一切坏的都算到仲甫的账上。最可怪的，有人竟传扬说陈仲甫曾力劝我离婚，还拍桌子骂我，说我终不肯。此真厚诬陈独秀，而过誉我胡适之了。大概人情总爱抑彼扬此吧！他们欲骂陈独秀，故不知不觉地造此大诳。你们说，能有哪件事比这件事更讨便宜的吗？这不是意外的便宜？"海粟"呵"了声说："我不知仲甫见还担了这样的不是。"

第二天，胡适给海粟写了一条幅，是用拳头大的字写的一首白话诗：

> 刚忘了昨儿的梦，
>
> 又分明看见梦中的一笑。
>
> 十四年初识海粟，写小诗乞正。

还加了标点，这种写法在当时是没有的。可见"文学叛徒"的"叛"。

这以后，两人交往甚密。同年 10 月 15 日，胡适应刘海粟之邀，到上海美专演讲《天才与修养》。胡适有特殊的演讲才能，他的演说博得了上海美专师生的阵阵喝彩和掌声。

胡适从徐志摩那里得知，刘海粟是康有为的学生，两人关系很好，并向他描述过和刘海粟一起去见康老的情景，胡适很想去见见这位曾是维新派保皇党领袖的人物，要刘海粟给他引荐。

刘海粟把他的要求转告了康有为，康有为决定宴请胡适，请刘海粟作陪。

刘海粟偕着胡适来到康宅，康有为把他们迎进客厅，高兴地对胡适说："你就是大名鼎鼎的胡适先生吗？"

胡适连忙谦恭地说："不敢，不敢！"又连声道着，"久仰！久仰！"

他们落座后，老人先请他们喝龙井茶。他们刚刚喝了几口，康有为就对胡适说："你久享大名，对青年后学要负责任哪！"

胡适诚恳地说："适之是晚辈，学识浅陋，还请先生多多指教。"

康有为接着说："你对打倒孔家店很起劲哪！可这孔家店很难打倒啊！哈……"老人豪放地笑了起来。

胡适的脸顿时红了起来，他知道康有为是尊孔的，他非常尴尬，说："这都是陈仲甫闹出来的。"

老人指着胡适的眼镜开起了玩笑："视思明，耳思聪。你是个绝顶聪明的人，做过的事要勇于承认。我非常喜爱跟我辩论的青年。"他说完就把话题转到近代中国哲学方面，直到终席，再也没谈及孔子。他们告辞的时候，康有为把他们送出客厅，他握住胡适的手说："胡先生，你很勤奋，有才，肯做学问，虽未达深厚渊博的境界，也是个难得的人才，有见解。欢迎你常来谈谈。"

回来的路上，刘海粟问胡适："你对康老的印象如何？"

胡适说："出言惊四座，胸中块垒高，此老博学，平生少见。"

海粟又问："你认为他对你的印象如何？"

胡适反问他："你看呢？"

不久，海粟又去听康有为讲学，谈到胡适，康说："他成名早，不浮躁，能做成大学问。缺点是表里不一，做过的事，赖到陈某人一人身上。但总而言之，还是天才。你请他再来，我们吃点儿酒，再谈谈。"

海粟把康老的意思写信告诉胡适，信是这样写的：

适之：

西湖你大概没去，到新新找你几次没找到。南海对你颇器重，有一天他在康山请吃饭，请你也请不到。你几时回京？近来精神上当多安慰。你在海上写了不少扇面，好了，现在都找到我的头上来了。

他们都一样说：要合两“叛徒”于一扇方成完璧，但是苦了我了。

前次请你题的两幅彩菊，请你快写好寄沪。因为我不日要开展览会。

上海美专要请你作校歌，想来你一定乐意的。因为美专的校歌，实在非你不能办。等你歌词作好再作曲。

志摩会见么？他近来十分努力，想必精神也已经有了归宿了。再谈吧。

海粟　十一月十七日

他们原相约到杭州游玩，再一同去康有为在孤山的别墅一天园做客，可胡适因事北上了。

1931 年 11 月 19 日，他们的共同友人著名诗人徐志摩，因飞机坠毁而遇难。他们都很悲痛。12 月 15 日，他们互相致信。海粟的信是这样写的：

适之：

日前寸缄，当达记室。大驾何日南下？时局糟到如此，无话可说，唯有放声痛哭而已。此间定二十日公祭志摩，昨晤申如先生，渠愿瘗于硖石。其余一切，均待吾兄到沪商定。

朔风多厉，希珍卫。

弟海粟

信中所言“时局糟到如此”，系指日寇侵占中国东三省，正虎视关内。“申如先生”乃徐志摩的父亲。“硖石”在浙江，是徐志摩的故乡。

胡适致海粟信：

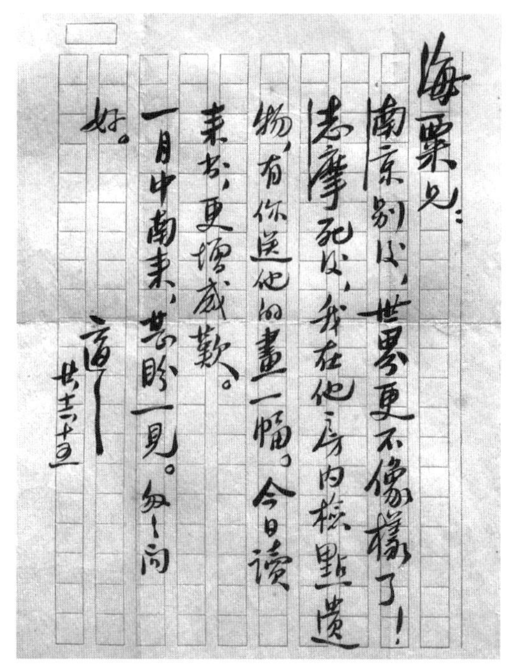

海粟兄：

南京别后，世界更不像样了！志摩死后，我在他房内检点遗物，有你送他的画一幅。今日读来书，更增感叹。

一月中南来，甚盼一见。匆匆问好。

适

[illegible]

胡适写给刘海粟的信

海粟：

南京别后，世界更不像样了！志摩死后，我在他房内检点遗物，有你送他的画一幅。今日读来书，更增感叹。

一月中南来，甚盼一见。匆匆问好。

适之

他们相交多年，往来书信很多，可惜大多散失。胡适为海粟题过很多画，尚存者寥寥。现存有胡适题的《寒梅篝灯》一幅：

不嫌孤寂不嫌寒，也不嫌添盏灯儿作伴。

适之

双“叛徒”合写的扇面，当时风行沪上，今硕果仅存的只一幅。一面是刘海粟于 1925 年 7 月在西湖画的《高庄写生图》，另一面是胡适题的诗。诗曰：

> 我来正值黄梅雨，日日楼头看烟雾。
> 才看遮尽玉皇山，回头已失楼前树。

诗后有跋：

> 海粟作了这幅革命的画，要我在反面写字。我却规规矩矩地写了这样一首半旧不新的诗。海粟也许笑我胆小咧。
>
> 适之

后来，胡适去了台湾，他们断了音讯。直到刘海粟晚年，他还常怀念胡适。1985 年，《闲话胡适》一书的作者求序于他。他在序文的最后一段这样写道：

> 胡适的思想很复杂，全面正确评定他的功过，还要学术界进一步努力。他对五四新文化运动有过贡献，对祖国的文化遗产，作过整理。限于哲学观点，今天看他的东西，难免仍有非议。他的政治活动又损害了他在学术史上的地位。他的英文很好，却没有译出一本可以传诵千古的英国文学杰作。在晚年，他本来具备把学问做得更扎实更深厚的功力，却当了“过河卒子”，成了腐朽势力殉葬的悲剧人物。他的藏书和朋友往来的书信大都留在北京，未必没有乡土之情。如果他生前能绕道归来，祖国会欢迎他的。但这一切都已无法追赎，作为老友，我感到惋惜。在朋友和后辈的心中，他也没有完全死去，没有一个人否认他是个值得研究的对象。关于他，我还想写点东西，就不在这里开无轨电车了。

刘海粟未能实现写点儿关于胡适的东西这个愿望，这篇序文成了他怀念胡适的最后文字。

陈独秀：狱中探望陈独秀

行无愧怍心常坦，
身处艰难气若虹。
——陈独秀《题赠海粟》

刘海粟与陈独秀的初识是在五四运动后的1921年。这年初，刘海粟给北大校长蔡元培先生写信，希望给他提供一个进京面聆教诲的机会，也想画些北国风光。蔡元培复信邀请他到北京大学画法研究会去讲学，给他定的讲题是《欧洲近代艺术思潮》。

这年12月，刘海粟乘坐三等火车到京，恰值蔡元培先生患病住在德国人的医院里，他到医院去探望。在蔡元培的病房里，刘海粟结识了北大教务长顾孟余、总务长谭仲环，还有当时任北大文科学长的陈独秀。

陈独秀是五四新文化运动的风云人物，在北京创办《新青年》，刘海粟在上海创办《美术》杂志，两人一见如故，互道仰慕。刘海粟在北京的日子里，他们常常见面，也就慢慢熟起来。后来陈独秀到上海开展地下革命活动，常住渔阳里（今为中国共产党早期活动机关旧址），有空闲时常常悄悄到刘海粟那里去，两人交谊日厚。

刘海粟还救过陈独秀一次。那是他们认识后的第二年，陈独秀在上海被法租界巡捕盯上了，抓进了巡捕房。刘海粟得知后，找到当时上海很有影响的人物李征五，请他营救陈独秀。李征五原是国民党左派，为人豪侠，重义气，思想开明，他一口答应，找巡捕房，把陈独秀保释了出来。

1931 年 9 月，刘海粟第一次欧游归来，蔡元培先生叫女婿周子勤在上海威海路中社订了四桌酒席给刘海粟洗尘。请的人都是他俩的共同朋友，其中就有陈独秀。

陈独秀是最后一个来的。他一出现在餐厅门口，刘海粟就迎上去，两人几乎是同时抬起手臂握着空拳亲昵地抡向对方胸前。久别重逢，两人都很激动。刘海粟说："蔡先生说你一定来，可一等不见兄，两等也不见兄，还以为你不会来了呢！"

陈独秀诙谐地说："海兄远游归来，又有酒喝，怎会不来？你看，这儿就数我俩嘴阔，今儿我俩多喝几杯！"

刘海粟快活地应着："一定奉陪！"他俩相依而坐。

"你见过志摩没有？"陈独秀没等海粟回答又继续说下去，"自去年 12 月，胡适出任北大文学院院长，志摩在他盛邀之下，北上任教。小曼已在上海有了自己的生活圈子，不愿北去，志摩从此做了空中飞人，在平、沪、宁之间飞来飞去，很难见到。"

刘海粟从口袋中掏出一封信说："他就要来看我了。"他把信递给陈独秀："你看这位大诗人如何评价我之西行。"

陈独秀抽出信笺，看了起来，突然他读出了声："海翁此行，所得当可比玄奘之西行。"他转向海粟："是吗？很想听你说说这几年是如何苦读力学的？”

刘海粟微微一笑，又从裤袋中拿出刚刚草就的《东归告国人书》：“我带来就教于诸位大家，老兄先看看吧！”

陈独秀一目十行，万言文稿不多一会儿就看完了。他拍拍刘海粟的肩说：“徐志摩所言极是，此次欧游于兄，乃历史转折，将对中国艺术之前途和发展具有伟大意义！你不愧是伟大的‘艺术叛徒’！”

俩人说着哈哈大笑。

1932 年 10 月 15 日，陈独秀在上海岳州路就兴里 11 号被捕，这是陈独秀第五次被捕，此次不比往次。

1935 年夏天，刘海粟第二次欧游归来。冬天，他第三次去游黄山，作了不少中国画。他在其中《古松》上记道：

> 己亥十一月游黄山，在文殊院遇雨，寒甚。披裘拥火犹不暖，夜深更冷，至不能寐。院前有松十数株，皆奇古，以不堪书画之纸笔，写其一。

1936 年春天，刘海粟带着描绘黄山之作，去请蔡元培、叶恭绰、沈恩孚诸大名士题识。蔡元培在《古松》上题道：

> 黄山之松名天下，夭娇盘拏态万方。漫说盆栽能放大（人言黄山松石恰如放大之盆景），且凭笔力与夸张。

蔡元培又在《黄山云海》上题了：

> 岩岩高峰，逢逢云海。
> 俯仰之间，得大自在。

《古松图》，蔡元培、沈恩孚题跋

蔡元培题完画，招呼刘海粟坐下来说：“海兄，我有件事正想找你商量呢！”

“先生，什么事？”刘海粟望着蔡元培问。

蔡元培稍稍迟疑了会儿说：“陈仲甫在你去德国那年，就由南京江宁地方法院审判，以危害民国治罪法判处监禁13年。现正在南京监狱服刑。”他放低语调，“今国家危难日深，中日塘沽协定规定中国不但放弃满洲，还对日本开放华北。在此外患日侵之形势，仲甫虽已受过审判，我们仍担心他的生命安全。我曾写信给现任教育次长、我的学生段锡朋，要他想一切办法保全仲甫兄的性命。你在欧洲期间，适之兄每次来沪，都谈起营救一事。我们同叶玉甫、章士钊、杨杏佛先生一起商量如何救他，杨先生特为此事找宋庆龄女士。宋女士运用她的影响做了很多工作，目前，大概不会危及性命。但我们都认为，应该有人去探监。看看他，或许对他的精神有所支持。想来想去，我们谁去都不合适，就想到了你。你无党无派，一个在社会上有很大影响的艺术家，又是他的朋友，也不在政府任职，老蒋就是想开罪你，也没理由。但那时，你又不在。前些天玉甫兄又和我提及此事，不知你……”蔡元培没有说下去，就望着他。

刘海粟当然明白蔡元培未说出口的几个字“敢不敢”，他没有半点儿犹豫就回答道：“先生如此看重我，我非常高兴。我也很惦念他，我这幅《孤松》正想请他题识呢！”

“你准备何时启程去南京？”蔡元培问。

“后天吧！”刘海粟答道。

“好。”蔡元培伸手握住刘海粟的手，“仲甫兄见到你一定十分高兴。”他松开手，起身走进书房，不一会儿，拿出一部《尔雅》，“听说他在研究古文字，这部书对他或许有点儿用，带给他吧！”

陈独秀监押在南京老虎桥模范监狱，监狱位于南京南仓巷对河旁边。陈独秀原来住的是四人间，上下铺，他住上铺，拿一块板垫起来写文章。后来受到优待，一个人住一间，有专人看守他。开始监视很严，不准亲属探监，不准通信，不准读书看报。后来国民党渐渐放宽对他的监禁。汪精卫说要在山上找一座洋房给他住，可以会客、通信。何应钦还请他题字，他写了：“三军可以夺帅也，匹夫不可夺志也。”刘海粟去看他时，他的监舍是里外两间，外间有张书桌、两把椅子，可以看书写字。

监门打开时，他正好洗了澡，神色不错。一见来者是刘海粟，他竟高兴得一下跳了起来，张开双臂迎过去，完全忘了是在监狱里。几乎在同时，刘海粟扔下提包，高呼着：“你真伟大，在法庭上……”也张开了双臂迎上去。两人紧紧拥抱。

陈独秀抢着说：“海兄伟大，伟大的‘叛徒’，敢第一个画人体模特儿，敢与军阀较量……”“哈哈……”两人旁若无人一般，不去理会隔壁狱卒监听，放声朗笑，“我们都伟大！哈哈哈……”

“对对对，我们都伟大！哈哈哈……”他们忘形地相对坐下。刘海粟询问起他的狱中生活。

陈独秀说：“你都看到了，判我 13 年，我何罪之有？老蒋要我反省，我又有何愧疚？我自少年就为反帝、反清、反军阀、反封建思想、反抗帝国主义奔走呼号，以谋改造中国，何罪何愧？检察官指控我‘危害国民’，‘叛国’更是无稽之谈！国者，土地、人民、主权之总和也！叛国者，出卖土地人民主权者、泄露国家机密者，我据有了吗？我出卖了吗？倒是国民党竭全国人民膏脂以养兵，拥全国军队以搜刮人民杀戮异己，对日本侵占我国领土，始终节节退让，抵抗徒托空言，且制止人民抵抗，摧毁人民之组织，钳制人民之口舌，向帝国主义屈服，宁至全国沦亡，也不容人有异词，是我陈独秀叛国，还是他们叛国？”

他突然从激越的情绪中冷静下来：“不说了，不说了，我们说点儿别的。报载你去欧洲办画展，载誉归来，说点儿欧洲事吧！”

刘海粟简略地说了西行画展的情况。说到国内反对他去他国展览时，他也激动起来：“将在外，军令有所不受。我干我的，我给他们发了个电报，我念你听听。”他大声朗诵起来：“我为中国艺术在暗室中呼喊，一旦见光明在群星间辉耀，为完成平生夙愿，苏格拉底可以死罪，曾参可以杀人，以此罪我，亦所甘心！”

“伟大！伟大！”陈独秀朝他竖起拇指。

刘海粟突然想起他提包里的礼物，当然已是经过狱方检查过的。他从地上把它拎到唯一的写字台上说：“蔡先生听说你在研究文字和古汉语，让我捎来了这部《尔雅》。叶玉甫先生让我捎了部《小学》。适之兄非常惦念你，他每次来沪都催蔡先生派人来看你。我是他们的代表。”他把两部书放到桌上，又拿出两条香烟和一件夹袍，“这是我送你的。”继又拿出一卷宣纸和一瓶墨汁，“也许有时你想写写字吧！”

“好好好！”陈独秀非常高兴，“袍子可暖我身心，烟可解乏提神，书乃精神食粮也！”他拿出几本《东方杂志》给海粟看。“几十年了，我都想做些学问，写些研究性著作，总是没有时间，现在最富有的就是日子了！这是我这几年写成发表的。”他边翻边介绍着，“这是《实庵字说》，这里刊的是《老子考略》，这期发表的是《荀子韵表及考释》，我还写了《孔子与中国》，《东方杂志》已发排了。现正在写《干支为字母说》一书。我还想写写自传回忆录之类的文章。”

刘海粟脱口而出：“了不得！了不得！”遂拿出《孤松》和《寒江独钓图》给他看，指着《孤松》对他说：“此乃我去冬上黄山画的，请给我题几句话吧！”

“好！”陈独秀展开《孤松》品尝了片刻，就提笔在上写道：

> 黄山孤松，不孤而孤，孤而不孤，各有其境，各有其用。此非调和折衷于孤与孤之间了。题奉海粟先生。
>
> 独秀

又在《寒江独钓图》上写了：

> 自画有石谷，中国诗书画一体尽矣。晚近画艺，有复兴机运。
>
> 独秀

写毕，意犹未尽，说：“我给你写副对联作纪念吧！”

“那就太有意义了！”刘海粟高兴不已，立即从那卷宣纸中取出一张，裁好。

陈独秀书道：

行无愧怍心常坦，身处艰难气若虹。

上联题“海粟先生雅教”，下款是“独秀”二字。写得纵横恣肆，大气磅礴，绝非寻常书家可为。这两句话也真实地抒发了陈独秀当时坦荡的心迹和昂扬的情绪。

这时，守在门外监视的狱卒开门了，并大声说：“探视时间已到！”

刘海粟收起《孤松》诸画和对联，两人再次拥抱。陈独秀祝刘海粟第二次欧游画展成功；刘海粟祝陈独秀：“《干支为字母说》早日成功，《陈独秀传》早日动笔！千万珍重身体！”刘海粟说着眼睛潮了，又说：“我们虽不能常来看你，可我们都惦记着你！保重！”

陈独秀松开手臂，两人大道着“再见！”此次相别后，他们就再也没有见过。1937 年 8 月 13 日，日寇进攻上海，国共两党建立了抗日统一战线，蒋介石被迫释放政治犯。8 月 23 日，国民政府以“爱国情殷，深自悔悟”为名释放了陈独秀。8 月 25 日，陈独秀给上海的《申报》写信申明：“自己没有什么可悔悟的，冤枉坐了 5 年牢。”9 月他去了武汉。1942 年 5 月 27 日在四川江津病故。陈、刘此次之别，成为永诀。

郭沫若：故交怀『郭泰』

『艺术叛徒』胆量大，
别开蹊径作奇画。
落笔如翻扬子江，
兴来往往欺造化。
——郭沫若《题海粟画〈九溪十八涧〉》

1982 年春天，海粟大师到厦门鼓浪屿作画。他在一幅画上题了首五言诗：

故交怀郭泰，先我一来游。
历尽沧桑局，翻教墨兴遒。
山头鼓镗鞳，泉眼涌飕飕。
掷笔峰前问，畴为第一流。

当时围观者中有人提出疑问，郭泰乃东汉时人。海翁为何要怀念他，还称他作故交？答曰："中国人写诗有很多表现手法，可以借物比人，借地比人，也可以明说甲暗指乙，亦可以借古人而比今人。这首诗写的与郭泰无关，我是怀念沫若兄也！他在‘文革’前先我来过鼓浪屿。”

海老和郭老在五四新文化运动开始时，常常同在张东荪编辑的《学灯》上发表文章，彼此都很钦慕，只是无缘谋面。1921 年，郭老和郁达夫自日本返国，积极开展新文化运动，筹办学艺大学，因缺少经费，他们就去上海美专找刘海粟，要他支持。刘海粟为给他们筹措经费，在上海南京路静安寺举办画展。郭沫若和郁达夫都出席了开幕式。此后，他们在泰东书局会晤过多次，开始了交往。

刘海粟第一次北京之行回来后，遂仿效蔡元培，广泛吸收人才，曾请梁启超、康有为、蔡元培、胡适、徐志摩等学术界名流到上海美专讲学。也聘请了当时任学艺大学文科主任的郭沫若来校讲学，特为他开设了“沫若讲座”。1925 年 4 月 3 日，郭沫若在上海美专礼堂讲《生活的艺术》时，一开头就自谦地引用了“崔颢在上，李白不敢题诗”的典故说：“刘海粟先生把当代独一无二的文学家、大艺术家的帽子压在我的头上，其实，这完全是夫子自道。有他这么一位大艺术家坐在这儿，我郭沫若不用说不敢题诗，就连话也不敢讲了。”

同年“五卅”惨案发生，为抗议帝国主义与军阀杀害顾正红、何秉彝等 24 位烈士，坚持罢工到 7 月的工人，生活十分困难。刘海粟和潘天寿、钱瘦铁等 5 位教授卖画支持工人，海粟还向美专学生话剧团推荐排演了郭沫若的两幕历史剧《聂嫈》。郭沫若亲到美专剧场看望参加演出的学生，并给予了激励。

1926 年夏天，刘海粟率领上海美专师生到杭州旅行写生，恰在此时，上海县长危道丰在报上刊出了要取缔上海美专人体模特儿的文告，海粟怀着一腔愤怒，独自去踏访杭州胜景“九溪十八涧”。他逆流而上，攀上了九溪十八涧的源头杨梅岭，他被九溪十八涧沿途的峥嵘林木、陡壁悬岩、烟霭岚雾、芬芳的野花、迷离的色彩和九溪的峰回路转、奔腾跳跃、不屈不挠、不流入江海誓不罢休的气势所激动着。回到驻地后，他的两耳仍然灌满了高高低低、叮叮咚咚、淙淙潺潺的泉声。这支永不退却的奋进之歌在他心里久久激荡，心里充溢着要唱、要宣泄、要抗议的欲望，挥笔在一张宣纸上画了起来。画面上顿时出现了巍峨的山峰、合流的泉水，中间主峰上有纵横郁勃的古树，掩映着两间古屋；石壁上点染着藤萝苍苔，流水哗哗，岚气氤氲，满纸回荡着不屈的生命旋律和浪漫主义激情。他把它题作《九溪十八涧》。郭沫若见到这幅画时，上面已有蔡元培、黄炎培的题诗。他十分欣赏这幅画，认为海粟这幅画与石涛的《黄山图》有着同样的磅礴气势，与后期印象派有着异曲同工之妙，遂挥毫在黄炎培的题诗后写道：

> “艺术叛徒”胆量大，别开蹊径作奇画。
> 落笔如翻扬子江，兴来往往欺造化。
> 此图九溪十八涧，溪涧何如此峻险。
> 鞭策山岳入胸怀，奔来腕下听驱遣。
> 石涛老人知此应一笑，笑说吾道不孤了。

1927年，海粟被新军阀当作“学阀”通缉，亡命日本。日本朝日新闻社为其举办画展，此画在参展作品中特别引人注目。当时亦流亡日本的柳亚子先生看过展览后，也写过一篇文章，叫作《刘海粟先生印象记》，其中就有一段文字写到此画：“我最爱的一幅是有沫若题句的，内容真是气象万千。你想，把沫若廉悍峭厉的诗笔，配在海粟雄壮阔大的画上，不算是并世双绝，还算什么？”

“四一二”大屠杀的前一天，郭沫若以北伐军政治部代主任的身份给身处上海白色恐怖中的海粟写信：

海粟老哥：

我们好久不见面了，今天你看见这信，一定很惊异。我求你的是请你做保人，将政治部在上海被扣留的人员保出来。

被扣留者本十九人，前方已允具保，有的人已恢复自由，唯有八人，因在沪乏亲故，以致尚未能出来，此八人者为许幸之（此人系你的学生）、孙鸿荣、范少圃、周疏英、陈文剑、张尚武、熊玉书、汤用彪。务望设法，或由兄出名，或另托沪上友人具保，使他们早日免掉缧绁之苦，则不啻感同身受也。

祝你这个“叛徒”愈朝“叛”的方面走！！

弟郭沫若上

四月十一日汉口

海粟一藏起信，就外出活动，那时大屠杀还在继续，白色恐怖像幽灵一般飘浮在上海的空气中，弄得人心惶惶。海粟顾不上自己的安危，整日在外奔走，费了九牛二虎之力，才打听到这八个人是从汉口到上海来搞宣传的。一下船，就被白崇禧逮捕了。他托人找到宋庆龄，请她进行疏通，又请一位与新贵有交谊的画家出面去保，八人才得以释放。

这以后，郭沫若亡命日本，直到抗战开始，才从日本回国。有人把郭沫若回国所乘的日本船长新丸号抵沪日期告诉了他，他即指派学生倪贻德打听好船到时间，到码头去接郭沫若。又吩咐学生丁远在沧州饭店给郭沫若订好房间。为了安全起见，他在沧州饭店等候，让倪贻德直接从码头把郭沫若接到沧州饭店。

两人相见，紧紧拥抱，海粟问郭沫若：“我们有 11 年没见了吧？”

“差不多吧！”两人都泪水盈眶了，携手而坐。

海粟又问：“嫂夫人和孩子们呢？”

“唉！”沫若叹了一声，“国难事大，管不了他们了！”

“沫若兄，你抛妻别子回国来，参加抗击日本帝国主义的侵略，海粟深为之动，不知你有何具体打算？是去南京国民政府，还是在上海开展抗日宣传活动？”

沫若摇摇头说：“目前尚未有具体计划，只好先住下，视形势而定吧！”

“南京政府尚未撤销对你的通缉令，你若去南京，我担心你的安全得不到保障，逮捕爱国学生的事常有发生呢！他们就抓了我们美专到南京宣传抗日的几名学生。若非我和同仁奔走营救，这些爱国青年也许就永远无影无踪了呢！你可得慎重地考虑啊！”

沫若苦笑了下说：“我想目前这个时候，蒋介石先生不会对我下毒手的！”

“很难说，”海粟摇摇头，“你不如到欧洲去写文章、演讲，呼吁国际社会谴责日本的侵略行径，支持中国人民的抗战，这更能发挥你的作用。”

“这也是个途径，可以考虑。可是，到哪里去筹措川资呢？那可是个大数啊！”

“啊！”海粟点点头，“我倒忽略了这个问题。”他携起沫若的手：“先到我那里去吃晚饭。”沫若说：“今天就不去打扰了，我想请你在你家附近给我找个清静的公寓住下来，我们就可以天天见面了。”

他俩在饭店的餐厅吃了便饭，回到房间，两人又谈起了许多熟人熟事，海粟临告辞前，沫若说：“我给你写首小诗吧！”

海粟欣喜之至：“好，太好了！”起身帮他将小箱内的文房四宝搬到写字台上，就给他磨墨。沫若略加思索，提笔就写：

此来拼得全家哭，今往还将动地哀。
四十六年余一死，鸿毛泰岱早安排。

“赤子之心跃然诗间也！”海粟慨叹着。

第二天，海粟帮沫若搬到离海庐很近的高乃依路一家法国人的公寓里，沫若吃不惯西餐，每天到海粟家来吃饭。沫若跟他说自己在日本那种可怕的没有自由的生活，谈自己的创作，有时谈他的妻儿。海粟则向他说两次欧游的见闻、感受和收获。不久，海粟又找银行家钱新之商量，要他资助沫若去西欧宣传抗日的川资。钱新之以能帮助沫若去宣传抗日为荣，慷慨出资两万元。在海粟的安排下，两人在新亚酒店会了面。但没过几天，陈诚从南京接沫若去商量抗日宣传大计，此事就作罢了。

有天，海粟作了幅国画《古木寒云图》。他在画面上画了位古代高士，独立于苍山密林之下，沫若心领神会画中蕴意，提笔在上面写道：

寒云接地，古木参天。
独往独来，心地泰然。

真谓“心有灵犀一点通”，他俩都曾拒绝汪精卫的暗示出山做官，他的题诗向人们明示了在投降派面前要保持不屈的精神。写毕，两人哈哈大笑。

一天午后，海粟向沫若展示了一张《临黄石斋松石图卷》。那是他临的明末抗清名臣黄道周画的长卷，画上有奇松 29 棵，或蟠曲、或夭矫、或遒挺、或偃蹇，笔力浑厚，构图新奇，上有倪元璐写的两段长跋，是他非常珍贵的心爱之物。但为了解决国难时期的师生衣食和生存，他不得不割爱卖给了一位广东收藏家。在那人来取画的前一天，他久久抚读，像爱抚就要生离死别的爱子一般，惜别依依。他把自己反锁在画室里一整天，临下了这不可复得的长卷。上面已有蔡元培、王个簃、李健等人的题跋。沫若读之，不觉激动唏嘘，挥笔题诗：

大夫二十九，盘屈若龙虬。
劈面风生寒，当知石怒吼。
狡哉存天子，珠檐难脱手。
为得办学资，骊颔仍依旧。
更有大赚头，盛事长不朽。

全国抗敌声中，海粟以所临黄石斋松轴见示，属题数语。

郭沫若

上海美专校舍落成时，康有为曾以榜书题赠“存天阁”三字，沫若以“存天子”称海粟。

又一天，海粟到郭寓所去，向郭展示了他临的一幅《仿吴仲圭夏山欲雨图卷》，上有蔡元培、吴湖帆、章士钊等众多名人的题诗，他请郭沫若也题一首，郭沫若一挥即就：

山水在性天，才能写自然。
心随物已远，意在笔之先。
尺幅罗千里，寸晖引万年。
此中饶逸趣，言外谁可传。

1937年8月，客寓沪上，日日在飞机炸弹声中讨生活。一日，海粟携此画来，顿感坐游之乐，爰题此数语。

郭沫若

1953年夏天，周恩来总理邀请海粟去北京游览作画，他再次见到了郭沫若。两人会晤了两次。郭沫若看过他带去的几幅近作，大为赞赏，他希望他在中国画方面做出贡献，有更新的创意。海

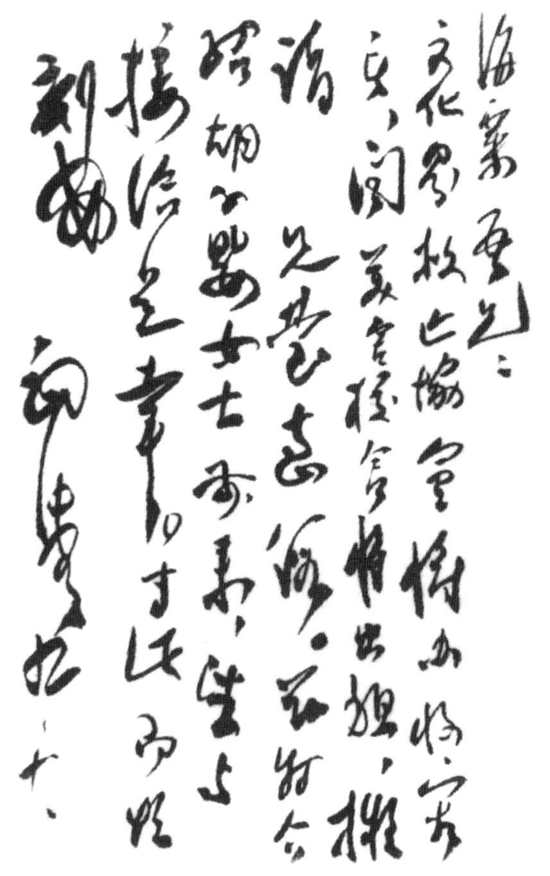

郭沫若写给刘海粟的信

粟便把自己的得意之作水墨画《群牛图》留下参加新中国成立后的第一次全国美展了。

1962年3月，海粟刚刚战胜了中风病魔，又摘掉“右派”分子帽子，并被推选为全国政协委员，偕夫人夏伊乔到京出席全国政协大会。十年来未去北京，与许多老朋友重逢，自然也见到了郭沫若。这次，周恩来总理和陈毅、习仲勋还单独接见了他和伊乔夫人。陈老总还代表党和国家领导人在人民大会堂设宴招待文艺界的政协委员和人大代表。海粟住在民族饭店。当他从车上下来时，早就等候在那里的郭沫若即从台阶上迎下来，紧紧握着他的手，把他引进宴会厅，连连大声向朋友们说："'叛徒'来了！'叛徒'来了！"

陈毅迎上来高声诵起郭沫若的题画诗："'艺术叛徒'胆量大，别开蹊径作奇画……"他紧紧握着海粟的手问："对不对？"

海粟激动得连连回答："对！对！完全对！"郭沫若惊奇地问："陈老总，你怎么也会背这首诗？"陈毅哈哈大笑起来："这有啥子奇怪的？在老区也看新画读新诗，你的许多诗我都能背。"

不虞这次相见，竟成永诀。郭沫若去世后，海粟常见物生情，怀念沫若这位艺术知音，感佩他的才情，认为他对史学和文学的贡献都是第一流的。

郁达夫：题画诗成惜梦回

读罢新书慰夙怀，见儿疑是父归来。
一天雷雨勤编织，半纪风云细剪裁。
同岁三人惭我健，环球万众为兄哀。
中宵忘却文星坠，题画诗成惜梦回。
——刘海粟《忆达夫》

艺术大师刘海粟与诗人郁达夫相识在20世纪20年代初。

1921年，郁达夫和郭沫若自日本返京，开展新文化运动，筹办学艺大学，因缺少经费，找刘海粟予以支持。海粟为给他们筹措经费，在上海南京西路静安寺举办画展，郁达夫和郭沫若都去参加了开幕式。

画展开幕后，引荐他们相识的泰东书局的赵老板请他们三人吃饭。他们都游历过日本，谈起了日本的话题，三人都有话说，且见解一致，很是投契。加之，他们都是反封建势力的斗士，又都在《学灯》上写文章。共同的志趣使他们有种早就相识之感，学艺大学虽未办成，他们却成了心灵相通的朋友。

这年，达夫出版了他的短篇小说集《沉沦》。这是中国新文学史上出版的第一部白话文小说集，在社会上引起了强烈的反响。有人抨击它是颓废的代表和世纪末的伤感东西，否定它的积极作用。海粟却认为达夫的意图是借用这种形式来表示对现实的不满和反抗。当达夫去看他时，海粟见面就说："《沉沦》是部好作品，从你这部白话小说中，我似乎听到了你在大声呼喊：'中国呀，你将在何时能够富强起来呀！'我真不懂，那些人怎么把它称作颓废的代表作呢？"

他们又说到达夫以洪北江、黄仲则、戴东原为题材写的一篇小说。海粟告诉他："你不知道吧，洪北江先生是我的外曾祖父呢。"

达夫告诉了他，这些人物是以现实生活中的自己、胡适为模子塑造的。又谈到了胡适他们。海粟又说："读你的小说，如读抒情诗。酒多了伤身，我希望你少喝点儿酒，写出更多的好作品来。"

达夫感动地握住海粟的手说："谢谢你，在中国，希望我早死的人很少，希望我写出好作品的还是很多的，这对我是莫大的鼓励和安慰，我这人弱点很多，不是'达夫'，而是'凡夫'。看清的事情，做起来也会变样，有什么法子？"他做了个苦笑，"中国从事新文化的人不是太多，而是太少，我很希望彼此间消除误会，同心协力去对付封建势力。"

海粟受到他真挚情绪的感染，说："我也希望我们从事艺术的人消除门户之见，携手复兴中国的艺术。"

1925 年，徐志摩和胡适来沪，海粟和志摩谈到达夫的小说、沫若的新诗，志摩很钦佩他们，说："达夫和我是中学的同窗，那时他就才华过人。"

第二天，海粟请志摩、胡适、沫若、达夫在四马路同兴楼吃饭。当大家举杯祝酒时，海粟站起来："请慢请慢，我有一个提议。”他微笑地看着他们四人说：“你们都是文学家，中国新文化的脊梁人物，如果你们能同心协力，团结奋斗，对中国有莫大的好处，我提议：在饮酒前，大家拥抱，表示我们能像兄弟一样团结相处。怎么样？”

达夫立即响应：“好！海粟的提议很好！”说着放下酒杯，四人相拥在一起，齐声说：“我们借海粟的酒誓盟：我们要像兄弟一样相亲、相帮。”

1927 年，海粟被新军阀通缉，流亡东瀛。以后的几年中，他们各忙各的，很少相聚。

“八一三”事变后，文化人纷纷远去南洋，以他们各自的方式，开辟第二抗日战场，在侨胞们中宣传抗日，激发侨胞的爱国热情，支持国内抗战。1939 年，刘海粟去了印度尼西亚，在那里举办抗日募捐画展，取得了很大成功，募集了大量资金，影响很大。郁达夫这时在新加坡，主持《星洲日报》的《晨星》副刊。他写信给刘海粟，说那里侨胞的爱国情绪高昂，抗日气氛浓厚，要他去那里举办筹赈义展。新加坡星华南侨筹赈总会副会长陈延谦先生也写信给海粟，请他去那里举办筹赈画展。刘海粟接受了他们的邀请，于 1940 年 12 月 21 日启程去新加坡。

刘海粟的到来，受到了新加坡侨胞的热情欢迎。海粟特别感到高兴的是，重逢了郁达夫和上海美专旅星（星洲，即新加坡）的弟子，还有国内去的不少文化人。他乡重逢，又都有着抗日这个大舞台、同赴国难的大目标，他们的友谊更加深厚了。

达夫是南洋文坛的领袖，培养扶植了许多作家，他的崇拜者很多。他常常把他们带到海粟的住处来；国内来了朋友、名流，他也带他们去看海粟，常给海粟的画题诗。他偕王莹、金山来过，带胡愈之、林霭民来过。1941 年 1 月 1 日，达夫偕南来献艺筹赈的歌星紫梦兰去看海粟。海粟为紫梦兰画了张速写像，达夫拿去发表在1月11日的《星洲日报》上，同时刊发了达夫撰写的《紫梦兰女士速写像题记》。他在这篇文章的开头就介绍了紫梦兰女士的生平，说她是个“晓得为国家民族竭尽全力的好国民。这一次她在马来亚各地为筹赈卖艺所得成绩也已经不少，但她又告诉我以后的决心，她将牺牲一切奉待艺术”。“务必使艺术和社会，艺术与国家民族，能发生一同并进的交关关系。”他在最后一段告诉读者：“她所寓的客舍，恰巧也就是南侨筹赈总会所请来开画展的艺术大师刘海粟教授的住处。于是，我就想起了殊途同归的爱国艺术家的总集合，拉了她去拜见海粟。这张速写，就是我请海粟教授随便拿起铅笔（并非画笔）在布纹纸（也并非画纸）上画下来的几笔黑白线条。虽则海粟教授因系游戏笔墨，不肯交我发表，但我则以为紫梦兰女士的神情已具，可以不必苛求了。绝代传神的画像，自然只能待诸异日，于抗战胜利，画具全备的时候。”

1月14日晚上，达夫来了，给海粟带来了这天的《星洲日报》，说：“今天发表了你的学生叶泰华写的文章《艺术大师刘海粟在爪哇》。他系统地介绍了你在巴城、泗水、垅川、万隆主持筹赈画展的情况。”他指着其中的一行：“你看这里。”他轻声地念着：“画展本着刘大师所言：‘国难严重中，有多少力量，便要把多少力量贡献给国家的行动。’”他坐到海粟对面，沉默了片刻，突然又说：“海粟，刚刚得到的消息，日本鬼子已进驻了上海租界，上海完全沦陷了。”

“何时的事？”海粟焦急地站了起来，他为留在上海的妻儿担忧，“达夫，我真想扛上一杆枪，回去和小鬼子拼个你死我活！”他急得在屋里走来走去，连连自问：“怎么办？我怎么办？我好久没给家里寄钱，如今又沦陷了，这日子，他们怎么过呀？”

达夫没说什么，提笔在画案上的一张纸上写道：

生同小草思酬国，志切狂夫敢忆家。
张禄有心逃魏辱，文姬无奈咽胡笳。
……

这是达夫 1938 年作的一首诗，他把它题给了海粟。写毕，又安慰着他："艺术家以艺术报国，不扛枪也是抗日。你在南洋为抗日奔走筹赈，这和扛枪没有两样。上海租界已沦于敌手，看来日本人要打破和英、美、法的微妙关系了，这里目前的抗日形势很好，画展得抓紧时机，唯恐形势有变哪！不知你准备得怎么样？"

"已经差不多了，南侨筹赈总会会长陈嘉庚先生从国内慰劳抗日将士一回来，就看我来了，我们已经商定，3 月 23 日在中华总商会开幕。我的活动日程也安排好了，明天到华人美术会演讲《东方艺术之西渐》，30 日到安德烈英校演讲《中国画与洋画之异点》，2 月 1 日到南洋美术学校讲《现代艺术》，3 月 12 日到无线电台播讲《中国画之精神》。"

"画展的宣传我来安排。"达夫思索了一下，就把他的计划告诉了他。

第三天，《星洲日报》副刊发表了郁达夫的诗《为君濂题海粟画梅》：

孤山归梦未全荒，苦寒梅花立草堂。
展画时闻香暗散，陇头春满感刘郎。

《南洋商报》从 1 月 20 日始，连载叶泰华的《艺术大师刘海粟传》。

达夫为海粟的这次画展写了两篇文章。2 月 6 日，《星洲日报》刊出了郁达夫撰写的《刘海粟大师星华义赈画展目录序》。他在序中说：

艺术家当处到像目下这样的国族危机严重的关头，是不是应丢了本行的艺术，而去握手榴弹，执枪杆，直接和敌人死拼，才能说对得起祖国与同胞这问题。……譬如大家都到了前线去打仗，后方，自然连烧饭的伙夫、制军服的裁缝，以及制造军火的工人，也要感到缺少；……我们的报国途径，原不固定在执枪杆，戴军帽的这一条狭路的。……从这样的观点来着眼，则艺术大师刘海粟氏，此次南来，游荷属一年，为国家筹得赈款数百万元，是实实在在，已经很有效地，尽了他报国的责任了。但是，我们的抗战，还未达到最后胜利阶段，我们的报国责任，自然也不能说只尽了一次两次，就可以算终了完满的。我们既是中华民族的子孙，则自生至死，自然都要负为中华民族努力的责。不但是战时如此，就是在平时，也是一样。刘大师于荷属各地的筹赈画展开完之后，这一次又肯应星华南侨筹赈总会之请，惠临马来亚来，再作筹赈工作的本意，自然也出乎此。……因刘大师是我数十年来的畏友。所以当他这目录付印之前，我特为写出这点艺人报国的意见……

海粟反复读了这篇文章，把报纸紧紧握在手里，心里感到一种少有的宽慰。

画展开幕的前一天，《星洲日报》特辟了《刘海粟先生画展特刊》，由中国驻新加坡总领事高凌百题签，刊登了郁达夫的《刘海粟教授》、黄葆芳的《文学叛徒与艺术叛徒》、刘强的《我所认识的刘海粟》、梁宗岱的《给海粟一封信》，同时刊发了两帧海粟的作品。达夫在文中说：

我因和刘教授订交二十余年，略知其生平，故简述数言，以志景慕……谨以“永久的生命”五字奉赠给刘教授，作为祝贺教授这次画展开幕的礼品。

筹赈画展轰动了星洲，侨胞们争相参观，购画。《星洲日报》《星洲晚报》连续刊出郁达夫题海粟画的诗：

为胡仁东先生题海粟大师画芦雁

一

芦花瑟瑟雁来时，秋尽天涯鬓有丝。
万里烽烟归梦断，披图撩乱是乡思。

二

故国音书到渐稀，料因烽火暗边圻。
画中大有沧桑感，南雁西风荻正肥。

为晚音女士题海粟画芦雁

万里南飞客感深，露香菰米费搜寻。
炎荒怕读刘郎画，一片蒹葭故国心。

3月15日，晚报发表了达夫《为秋杰兄题海粟画松》诗：

蟠根耸杆栋梁材，劲质贞心郁未开。
独立乾坤孤树顶，炎荒可有鹤飞来?

他们几乎无日不见。有时在《星洲日报》编辑部，或在《星洲日报》俱乐部白燕社，有时聚会在林霭民家，大多在海粟下榻的胡载坤大夫家。海粟常常乘兴泼墨，达夫静观，常常是海粟的画成了，达夫的诗也构思好了。刘画郁题的作品风靡了星洲，人们争相收藏。很多诗句暗含我民族不屈不挠的气节，可惜星洲沦陷时，收藏者怕惹祸，很多画被销毁了。要不，可以出本题画诗抄的。

这年春天的一天，达夫和一些文学追随者，还有星洲华人美术会负责人徐君濂和海粟的学生刘抗、黄葆芳等许多朋友又来到了海粟的住处——胡氏期颐园。海粟特别高兴，灵感也极其活跃。不多一会儿，一张《祝融峰图》就完成了。黄葆芳拍手称赞："好！杰作！笔花墨韵，天趣浑成，气势纵横，力透纸背。"

海粟写上跋：

三十年春，展画星洲，宿胡氏期颐园。朝云推窗，暮雨春帘，门人黄葆芳，贻我旧纸，振笔作祝融峰。

达夫即席题诗：

七十二峰最上层，望衡九面竞崚嶒。
年来宗炳垂垂老，卧看风雪笔底凝。

辛巳暮春达夫拜观

大家雅兴正酣，拟合作一画。海粟对学生们说："你们先画。"

刘抗最先画了几杆翠竹，徐君濂画了块奇石，黄葆芳在石旁画了株红梅。海粟最后，他补了松和几簇蕨蓼。达夫站在旁边观看，诗兴大发，即席题上一首绝句：

松竹梅花各耐寒，心坚如石此盟磐。
首阳薇蕨钟山蓼，不信人间一饱难。

海粟仔细品味后说："达夫，你引用夷、齐不食周粟的典故，大义凛然，文人气节千秋跃然诗间啊！"

有天晚上，达夫独自来了，和海粟躺在期颐园的草地上。那晚，碧天如水，寒月似霜，突然有颗流星闪着耀目的光亮陨落到树梢后去了。他们正谈起上海的友人，达夫不由慨叹："这不是志摩么？多么有才气的诗人。过早陨落，千古同悲啊！"又谈到他们三人同庚，都属猴，不由又感慨唏嘘了。后来谈到时局，达夫激动起来，他一跃而起说："海粟，万一敌人侵入新加坡，我们要宁死不屈，不能丧失炎黄子孙的气节，做不成文天祥、陆秀夫，也要做伯夷、叔齐。"

12 月 8 日一早，达夫就到海粟的住处来了。海粟一把攥住他的手，急切地问："昨夜我听到炸弹爆炸的声音，是不是日本人向英国人开战了？"

达夫点点头："是的，我也刚刚得到太平洋战争的讯息，就赶来了。今天零时，日本第三航空队，偷袭了美国在太平洋的海军基地珍珠港，美军几乎全军覆没。同时，日本航空队也轰炸了美、英在威克岛、关岛、马尼拉、香港和新加坡的驻军。英国在这一区域的飞机一下损失了三分之一。"达夫愁绪满怀地说："新加坡就要经历一场战火的浩劫了，而殖民当局却在加紧对爱国青年的镇压。近几天，都在大搜捕。一部分青年进了丛林，参加星华义勇军去了。我的目标很大，在这儿，随时都有危险。"

"你有什么打算？"海粟急切地问。

"三十六计，走为上计啊！"达夫做了个苦笑，"英国人绝不会尽力来保卫新加坡的，这里不是他们的英伦三岛，只是他们的殖民地，所以抗日成了犯罪。你怎么打算？"

"英国远东大臣库珀要我再开次画展呀！我得完了这事再说。"

达夫不安起来，他说："海粟，库珀这老狐狸只因他太太爱附庸风雅，非要你举办这次画展。”

海粟点点头说：“我知道。我推辞过，推不掉，高凌百总领事认为不能拒绝，那会对侨胞不利。”

“这也是。”达夫表示理解，“我将很快就要离开，你得当心，保重。”

海粟点点头。

临别时，两人紧紧拥抱，道着“再见”。可他们谁也没料到，此别成了永诀。

日本宣布投降后，达夫被日寇杀害了，海粟劫后余生活了下来。每当新加坡弟子来探望他，他就会想起和达夫在新加坡那段日子。80 年代中期的一天傍晚，有位中年人叩开了他家的门。透过温暖的灯光，他把中年人误认作了达夫，竟然失声地叫了起来：“达夫！”中年人热泪盈眶，扑到他的跟前，泣不成声地说：“刘伯伯，我是郁达夫的儿子郁云！”

老人把郁云拉到面前连声说：“你父子太相像了，太相像了！你怎么现在才想起来看我？”

“无事我不敢来打扰您啊！”郁云遂把他的来意说了。近年来，他搜集到父亲的著作 200 多篇，诗词 500 多首，还有墨迹、书简和史料，花了两年时间，为父亲写了本传记。“我是来请刘伯伯为我父亲这本传写序的。”遂从提箱中拿出厚厚一叠书稿，放到他面前。

海粟久久抚摸着书稿，老泪纵横地连声应着：“我写！我写！”

海粟怀着对老友的挚情，认认真真读完了全稿，写了万言的序文。他说：“达夫是中华大地母亲孕育出来的骄子，是本世纪最有才华最有民族气节的诗人之一。爱国是他一生言行中最突出的品质。”

他说：“至于咒骂他‘品质恶劣，作风浪漫，不足以为人师’的政客，姬妾成群而道貌岸然的封建卫道士，认贼作父的汉奸，吮痈舐痔的帮闲，制造谣言含沙射影的小丑，随波逐流的变色龙，今天已被历史所抛弃，而为当时的统治者深恶痛绝的达夫，则砥柱中流，知音倍增。”

他说：“达夫真诚，也坦率得惊人……”

他说：“达夫笃于友情……”

他说：“达夫酷爱自由，仇恨压迫与剥削……”

他说：“达夫个性有极其刚毅的一面”，又“感情饱满细腻”。

他说：“达夫是个杰出的抒情诗人，散文和小说不过是诗歌的扩散。他的一生便是一首叱咤风云而又荡气回肠的长诗。”

他回忆了他们在新加坡那段难忘岁月。他说，达夫为他写的题画诗，“对斯时斯境的同胞，是启悟的晨钟，进军的战鼓”，“诗人成了爱国同胞的代言人”。

他写了一首诗作为这篇序文的结尾：

读罢新书慰夙怀，见儿疑是父归来。
一天雷雨勤编织，半纪风云细剪裁。
同岁三人惭我健，环球万众为兄哀。
中宵忘却文星坠，题画诗成惜梦回。

他说，这仅仅是为了那说不出又说不完的情思，和那久久萦回心际的怀念。

徐志摩：哭徐志摩

他三十六年的生涯，
只是一个短暂的梦，
他的生命，
也就是一首绝妙的好诗。
——刘海粟《志摩之死》

写刘海粟和徐志摩的友谊，就得先介绍徐志摩这个人物。

浪漫主义诗人徐志摩

在中国现代文学史上，新月派大诗人徐志摩曾是一颗光芒四射的星星。在艺术领域中，他是个全才，精通诗歌、散文、评论、绘画、音乐。他的散文写得比诗还要好，文艺评论犀利、生动，见解独到。郭沫若说：“他的评论比诗好看。”茅盾对他的爱情诗评之曰：“不能够把它当作单纯的情诗看的。透过那恋爱的外衣，有着他对人生的单纯信仰。”朱自清也曾说："现代中国诗人，须首推徐志摩和郭沫若。"朱先生的意思不仅仅是说他们的诗，而是指他们早年勇敢的选择。

徐志摩是浙江海宁人，名章序，富家子。北大未读完，出洋留学，先进美国哥伦比亚大学攻读政治经济学博士。但他却放弃了即将到手的博士头衔，为了医治中国人民精神上的创伤，选择了文学艺术，到英国剑桥大学读书。他想用诗来抚慰人民苦难的心灵。他说："我们也要有目莲救母一样的精神，'我不入地狱，谁入地狱'。"他从未读完一个学业，也没得到任何学位。他鄙薄虚名，说："一个文人，何必要靠学位来装饰点缀呢？最有力的表现还是他自己的作品。"他被誉为"当代第一才子"，但又被攻讦为"当今混世流氓"。他是位天生的诗人，充满幻想，饱孕激情，内心有许多可望而不可即的追求和憧憬。他的全部诗作贯穿了一种浪漫主义人生理想，终生追求"爱""自由"和"美"，讴歌光明。他始终像一个天真率直的孩子。

有一次，他陪同一位女郎上庐山，在牯岭一家外国人开的咖啡馆里，西崽们只忙于迎合碧眼黄发的外国人，无视久坐在桌旁的诗人。他大发雷霆，拍桌大骂。西崽们群起而围攻，直至动手打人，结果文弱的诗人大败而逃。事后诗人对朋友说："庐山风景虽好，但主权不在我们手里。我们一定要收回主权，把鬼子赶走。"

志摩在北平街上还有一次超常行为。那天，他坐的是一个童子车夫的车，上坡的时候，这位小车夫拉得很吃力，他猛然跳下车，把车夫请到车上坐下，自己拉起车子飞跑起来。

志摩还乐于助人。

胡也频牺牲后，丁玲不能在上海待下去了。她准备和沈从文乔装成夫妇结伴到湖南常德去。可他们没有旅费，无法成行。志摩冒着通"匪"的危险，资助全部旅费，把他们送出上海。他就是那么个可爱的人。

志摩是个浪漫的诗人。他的初次婚姻却是无爱的。1915 年 10 月 29 日，他还不满 19 岁，父亲徐申如从家族利益出发，做主在家乡让他娶了 17 岁的张幼仪。他是一团火的人物，而他的妻子则是个讲求实际、善于理家、沉默寡言的冷美人。婚后生活未能在他心中唤起激情，反觉得平庸乏味。他希望妻子能成为与他心心相印的知音。为了缩短夫妻间的距离，他做过努力，把妻子接到伦敦同居。可当他手持鲜花、到伦敦码头翘首迎接妻子时，这位端庄娴淑、冷静的中国贵妇人却没有一点儿那种久别重逢的激动，反而怪他："男子汉老是肚肠挂在妻孥身上，学问是做不好的。"这话犹似一阵倾盆冷雨一下就浇灭了他心中的烈焰。

不久，他结识了英国著名哲学家罗素，把自己的痛苦诉诸他。罗素对他说："没有爱情，不管是什么因素造成的婚姻关系，就应该结束。否则，人将在痛苦中生活一辈子。这将是扼杀智慧和创造力的一剂最毒的药。"

这时，他在伦敦邂逅了段祺瑞执政府前司法总长林长民的爱女林徽因。林徽因正值二八芳龄，美貌绝伦，又绝顶聪明，情感细腻丰富，且对人生、对艺术都有精辟而独特的见解。志摩和她有了共同的见解和语言，他认为他俩才是天造地设的一对。他向张幼仪提出了分手的要求。张幼仪毅然地同意了："我还你自由，也向你索还我的自由。"1922 年，他们在柏林离婚。

他的离婚，引起了亲人的公愤。他父亲骂他不仁不孝，忘恩负义，说"宁可不要儿子，也不能不要媳妇"。他的老师梁启超写信训斥他"万不容以他人之痛苦易自己之快乐"。又说："恋爱神圣为今之少年所乐道……兹事盖可遇而不可求……况多情多感之人，其幻想起落鹘突，而得满足得宁帖也极难，所梦想之神圣境界终不可得，徒以烦恼终其身已耳。"

志摩复信乃师："我将于茫茫人海中访我唯一之伴侣，得之，我幸；不得，我命。如此而已……‘吾爱吾师，吾更爱真理’。”

志摩不顾一切后果地向林徽因表白他的爱，他用火一样炽热的语言写信给她：“徽：我不管了，任它洪水泛滥，天灾人祸，我必须说出来，憋在心头它就像一个千斤的磨盘压得我连呻吟都发不出来，我必须说出来，不然我就要死去了，……那一句话，就是海涅说要用大树当笔，蘸着海水写在天幕上的三个字：我爱你！……”

林徽因也非常珍视他俩天真无邪的情谊，她心中也藏着这三个字，可她不敢说出来，也不敢回应，她害怕人世的蜚语。她决定结束和志摩的关系，不辞而别了。她行前给志摩留下了一封信：“原谅我的怯懦，我还是个未成熟的少女，我不敢将自己一下子投进那危险的漩涡，引起亲友的误解和指责、社会的喧嚣与非难。……志摩，我理解你对真正的爱情幸福的追求，这原也无可厚非；但我恳求你，理解我对幼仪悲苦的理解……我不愿意被人理解为拆散你们的主要根源。”

志摩陷进了深深的痛苦之中。他的悲痛化作了诗：

这是一个懦怯的世界，
容不得恋爱，容不得恋爱！
披散你的满头发，
赤露你的一双脚，
跟着我来，我的恋爱！
抛弃这个世界，
殉我们的恋爱。

8月，志摩离开剑桥大学回国，任北大教授，主持新月社。1924年初，初识京华名姝陆小曼。两人一见钟情，很快就陷进了深深的情网。

小曼比志摩小 3 岁，可她是有夫之妇。19 岁时由父母做主嫁给了王赓。

王赓毕业于清华大学，又到美国普林斯顿大学攻读哲学，后转入美国西点军校学军事，与美国名将艾森豪威尔同学。回国后，被北洋政府任命为我国出席巴黎和会的武官、陆军上校。他精通英、德、法三门外语，又多才多艺，但他生活完全美化，从星期一到星期六总是手不释卷，读书、工作，绝不玩乐。只在星期天才休息玩玩。小曼难以忍受这样寂寞和乏味的生活。王赓升任哈尔滨警察厅厅长，只身赴任，这给志摩和小曼提供了形影相随的机会。一时间，风雨满京华。王赓知道后，也不责备小曼，只装作不知，用沉默来折磨小曼。

徐、陆的恋爱得不到家庭和社会的理解，相爱不成，分手又难割舍。进退两难之际，印度大诗人泰戈尔约志摩在意大利面晤。他俩相约用分离来考验彼此的爱情，互不通信，看看能否相忘。

1925 年 3 月 10 日，志摩从北京出发，欧游 4 个月。他没法忍受不给小曼写信的痛苦，他按照西方人的习惯，用蓝色信笺每天给小曼写凄婉缠绵的情书。小曼从他启程的第二天开始写日记，向志摩倾诉对王赓、父母的怨恨和对志摩的相思之苦，以至忧郁成疾，致电志摩。志摩接到她患病电报，又不顾一切地回到了北京。

相识恨晚成知己

刘海粟与徐志摩同龄，都属猴。初识于上海。1924 年 4 月，泰戈尔访华，住大上海沧州饭店，徐志摩是全程陪同。4 月 12 日，刘海粟去拜望诗人，并为诗人画了两张速写肖像，发表在《申报》和《时事新报》副刊《学灯》上，徐志摩为他们的谈话做翻译。他的语言流利，译得妙趣横生。他超群的横溢才华给海粟留下难以磨灭的印象。从此，他们成了好朋友，达到了肝胆相照、相濡以沫的境地。徐、陆婚姻的实现，刘海粟从中起了不小的作用。

1925 年 7 月，徐志摩从欧洲返回北京，8 月，刘海粟去山西参加全国教育改进年会后，经北京返程，留住在蔡元培先生家里。那时，徐志摩、胡适、闻一多常来谈心。海粟因见报上刊有江苏教育会通过禁止模特儿议案，正在收拾画稿，准备回沪。志摩那时正在北大任教授，继续主持新月社。那天他来到海粟的住所，进门就嚷嚷：“快快收拾东西，到我那庙里去，我那里安静，可以谈心、画画，我有一肚子的苦恼要跟你说，再不说出来，我就活不下去了。”

“什么事叫你如此烦恼？”

“此处不是谈心的地方，搬到我那里，我就对你说。”

“我急着要回上海，蔡先生都给我订好了车票。”他继续收拾行李，“蔡先生不在家，你有什么心事就快说吧！”

志摩不高兴了，拉起长脸说：“海粟，你难道见死不救吗？我活不下去了，你也不管？”

他只好答应：“好，我搬到你那里住两天，再回上海。”

他高兴得像个孩子，一蹦老高，拎起他的行李就走。

志摩住在松树胡同 7 号。他们刚进屋放下东西，胡适就来了。胡适边看他的画稿，边对他说：“海粟，你来北京不可不去见一个人！”

“谁？”

“京华名姝陆小曼！”胡适津津乐道地说起小曼来，“她，是个极聪明的女性，有很高的艺术悟性和敏感力，琴棋书画、京剧、舞蹈，无所不通，又擅英、法两国语言，是北洋政府外交部长顾维钧手下充任接待外国使节的助手。外交部的舞会她不在场就会黯然失色。她说话温柔，举止得体，仪态万方，美得无与伦比。”

“真的那么美？”海粟也来了兴趣。

胡适看了志摩一眼说："你不信就问问志摩。他最了解她。"

志摩微微一笑说："不但美得无与伦比，还很懂得感情。"

他们欣然结伴前往。路上，志摩跟他说起小曼的一个故事。

法国霞飞将军访华，她担任临时翻译，应付裕如。北洋政府请霞飞阅兵。北洋军队训练不严，又是临时急就，操演起来很不整齐。霞飞惊讶失笑，侧过头来问陆小曼："贵国军队的操练大概与欧美各国不同吧？"

这话表面客气，实为揶揄，很难回答，不管如何回答，都有丧国体。小曼却在几秒钟里做出了漂亮而巧妙的回答："不，将军，没有什么不同。今天因为有您这样一位举世闻名的大将军在场检阅，我们的这些军士感到是一种殊荣，故而心情激动，以致动作失控。"既抬高了客人，又无损国体。霞飞大笑，惊讶地望着她，竖起大拇指说："你将是中国未来了不起的外交家！"

未见伊人，伊人就活灵活现地在他面前。"这样的才女，我宁可少活几岁，也要一睹芳颜。"

刘海粟是第一次见陆小曼，她给他的印象是一个落落大方、美貌的小姑娘。她听了胡适的介绍，又有过去志摩在她面前对他的描述，她让下人献过茶后，就拿出一沓她的画稿，要海粟批评指教。

海粟看了她的绘画后，很诚恳地对她说："你的画，笔力还不很坚实，但很有韵味，你具有艺术家的天生悟性，只要坚持下功夫，你能画出来的。"

胡适说："海粟，你应该收下这个女弟子。"

小曼连忙说："如果刘先生肯收我，我就叩头了。"

这时，小曼的父母出来了。他们都是常州口音，一接谈，方知陆定先生就是有名的常州乡贤，和他还有点儿远亲关系。谈话就更显热烈。小曼和志摩交谈不多，但从他们相互流盼的眼神中可以看出一种爱恋的忧伤。

晚上，志摩同海粟促膝交谈。他对海粟说："陆先生和夫人待你好亲热啊！"

"我们是同乡，一叙谈，还是远亲呢！"

志摩一声长叹："你知道我心中的痛苦是什么吗？"

海粟点点头："我已看出来了。"

"我和小曼相识两年，起初，我根本没有谈恋爱的意思。我们处得自然，可我们不知不觉中爱上了。我想逃出这痛苦的海，就跑到欧洲去了，可我失败了。你没看见小曼写的日记，那是诗化了的散文。她已探过她父母的口气，离婚不行，王赓也不同意放弃她。他到上海去了。我该怎么办啊？我怎么能跳出这痛苦的深渊啊！小曼也愁坏了，你说，这怎么是好？"

志摩又和他谈到无爱的初婚和离异。为了减轻诗人的痛苦，海粟自告奋勇去找了小曼的父母，申说无爱婚姻的不幸，"如果硬要把两个相爱的人分开，他们会因失恋而忧伤终生，还会出各种意外"。

海粟的说客做得很成功，小曼父母爱女心切，犹恐女儿因之发生意外，答应对女儿的婚姻不与干涉；并商定，陆夫人将陪小曼和他同车到沪，与正在上海的王赓办离婚手续。陆先生则退居幕后，装作不知。

海粟和小曼母女到沪的第二天，志摩也跟随而至。经海粟的数天奔走、疏通，他在功德林素菜馆宴请王赓、志摩、小曼、陆夫人、志摩前妻张幼仪之兄张君劢，还有和陆小曼有平分"南北美人"之称的天马会会员唐瑛、唐瑛之兄腴庐、未婚夫宁波富家子李祖法、正迷恋着唐瑛并已同夫人闹翻又没希望离婚的杨杏佛。

海粟构思这样一个聚会，是想为这些因爱情而痛苦的人们释怀解结，了结无爱的婚姻，促有情人成眷属。他在席间大讲爱情和人生，他说："爱情是人生的一翼，可佐事业飞腾。爱情是道德的镜子。我所指的道德并非封建的伦理纲常，而是指维护人类平等、博爱、自由的良心准则。没有爱情的婚姻只能是金钱、权势、门阀、虚荣等的牺牲品。这是不道德的！离婚的出现并被社会接受和承认，并受到许多无爱而生活在一起的人们的欢迎，是因为它能结束不幸无爱的婚姻，所以离婚是符合道德的。"他举起酒杯，大声说："各位好友，如果你们当中谁同谁结婚，我为爱情干杯！如果谁同谁离婚，我也希望离了婚还是好朋友，我也为友谊干杯！"

大家听了都放下了酒杯，高兴地为他这席话使劲地鼓起了掌。席上刚才沉默的气氛活跃起来。宴会后，王赓要海粟上他的车。车上，他对海粟说："海兄一席话，使我顿开茅塞。我爱小曼，也舍不得她。但我又希望她能幸福，我同意和她离婚，她和志摩都是艺术型的人物，她嫁给他，珠联璧合，我一是祝福，二是决不气恨，三愿与志摩、小曼终生为友。需要我帮什么忙，我当勉尽绵薄，决不推辞。海兄能如此为朋友着想，使我很受感动。"

他安慰着王赓："男女婚恋，来不得半点儿勉强，你很有涵养，这就是为世所称颂的绅士风度，我也很受感动。"

志摩和小曼如愿以偿了。郁达夫称小曼是震动了20世纪20年代中国文艺界的"普罗米修斯"。可结婚并没有给他们带来幸福，志摩很快感到他的理想又一次失败了，他的生活没有刺激、没有波澜了，他感到了一种"失去灵性的庸俗"。他们遵父命婚后回到故乡硖石居住，其父始终不接纳小曼，只给他们微薄的生活费，自负、自尊又挥霍惯了的小曼怎么受得了这样的打击，新婚不久就病倒了。他们常写信向海粟倾诉，他也常常为他们的处境忧虑。海粟赴欧洲考察艺术前夕，特地买了些物品去看望了他们。见他们已近穷愁，回来后，他找到中华书局的负责人陆费逵说："徐志摩是个难得的人才，过去编过副刊，在学术界很有影响，你应当请他编辑一套文学丛书，这一定很有益于读者的。”

陆费逵是个正直、豪爽、有气度又富有同情心的出版家，他一口应承：“每月送他 200 元稿费，请他在家看稿编书。不过，”他笑了笑，“这类书是要赔钱的。”

他说：“这个我知道，我代表志摩感谢你。”

1929 年，海粟到欧洲考察艺术，行前，志摩撰文评论他出国前的艺术。他称海粟是“一个有玄学思想的画家”。他说：“海粟自己赏鉴的标准只有一个：伟大，不嫌野，不嫌粗，他只求大。‘大’是他崇拜的英雄们的一个共性。在西方，他觅得了米开朗琪罗、罗丹、塞尚、凡·高；在东方，他倾倒八大、石涛。”“他的意境开展，笔致遒劲，你尽可以不喜欢他的作品，你尽可以从各方面去批评他的作品，但在现代作家中，你不能忽略他的独占地位。”“我们不能不在这样一位天赋独厚的作者身上安放我们绝望中的希望。”

他理解海粟的艺术追求，海粟视他为艺术知音。他们通信很多，无所不及。

哭志摩

海粟从欧洲考察艺术回沪时，志摩夫妇也已从故乡迁居上海。1930 年 12 月，胡适出任北大文学院院长，盛邀徐志摩到北大任教。此时小曼在上海已有了自己的生活圈子，不愿北去。志摩从此做了空中飞人，仅 1931 年上半年就在上海、北平之间往返奔波 8 次。那时航空事业不发达，很少人能像他这样飞来飞去，亲友们常为他的安全担心。结果，终于出事了。

1931 年 11 月 20 日，海粟和同事周碧初、鄢克昌在杭州丁家山作画。那晚有严次平和林风眠两位先生请吃晚餐。他们事前约好，先到严先生处，再去林先生家。他们在严先生家刚刚吃了两杯酒，同来杭州的姜丹书先生派人送信到严家，说有重要事情，催他速回旅馆。

他匆匆赶回来，未进门就急切地问："什么事，这样急？"

"刘先生，"姜丹书伸出两手抓住他的肩头，把他引到一张椅前，"你先请坐下，歇口气。"他把海粟捺坐下去，又沏来一碗龙井，"喝口水。"

海粟怔怔地望着他。姜丹书的神色引起了他强烈的不安，他接过茶喝了一口，惶然地望着姜丹书："到底发生了什么事？你快说呀！"

"我刚刚得到消息，从南京飞往北平的济南号飞机，在济南附近党家庄遇雾失事了。"

海粟仍然疑惑不解，飞机失事固然不幸，但这与他有什么直接关系，为何急急把他催回？姜丹书看着他那一脸的困惑，尽量装出一副漫不经心的样子说："徐志摩先生就在飞机上，遇难了！"

海粟瞪着一双失去光彩的眼睛，痴痴地直视着前方，好半天，眼睛连眨也不眨一下，像犯了癫痫病一般。

姜丹书摇晃着他。他仍然那么瞪着，任他晃动，仿佛已失去了知觉。就在 5 天前的 14 日中午，志摩偕小曼来看望他们。老友相逢，欣喜若狂，紧紧拥抱。若非小曼笑话他们"你们真像久别重逢的情人，我都要妒忌死了呢"，他们这才哈哈笑着分开。韵士临时到街上酒店炒了几个菜，他们就一起喝了酒吃了午饭，聊得非常痛快。志摩还看了海粟在法国作的画。当海粟把《巴黎圣母院夕照》拿出来展示在志摩面前时，志摩大呼起来："你的力量已画到画的外面去了！"他激动得像诵诗一般："中国只有你一个人；然而一个人亦够了！"难道这就是永别？最后一面？他不相信这个消息，志摩就在他心头，他不会死！

刘海粟（左二）与徐志摩（左四）等合影

“刘校长，你怎么啦？”姜丹书连连摇晃着他，又端起茶碗送到他嘴边，“刘先生，你喝口水！”

海粟像疯了一样，拨开他的手，一把抓住他的衣领，大声吼叫起来：“你，你，你造谣，你造谣！志摩怎么会死……”

姜丹书大呼：“刘先生，你醒醒！你醒醒！”

这时周碧初、鄢克昌两位已赶回，听到室内大呼大叫，疾步走进来。周碧初抱住海粟：“刘先生，别激动！有话慢慢说！”

鄢克昌拨开海粟抓着姜丹书衣领的手问姜丹书：“出了什么事？”

“我告诉他徐志摩先生昨日乘坐的飞机在党家庄失事的消息，他就这样了！”

突然间，海粟顿坐下去，双手捂住眼睛，肩头战栗，呜呜地哭了起来。大家都被他的哀伤震撼着，湿着眼睛劝他节哀。

第二天一早，海粟就从杭州回到上海，他仍然不相信这会是真的，仍然希望是个误传。他没回学校，也没回家，就到瀚洲别墅去看王赓，才相信了这个噩耗。那瞬间，他的心仿佛撕裂了，他不能接受这个事实，他无法承受这个打击。志摩是他的知己，更是他艺术的知音。相识满天下，知音能几人啊？每当人们对他的艺术创作的追求误解、发难、怀疑的时候，志摩总是站在他一边，为他辩解，给他以支持、激励，理解他的每一次努力。

悲恸的泪水又涌了出来。他立刻联想到志摩遇难对小曼的打击，无疑比对他更沉重。他擦干泪水，戴上眼镜，告别王赓，直奔志摩家。他应该去安慰不幸的未亡人。

小曼像被风暴从高枝上刮下的一片衰叶，四肢无力地蜷曲在藤躺椅上，陪侍在挂着志摩遗像的灵堂。她双眼微闭，面色苍白，两滴清泪像清晨草叶尖上悬挂的露珠，停留在眼角下方。极度的悲哀已使她哭无声、痛无觉了，犹似一具石雕的维纳斯一般，任凭朋友们如何安慰她、疏导她："小曼，你哭呀，大声哭，哭出来，心里会好些！"她仍然一动不动。她的魂灵仿佛已跟随着志摩去了。

海粟久久立在她的椅边，低声地唤着她："小曼，小曼，你不能这样！月有阴晴圆缺，人有旦夕祸福，人生福祸莫测，志摩去了，我们活着的人，他的亲人，知己好友，谁不悲痛？就是把我们的悲和痛堆成珠穆朗玛峰高，也唤不回来他呀……"

突然，他感到他的话太没力，太轻飘，太浅薄，以至显得言不由衷。在悲痛至极时，任何语言都显得苍白和轻薄。他缓缓地坐在小曼身旁的木椅上，无声地垂着头，默默地陪侍着她和志摩的魂灵。只是在有人来吊唁时，他才站起来，和志摩的另外几位挚友一起代表小曼表示谢忱。他不再劝她节哀，只是无言地陪着她。他自己不吃不喝，也不去劝小曼吃喝。就这样从中午待到傍晚。吊唁的客人来来往往，进进出出，这时，也都陆续离去了，除了志摩和小曼的亲属，就剩海粟了。突然，小曼讲话了："刘先生，你说，我怎么这般命苦？"他却不知如何回答她，只低着头连声哀叹。

小曼等不到回答，又说："是他爱得太深，还是才华太过？是应了红颜薄命之说么？……"

"小曼，你别胡思乱想了！志摩一生虽然短暂，但他幸福过。即使他像流星一样过早地陨落了，可他曾照亮了天空，他的光耀永远留在活着的人和后世人的心中。志摩没死！这样想想，我们心里或许好受一点儿。"

灵堂没有开灯，只点了几支白蜡烛。微弱的灯光在志摩的遗像上摇曳。他们又沉默了。

天完全黑了下来。他对小曼的女佣耳语了几句，一会儿端上两小杯莲子羹。他说："小曼，我还不想跟着志摩去，我想吃点儿东西。"就端起小杯，几口就喝下去了，"小曼，你也用一点儿吧！"

小曼这才端起杯子。

海粟跟她说他和志摩的相识，说志摩的诗，说他的横溢才华，还说了他陪志摩去杭州一天园去看望康有为先生，三人泛舟小瀛洲，舍舟登岸后，志摩每见好花，就打旋子，飞奔过去，俯身去嗅；说他北平街头跳下车，叫童子车夫坐到车上，他健步如飞地拉起来；说他在庐山和洋人动武；说他和徐悲鸿对后期印象派的论战；说他曾说："我们也要有目莲救母一样的精神，'我不入地狱，谁入地狱'？"最后他说："志摩所宣扬的都是人类精神上的理想式的东西，最美的，光明的。"

他很晚才回家。

他和志摩相交 7 年，情同兄弟，更是艺术知己。7 年中，他们互相支持，为了新兴艺术，休戚相关，共同战斗。志摩的死，给他打击很大。他把悲痛化作了文字。12 月 4 日，《申报》开始连载他的悼念文章《志摩之死》。他在文章开头说：

> 他三十六年的生涯，只是一个短暂的梦，他的生命，也就是一首绝妙的好诗。……他如雪莱、格列柯一样，是一个伟大的未成品……”

他的文章连载了5日。

陆小曼在志摩死后，离开了徐家，在上海教书和卖字画。20世纪60年代初，毛泽东到上海视察工作，偶然间问到陆小曼，听说了她的情况，就对上海有关方面说：“陆小曼也是文化界的老人了嘛，20年代是颇有名的，要适当安置。”她被安置在上海文史馆当馆员，因之，她才有资格住进华东医院治病。恰巧海粟也住在那里，故人相见，感慨良多。海粟在一篇回忆徐志摩的文章中说：

> 陆小曼离开王赓改嫁徐志摩后，当年在北京把她捧为天人、以一睹芳泽为快的名人雅士们，立即变成了武士和猛士，对小曼大张挞伐。好像当年卓文君不嫁给别人而嫁给司马相如，这些“别人”就大骂文君“私奔”和“淫奔”，诋毁她的当垆卖酒等于卖笑、卖身……可敬可爱的陆小曼，当年就是在那些自以为反封建却封建得顽固的文人雅士们唾沫中遭际不幸的。

小曼早已作古，海粟老人也已仙逝，可海翁促成志摩和小曼的那段姻缘，至今被人传为佳话。

设色斑斓

刘海粟画作

白龙潭

96cm × 51.1cm

1982 年

清风

66.9cm × 135.2cm

1973 年

金笺红梅

89cm × 180cm

1984 年

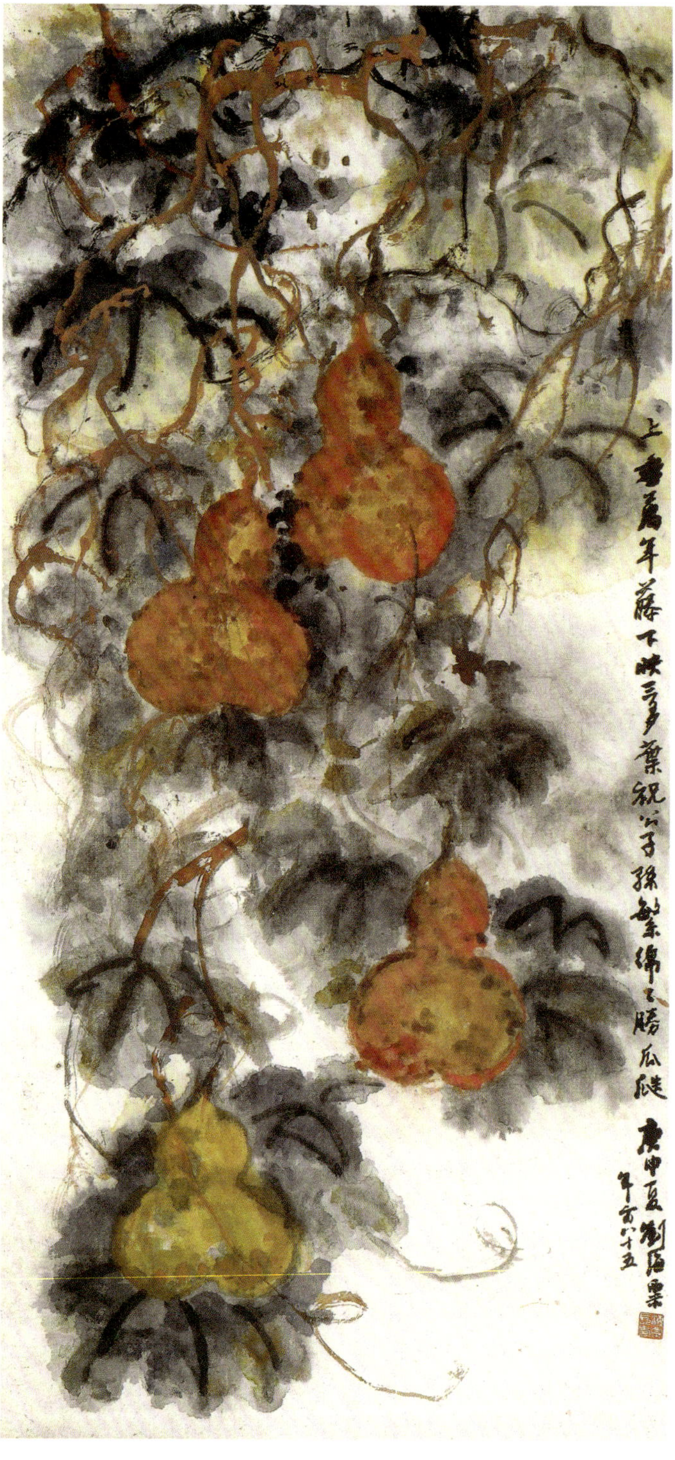

瓜瓞图

103.1cm × 49.7cm

1980 年

金笺牡丹

89cm × 48cm

1984 年

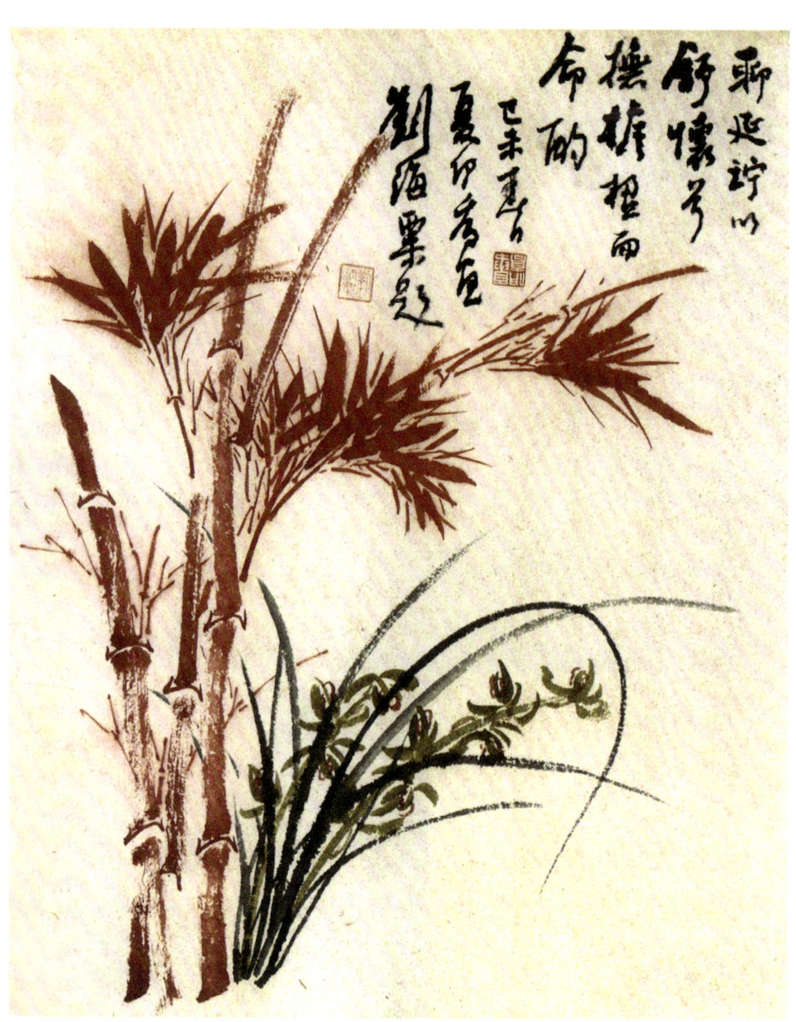

朱竹兰花图

47cm × 39cm

1979 年

夏伊乔作　刘海粟题

杜鹃花

72cm × 60cm

1973 年

石笋矼风雨际会

60cm × 80cm

1982 年

碧海椰林

71cm × 92cm

1940 年

梦笔生花

95cm × 177cm

1988 年

没骨青绿山水

129cm × 62cm

1956 年

傅雷：终生知己

人世间一切荣华富贵，不如一个推心置腹的朋友。

——伏尔泰

傅雷著文呼喊理解刘海粟

1984年，福建人民出版社编辑出版了一部《海粟艺术集评》，收入了蔡元培、叶圣陶、徐志摩、柳亚子、郑午昌等70多位现当代学者名流评论刘海粟艺术的文章，其中就有傅雷写的《刘海粟论》。这篇雄文初发于1932年一卷三期的《艺术旬刊》。文章一开篇就引用了现代德国批评家李尔克作《罗丹传》序言中一段话："罗丹未显著以前是孤零的。光荣来了，他也许更孤零了罢。因为光荣不过是一个新名字的四周发生的误会的总和而已。"

他接下写道："当海粟每次念起这段文字

时，他总是深深感叹。实在，我们不能诧异海粟的感慨深长。”他用真情的笔叙述海粟16岁只身到沪上的奋斗，直到20年后他带着累累果实从西欧归来。“他交游满天下，桃李遍中国，然而他是被误会了，不特为敌人所误会，尤其被朋友误会。在今日，海粟的名字不孤零了，然而世人对于海粟的艺术的认识是更孤零了。”

他笔锋一转：“但我决不因此为海粟悲哀，我只为中华民族叹息。一个真实的天才——尤其是艺术的天才被误会，是民族落伍的象征。在现在，我且不问中国要不要海粟这样一个艺术家，我只问中国要不要海粟这样一个人。因为海粟的艺术不被了解，正因为他的人格就没有被人参透。今春他在德国时曾寄一信说，‘我们国内的艺术以至一切已混乱到不可思议的地步，一般人心风俗也丑恶到不可思议的地步……’在这种以欺诈虚伪为尚，在敷衍妥协中讨生活的社会里，哪能容得海粟真诚赤裸的人格，与反映在画面上的泼辣性和革命的精神？”

他以长篇文字真实地记录着海粟在法国的艰苦奋斗，在极清苦的环境中的力学苦读，为的是学到真本事，为的是复兴中国的艺术，“他不只要数百青年受他的教化，而是要国人，要天下士，要全人类被他的坚强绝艺所感动”。外国人对他的艺术给予了很高的评价，称之为中国文艺复兴大师，“可我们现代中国文艺复兴的大师还是西方的邻人先认识他的价值，我们怎对得起这位远征绝域，以艺者的匠心为我们整个民族争得一线光荣的艺人？”

他在这篇万言论著的结尾处，以沸腾的诗笔给他以激励：“阴霾蔽天，烽烟四起，仿佛是产生米开朗琪罗、拉斐尔、达·芬奇的时代。亦仿佛是产生德拉克洛瓦、雨果的情景。愿你，海粟，愿你火一般的颜色，燃起我们将死的心灵，愿你狂飙的节奏，唤醒我们奄奄欲绝的灵魂。”

若非深刻的理解，若非心灵相通，能写成这样火一样的文字吗？所以海粟视他为终生知己。

巴黎初识

1929 年，刘海粟在蔡元培先生的支持下，第一次到欧洲考察艺术。就在这年夏天，他在巴黎蒙巴拉斯的哥尔布亚咖啡座初识傅雷。

哥尔布亚咖啡座曾是当年印象派画家常常雅聚之所，凡·高、洛特雷克、高更、塞尚、雷诺阿、莫奈、德加、马奈他们都出生在 19 世纪中叶，最早的是马奈，最晚的是洛特雷克，寿命最长的是莫奈，最短的是凡·高。这 8 位奇才大都在巴黎住过，时常到这家咖啡厅相聚。他们又各有惊世骇俗的个性，和对艺术对人生的独特见解，在那里高谈阔论，互相标榜。因此这家咖啡座成了闻名遐迩的名胜、艺术家们爱去的所在，大家都喜欢到那里去坐坐，会友、聊天，发思古之幽情。初到巴黎不久的刘海粟，也携着妻子张韵士、儿子刘虎首次走进了这家咖啡座。

他刚进门，就听到人喊他。原来是他到巴黎后认识不久的无锡同乡顾咸昌先生。他应声迎过去。顾咸昌也离座迎向他。他给顾咸昌介绍着妻子和儿子。顾先生伸手把他们往自己的席上拉：“我们一起坐吧，我给你介绍几位同乡。”

他们就跟着顾咸昌过去。顾先生热情地对同席们说：“这是上海美术专科学校的校长刘海粟先生、刘夫人、他们的大公子。”

大家一齐站了起来，有把手伸给他的，有向他抱拳致意的。

顾先生接着给他介绍同乡：“这位是傅雷先生，这位……”

海粟被面前这位戴着深度近视眼镜的青年吸引了。他很文弱，透过克罗米圆边眼镜射向他的目光诚挚又坦率。他紧紧握住傅雷的手不放：“傅先生，你何时来法国的？”

傅雷（左三）与刘海粟（左一）、张韵士合影

傅雷清秀的脸上漾起了笑意，说："我来一年多了。"

"傅先生是来研究文学的。"顾咸昌从旁介绍，"他还是个多才多艺的人，他既是音乐家，又是文学家，他的法文用起来像使用汉文一样纯熟。"

傅雷的面颊飞起了红云。他腼腆地低着头说："顾先生总喜欢恭维我，我不是什么家，只是个来深造的留学生！"

"我说的是大实话。在同胞面前就别谦虚了！"顾咸昌满面笑容地抬了抬手，"坐，请坐！大家都坐下谈。"

海粟一下就喜欢上了傅雷，傍依到他身边坐下，放低声音说：“我刚来这儿不久，语言不通，也就影响了我的考察进度，你愿意做我们的法文教师吗？”

“我可以教你们。”他一口应承下来。

“那我先谢谢你了！”他复又惊喜地握住他的双手，“何时开始？”

“明天就可以。不知你下榻何处？”

他告诉了他。

傅雷又问他：“你把学法文安排在一天中的什么时候？”他问得很认真。

他犹豫了下，平时的日程表是上午9点去卢浮宫看画、临画，下午去格朗休米画院进修，晚上看书，写些随笔，还未安排学法文的时间。他就如实说了。

傅雷约略想了下说：“那就安排在每天早晨6时至9时吧，学过法文你再去卢浮宫。”

巴黎被称作醒着的夜，巴黎上流社会的人们天亮才就寝。他感到太难为傅雷了，连忙说：“这怎么行，我们怎能占用你的睡眠时间！”

傅雷微微一笑说：“我是中国人，在这儿，也还保持着我们中国人早起的习惯，只要你能起得来，我就可以奉陪。”

“那就太好了。”他把一杯咖啡举到傅雷面前，“借花献佛，以咖啡代酒，这杯就算是我敬先生的！”他饮了一口，又对韵士、刘虎说：“敬傅先生一杯拜师酒。”

傅雷的脸更红了，他说：“别这么当真，我们都是为了多学一点儿外国人的东西回去，互相帮助呢。”

他连连点头：“说得对，说得对！不过，劳动总得付报酬的，我不知这儿教授法文多少钱一个小时，你说个数吧？”

傅雷的脸突然拉长了，白皙的脸上飞起了乌云，他不客气地说："你以为我答应教你法文是为了钱？刘先生，你小看我了，我只义务教授，你要给钱，找别人去。"

他连忙解释说："你误会了。我按常理才这么提的，只是觉得要你白白劳动，心里过意不去，没有别的意思。"

"我说过，我们是同胞，我们离乡别土来这儿的目的都是一个，为了振兴我们苦难深重的祖国，不管我们是来深造什么的。"

他的眼里不由浮起潮雾，再次紧紧握住傅雷的手连声说："好好好，我们一定好好学。"

傅雷出生在上海浦东北蔡的一个乡镇，比他小一轮，同属猴。他原名很怪，叫恕安，同学们叫白了，就成了怒安。他因之改了名。他极聪明，好学又有主见。自认识海粟后，每天 6 时前准时到他们那里，一丝不苟地教授他们法文。

海粟夫妇都过了而立之年，每天日程又安排得紧紧的，初学法语，老记不住，难以入门，感到太难学了。傅雷看出他们信心不足，鼓励说："法语是难学，但任何一种语言都有它自身的规律，只要坚持下去，掌握了它的规律，就容易多了，你们不能灰心！"每当他们产生了畏难情绪时，他就更加认真，要求他们"一定要坚持下去，非学好不可！到法国，不通法文，比盲人好不了多少，即便说美术的线条算是人类共同的语言，但去美术馆看画，看不懂说明介绍，也只能算一知半解，更没法和艺术家们交流了，来一趟法国，收获就要打个折扣，划不来的！"海粟常被他感动得无地自容。

傅雷还提醒他们不要荒废刘虎的学业，他们接受傅雷的建议，将孩子送到乡下一位老教师那里，刘虎离开了父母和讲汉语的生活环境，很快就掌握了法语。

傅雷同海粟夫妇成了莫逆之交。

这时，傅雷正与巴黎少女玛德琳热恋，形影相随。傅雷来上课的第三天，他偕着女友来了。玛德琳很美，活泼热情，浪漫奔放，一头金黄长发像金色的瀑布般倾泻在肩上，一对蓝莹莹的眼睛像两泓湛蓝的湖水能照得见人。傅雷给他们介绍说："玛德琳很有艺术天赋，她学过绘画，又弹得一手好钢琴。"

他们一走，韵士就把心底的疑问提了出来："那样的一个浪漫的金发女郎，怎么会看中他这位文弱的东方青年？从气质和秉性方面，怎么也不相配。傅雷见了生人都怕羞，她那么奔放。"

他说："大概正因为如此，风流的巴黎少女会觉得新鲜有趣吧？"话刚出口，他就后悔了，怎么能在背后议论朋友？

晚上，傅雷又来了，一脸的愁绪，进门就说："我该怎么办？我该怎么办？"

他们不知他发生了什么事，中午还阳光灿烂，时隔几小时，怎么突然浓云密布了？他们把他安置在唯一的沙发上坐了："出了什么事，慢慢说。"

原来他来法之前，母亲在家为他定了亲，聘的就是他的表妹朱梅馥。现在他在巴黎坠入情网，不知如何向母亲说。"我父亲18岁就死了，我是遗腹子，母亲守寡抚养我，她把全部希望都寄托在我身上，我怕伤了她的心，也怕刺伤了表妹，我这不是在欺骗她们吗？怎么办，怎么办呀！"他双手五指插进头发，焦躁不安。

韵士端给他一杯热咖啡："喝点儿热的，定定神。"

海粟拉把椅子坐到他对面，安慰着他："先冷静下来，才能思考问题。"

"不行，不行！"傅雷双手拍打着头，又霍地站了起来，我没法冷静，你们说吧，我怎么办？"

海粟双手抓住他的肩："你现在到我房里去睡一觉，什么都别想！"把他推进了卧室。"等你的脑子静下来了，你再去想如何处理比较好。”他强迫傅雷躺在床上，“好好睡一觉。”

一个小时过去了，卧室里静悄悄的，韵士低声说：“傅雷是个可爱的大孩子，你一哄他就安静了。”

“他和我的性格有相似之处，重感情，容易激动，也容易疯狂，只有爱和友情能让这样一颗心安静下来。”

他们的话音刚落，傅雷拉门走了出来：“我给母亲写了封信。”他握信的手微微抖颤着。“我想了好半天，婚姻是一辈子的事，应该自己做主，只有和自己心爱的人结婚才有幸福，我要求母亲辞掉和表妹的婚约。”他把厚厚的一封信递给海粟，“可我一想到母亲接到这封信会怎样伤心，我就没有勇气寄这封信了，拜托你去给我寄一下吧！”

海粟把这封信托在手里，掂了掂，感到很沉重，但他一口答应下来：“好，我给你寄。”随手把信装进了口袋里。

傅雷好像卸下了沉重包袱一般轻快，往椅上一坐，端起那杯早就冷了的咖啡喝了下去。突然间他又跳起来：“你把信给我，我要加上一句话，让母亲明白我已有了意中人。”

他把信递给他，傅雷在天头上加上了那句话，复又叠好，装进信封，还给他：“拜托了！”就告辞而去。

“傅先生肯定是去告诉玛德琳，他要解除和表妹的婚约。”韵士望着傅雷蹦跳着下楼的身影，小声地说，“我总觉得他和玛德琳不相配，他们的热度能不能持久，很难说。”

海粟已很了解他了，也在想这个问题。他是个孝子，母亲也是他生命的一部分，法国女郎热烈的爱情倘若不能持久呢？他把傅雷的信放进了抽屉中。

没过两天，傅雷突然问他：“信寄走了没有？”

他没告诉他实话，而说早寄走了。

傅雷不由一愣，发了会儿呆，也没再说什么。

又过了几天，玛德琳满脸愁绪地跑来对他们说："我也不知发生了什么事，我的那个傻孩子突然变得喜怒无常了，他一会儿搂着我狂吻，说我是他的命，不能失去我；一会儿又推开我说是恶魔，说我害了他。"她拉着韵士的手哀求着，"你们快去帮帮他吧！"

待他们赶到他的住所，却见傅雷和玛德琳都沉浸在欢爱里，玛德琳在唱歌，傅雷在弹琴，海粟和韵士只好相视一笑，放心回去了。

两个月后的一天，傅雷失神落魄地来到他们的住处，手里拿着手枪，面色灰白，痛苦万分地说："不想活了，活不下去了！"颓坐到桌前的椅子上，"我忍受不了了！"

不用傅雷明说，他们已猜到将要发生什么了。他趁傅雷不注意，猛然从他手里夺过手枪交给韵士："快藏进保险箱！"他双手捺住他激动得抖颤的身体，安抚着他，"有什么了不得的事，值得连命都不要了？"

傅雷痛苦地叫喊着说："我把全部爱都给了她，我付出的是全部！她却不给我全部，自由放任自己，又和别人约会，还说忍受不了我的爱和忠诚，就那么轻率地离我而去了！"他绝望地擂打着头，"我活着还有什么意思！"他双手伸向韵士，"把枪还给我，我太痛苦了！我求你了！"

海粟朝傅雷吼了起来："难道你到这个世界上来，就是为了一个玛德琳吗？你还有你的事业，你的母亲……"

提到母亲，傅雷突然号啕大哭起来："我对不起母亲，对不起表妹，她非常自尊，看到我那封要求解除婚约的信，她一定受不了，倘若因之轻生了，我母亲还能活吗？"他使劲撕扯着乱发，"我不是人，我混蛋，没报答母亲养育之恩，还要气死她！我活下来，还有什么颜面去见她们？让我死吧！"

海粟拉住他的双手说："你不用为那封信的后果担忧，那封信我没寄走。”

傅雷惊异地跳了起来，抓住他的双臂，急切地问：“真的吗？你不骗我？”

“当然真的！”他从傅雷手里挣脱出手臂，“我去拿给你！”

傅雷捧着这封信，涕泪肆淋地说：“海粟老哥，你救了我一家三条命，你是我的救命恩人啊！我一辈子也不会……”

“哎呀，快别这么说！”他打断了傅雷的话，“我比你年长12岁，阅历多一点，考虑问题比你周全一些，我又是旁观者，还因为我们都是中国的知识分子，我了解我们东方人的心态和情感。”他递给傅雷一条热毛巾，“东方人和西方人对感情的认识是有区别的。”

“我怎么写了这样一封绝情的信呀？我对不起母亲，对不起表妹。”傅雷在爱和恨的交织中仍喃喃地念念不忘玛德琳。

为了把傅雷从失恋的痛苦中解救出来，那天，他们没让傅雷回寓所，而是留在他们那里过夜。他和韵士又悄悄商量：“我们得找点儿时间陪陪他。”他们决定陪他去巴黎郊区看看名胜古迹。晚上，韵士烧了热腾腾的咖啡，大家边喝边聊。他把话题引到巴黎的名胜上。韵士会意地说：“海粟，我做学生的时候，就听说过法国的凡尔赛宫、枫丹白露，做梦都想看看它们。来巴黎前，你也答应过我，一定让我看个够。我们到巴黎已半年多了，你却像忘了一般。”韵士转向傅雷，“傅先生，他不陪我去，你陪我去吧？来趟法国，如果什么也没看到，不太亏了吗？”

傅雷连忙点头说：“海粟老哥，这就是你的不是了！哪怕再忙，你也得满足嫂夫人这点儿愿望啊！”海粟忙问：“你去过那些地方没有？”

傅雷摇摇头说：“天天说去就是没去成！”

“哈哈，”他笑了起来，“我又何尝不想去玩玩！既然我们都有这个愿望，明天我们就去如何？不然说说又丢下了，怕是永远去不成了！”

“我们先去哪里？傅先生，你说。”

“先远后近。先看枫丹白露。”

第二天，他们看过了以西方古典主义建筑为代表闻名世界的凡尔赛宫，欣赏了枫丹白露的艺术，就去了巴黎16区雷努瓦尔路，瞻仰他们神交已久的批判现实主义的伟大作家巴尔扎克的故居。傅雷已来过多次，他对巴尔扎克已有相当的研究，到了这儿，他已完全从失恋的痛苦里超然而出，迷醉在他崇拜的巴尔扎克的世界里。他既是海粟夫妇的向导，又充任着翻译。在第二展室中，傅雷用汉语给他们介绍说："这里陈列的是巴尔扎克1925年创业失败的遗迹。这一年，他和出版家兼书商康奈尔合伙经营出版社，出版了莫里哀和拉·方全集，亏了本。他又去创办印刷厂，后又转行经营铸造业，又以失败告终。结果他债台高筑，想当企业家的梦想彻底破灭了。他这才重新握笔，夜以继日地写作。"

“苦难有时也是财富哟！”海粟深有感触地说，“没有这段失败的痛苦经历，巴尔扎克就成不了伟大的作家。苦难是坏东西，也是好东西呢！”回来的路上，他对傅雷建议说："你的法文有较好的基础，你对巴尔扎克有深入的研究，你可以试试把他的不朽作品介绍给我国读者。"

“对了。”韵士接上说，“傅先生，肯定很多人都爱读，我第一个买你的书。”

“要译好这些名作，现在我还没有信心，我还需要在法国文学和中国文学上继续深入一步的努力，才能比较准确表达巴公作品深刻的思想和艺术特色。”

“我赞成你做学问的认真精神。”海粟点点头，“我想，我一定会读到你的具有深刻思想与完美艺术相统一的巴翁杰作的中译本的。”

傅雷腼腆地笑了。

艺术知己

在异国他乡，海粟和傅雷互相帮助，成了情同手足的知己，海粟的家如同傅雷的家，海粟夫妇像关心小弟弟一样关心傅雷的生活，有什么好吃的总不会忘记他。在海粟力学苦读和艺术考察中，傅雷参与了他的很多艺术活动，充当了海粟的眼睛。他们彼此有什么设想，有什么愿望，有什么困难，总是毫不遮盖地诉诸对方，彼此也总尽其所能互相帮助。

自那日从巴尔扎克故居回来，海粟就被巴尔扎克的精神激励得坐卧不安。他重新剖析了自己，他是靠自学成为艺术家的，没有深造机会，他认识到了自己的薄弱之处，决心花大力气来提高自己的油画艺术修养。他想抓住这个得之不易的欧游机会，扎扎实实来提高。那天早上傅雷来上课，一见面海粟就对他说："我决心以下地狱的勇气，老老实实去临些使我倾倒的名作，我请你帮助我。"

"我研究艺术，但我不会画画，如何帮助你？"

"我想先临德拉克洛瓦的《但丁的小舟》，我很喜欢它的色调、风格，它所表现的一切都是对现今仍然统治法国艺术学府的大卫艺术理论的反叛。我喜欢这种反叛。可我不了解他，我想先研究他的经历、思想、艺术历程。在比较理解了他的艺术观和创作意图后，再开始这个工程。我还不能很流畅地读懂他的有关传记、评论和他的日记、文章……"

傅雷未等他再次提出要求，就爽快干脆地回答说："这个不难，每天晚上的时间给你。"

傅雷俨然严师，每晚和他在灯下坐到深夜。走时给他留下翻译德拉克洛瓦资料的作业，一早又来辅导他。在傅雷的帮助下，他读了德拉克洛瓦的几本传记、日记、评论。他发现，直到德拉克洛瓦去世后，对他截然相反的两种评论仍然继续论战到今天。这个事实又证明了他艺术的革命性质。他已从中悟出，对德拉克洛瓦艺术创作的认识之所以有如此的矛盾，是由于人们对古代和当代、对理想和现实、对形和色看法上的分歧造成的。凡是具有革新的尝试，都会有不同的看法，他觉得自己已基本理解了这位浪漫主义艺术大师，也基本认识了这幅包括了他的风格、特点萌芽的绝作。若没有傅雷的帮助，他在很短时间是无法有这样的认识上的收获的。由于他对德拉克洛瓦在理论上的认识，给了他完成这幅杰作的信心。他一连工作了 3 个月，经过无数次失败，终于临好了这幅杰作，傅雷称他达到了乱真的水平。接着他又临了这位大师的《十字军攻入君士坦丁堡》（局部）和提香的《基督下葬》、米勒的《拾穗》、柯罗的《珍珠少女》、塞尚的《缢死者之屋》十数幅，但他最钟爱的还是这幅《但丁的小舟》，因为那油彩中浸润了傅雷的友情。这幅杰作有一面墙大，一直挂在他上海复兴中路 512 号家中的客厅东墙上，直至他百岁华诞之日，他把它连同他保存的其他杰作和富藏，一同献给了祖国和人民，现藏在上海刘海粟美术馆。

傅雷鉴于他们一见面就讲中国话，影响着他们法语水平的提高，为他们找了一位法语教师。他们也早为占了傅雷太多时间不安，欣然接受了。傅雷虽不教他们法文了，但他们仍然常在一起研究艺术。

1929 年盛夏，傅雷应友人之邀去瑞士度假，住在莱蒙湖（即日内瓦湖）边朋友的别墅里。那里风景优美，他就写信约海粟也去那里，他们一起在圣扬乔而夫观赏自然美景，在著名风景区莱蒙湖大诗人拜伦徘徊低吟的地方作画，在大思想家卢梭亡命的湖畔小屋前慢步行吟，在大作家维克多·雨果荡漾过的湖面泛舟。海粟把他友人格朗先生的别墅命名为“白峰寥天画室”，他把在那里作的第一张油画题为《多变的莱蒙湖》。有天夜里，傅雷在床上辗转反侧睡不着，海粟以为他病了，拉亮灯问他怎么了。他说：“睡在这个地方，不由想起雨果、卢梭与罗曼·罗兰，想起这些写出杰出艺术作品而不见容于本国官方舆论的思想家，我很痛苦。一个人是否应像卢梭、罗曼·罗兰那样正直？”

“当然应该正直，才能死而无悔！”他们披衣走到房顶阳台上，谈人生、谈艺术。忘了时间。

“海粟，”傅雷望着月色下的莱蒙湖，“在中国，上亿的人终生未到过县城，在巴掌大的地方劳累一辈子。国内学者，也只有少数人有我们这样的幸运。我们既然来到欧洲，就应多学些真本事回去为祖国服务。”

海粟应着。

这个夏天，他们还到了日内瓦，观摩了 18 世纪以来的瑞士新绘画和日内瓦美术馆珍藏的德拉克洛瓦、库尔贝、米勒、莫奈、塞尚、高更的作品。他们满载而归。

1930 年，他们又同去比利时参加该国独立 100 周年博览会，看到了鲁本斯、伦勃朗的名画。傅雷感慨地说：“比利时这样小，办了这样大的博览会，为小国扬眉吐气，可我们却办不起来。”

他们又一起两次去意大利研究艺术，海粟画古斗兽场遗址，画翡冷翠，画但丁与神秘少女相遇的古桥，画威尼斯的风光；傅雷做笔记，他们讨论荷马、但丁、歌德、莎士比亚、雨果，谈论文艺复兴巨匠的杰作、罗马的雕刻、印象派、野兽派，有时争得面红耳赤，但仍情同兄弟。他们第一次走进梵蒂冈大教堂，因穹顶太高，未能详细观看到达·芬奇和米开朗琪罗的穹顶壁画，深为遗憾。海粟回国前，他俩又结伴再次去到那里，买了面大镜子放到地上，他俩趴在地上从镜子中观赏，俩人都认真地写下笔记。后来他们都把自己的考察写成了文章，刊在报刊上。

他们还一起去了奥弗——凡·高生活的最后驿站，观赏到了当年凡·高的监护人加歇医生的儿子保罗收藏的凡·高的大量杰作，去了凡·高咽气的拉武先生开的小咖啡馆，并到凡·高的墓地凭吊了他。他们在那里住了3天，海粟画了凡·高墓地的向日葵。傅雷称赞说："你的向日葵吸取了凡·高《向日葵》的精华，那黄色，很特别，我很欣赏呢！"

他们从奥弗回到巴黎后，俩人又开始研究印象派，他们的足迹遍及巴黎1500多家画廊。当时印象派的全盛时期已过，很少看到他们的原作。但卢浮宫里特辟了一个专门陈列印象派的美术馆——网球场美术馆。他俩又一同去了那里，久久徜徉在印象派的光与彩的天地中。他们观赏了雷诺阿的巨幅《裸女像》《浅黄色的浴者》和《三女入浴图》。丰富的光和色、优美的画面、欢乐的气氛，构成了活泼的色彩生命，一种比美更为精致的夺人景象震撼着他俩。他们看到了凡·高又一杰作《唐·吉老人》，画的是一位巴黎的小画商。海粟不由感慨地说："巴黎的画商千千万，有几人能不朽，只有这位唐·吉老人，他将和凡·高同在。"

傅雷响应着："这幅杰作，可算是凡·高的人物代表作。"

他们把目光转到凡·高的《傍晚的散步》上。海粟说："他的风景画也非常有特色，他爱用独特的涡卷笔触来画它们。"

傅雷说："他是近代西方画坛的怪杰。"

海粟哀叹着："为何当时没人认识他的才华？以使他穷愁落魄得不得不过早地自己结束了自己的生命？"

"千古文章憎命达，天才往往不能被当代人赏识，古今中外这样的例子还少吗？这已是一种规律。"傅雷激动地说，"你是天才吗？你就别想你的同代人理解你！"

傅雷这席话在海粟心中掀起了波澜，搅起了曾使他痛苦过的记忆。他长长地叹了口气，傅雷碰碰他的手臂，问他："你在想什么？"

他苦笑了下说："凡·高的可贵之处，就是他虽生活在他人难以忍受的痛苦之中，可他却把生活描绘得五彩纷呈，把花花世界搬进他的画中。看他的画，好像能听到他在狂呼：'看哪，这是多么美丽的世界，你们怎么不来与我共同欣赏啊？'我想，如果我的人生像他那样不幸，我会怎么样呢？"

"自杀！"傅雷玩笑地说。

海粟摇摇头，没正面回答，而是自言自语："寂寞为画，矢志不移，也许是凡·高被后世肯定的奥秘！"

他们又观赏了莫奈的《干草堆》，海粟突然拽住傅雷："有人说这里还藏有莫奈的《阿尔让特依的帆船》，不知在哪里？"

傅雷走到一幅有船的画前："这幅是吧！"就寻找着莫奈的签名。

"是，是这张。"海粟连忙凑上前去，他说，"评论家称阿尔让特依的系列作品是他真正的凯旋曲很有道理，他使用红、绿、灰、白色把春光明媚的景色表现得非常之美。他的《睡莲》虽很美，但这幅更美。"

"这是他辉煌时期的作品。"

"一个人有几个辉煌时期哟！"海粟若有所思地说，"我想任何辉煌都是由黯淡凝成的！这是我从这些印象派大师们的奋斗经历中得出的认识。任何一个人，如果想要在艺术上有所独创、有所成就，耐不住寂寞，忍受不了清贫，恐怕是难以成事的！你说呢？"

傅雷点点头说："不仅艺术如此，文学、音乐亦如此，任何辉煌成就都如此。说说容易，可要实行之却很难啊！忍受漫长的寂寞和冷落，怕是绝大多数人都难以做到的！"

“所以伟大、辉煌、成功都只能属于极少数人啊！”海粟动情地伸手拥了下傅雷的肩，“我们的中国太需要这样忘我精神的人了！”

他们边看边探讨边聊，直到闭馆才走了出来。

还有件海粟念念难忘的事。

海粟在傅雷和他的几位留法学生的鼓动下，将他早先在北京画的油画《前门》送去应征秋季沙龙的画展，被选中了。这个欧美画家梦寐以求的殊荣，也落到了他这个刚刚踏上法兰西土地的中国艺术家的头上，这象征着巴黎对中国艺术敞开了大门，中国艺术家走进了世界舞台。这些中国留学生兴奋不已，大家凑份子给海粟举行了庆祝会，又一起去参观了秋季沙龙的画展。

画展吸引了成千上万的观众。巴黎不愧是艺术之都，观者如潮，《前门》和法国当代著名画家的作品陈列在一起。画前集聚着一群法兰西男女观众。海粟悄悄走过去，他们却认出了他，指着他的作品，竖起拇指，给他鼓掌。这时，秋季沙龙的会长邓夏先生和一些艺术家从另外一间展厅走出来，向他走来，伸出了手，说：“您好！”又向他的朋友们介绍着说，“《前门》就是这位中国艺术家的作品！”

他们都向他伸出了手，自我介绍着：“我是凡·钝根（凡·东根），祝贺您的作品入选！”“马蒂斯也对您表示祝贺！”“朗特欢迎您！……”

刘海粟双目生辉。幸运！幸运！他想也没想过这么容易就认识了当代法国画坛的巨擘们。他和他们紧紧握手。他们七嘴八舌地询问起中国绘画。他刚开始还有些紧张，说到画理就侃侃而谈。傅雷的翻译给他的演讲又增添了光彩。他从南齐谢赫六法中的“随类赋形”说到“经营位置”的构图，又从现代派、抽象派、立体派与中国绘画的关系说到中国汉代的石雕变形艺术，还讲了他运用原色作画的体会。口若悬河，自信完全回到了他心中，他的绝妙口才和深厚的艺术文学素养，不仅使巨擘们听得出神入化，观众也越来越多，一说就是一个多小时，若不是傅雷示意他见好就收，他还要讲下去。

那些法兰西巨匠们为他的演讲热烈鼓掌。马蒂斯再次握住他的手，给他和傅雷递上名片，说："神奇的中国艺术，充满了诱人的神秘色彩，我很想更多地了解它，希望再见到你们，欢迎到舍下做客！"

"你的名片呢！"傅雷小声提醒他，"亮亮你的身份。"

马蒂斯也接过他的名片，连连点头，惊喜地对他的朋友们说："刘先生是中国上海美术学校（即上海美专）校长，却没有一点儿学院气，他的艺术观是崭新的！"

这次演讲的成功，长了中国艺术家的志气，也是友谊的力量。海粟念念不忘这次即兴演讲，念念不忘傅雷的绝妙翻译。

旅法两年多中，他们朝夕往还，彼此都有很深的了解，不但建立了很深的友谊，而且成了真正的艺术知己。

在美专的日子

1931 年 9 月，海粟夫妇启程回国。傅雷和他们一起乘法国香楠沙号邮轮回沪。启程前，傅雷就已欣然接受了海粟的聘请，任上海美专办公室主任兼美术史教授。回沪后，傅雷吃住在海粟家里，同他一个办公室工作。刘夫人张韵士像大姐一样照顾他。可傅雷只在美专工作了一个学期就离开了。很多人不理解。有人问海粟，你们那么要好的朋友，他为何要辞职离开美专？是不是与那次被学生围攻有关？

那次事件发生在"一·二八"事变前夕。抗日救亡运动风起云涌。傅雷的美学和美术史课多在下午，学生会找傅雷要求下午停课，让他们上街游行，宣传抗日。

傅雷是坚定的抗战派，同意了他们的要求，但要求他们晚上补课，学生会也同意了。可傅雷一想，下午他们游行回来，都累了，能安心听课吗？学校要求上课和抗日宣传两不误，他决定把补课改在中午。那天下午 1 点半，他正在教室给学生讲授美术史，他一边放幻灯，一边介绍一个个画家的作品和生平，对每一幅作品都进行深入的评判和分析。他的课讲得非常生动，学生们听课入了迷，没有听到学生会的集合钟声。

学生会主席成家和（后成了刘海粟的第二个夫人），和骨干赵凤翔（赵丹）、杨光荣不见同学们到操场集合，顿时火了，闯进教室，气势汹汹地质问："傅先生，您这是什么意思？说好停课的，为什么还上课？"

傅雷连忙解释说："我担心晚上补课到不齐，就提前上了，还有 20 分钟就讲完了，你们晚上也好休息了。"

成家和坚决不答应："抗战宣传是大事，上课是小事，请您立即下课。"

傅雷很反感这种目无师长的蛮横态度，也大声说："我主张抗日，也主张把课上完，请你们不要干扰我上课！"

他们互不相让，争了起来，别班学生也围了进来，在推拉之中，傅雷还挨了两拳，课上不下去了。傅雷找到海粟，说："这书我没法教下去了，我不想再上讲台了。"

海粟劝慰着他："年轻人爱国热情高涨，容易激动，我们不也年轻过？你就不要跟他们计较了。"他一直陪着他，说着宽心的话。待学生游行回来，他去找到成家和、赵凤翔等学生领袖和骨干，批评他们说："你们怎么可以这样对待傅先生！他是坚定的爱国者、抗战派，他的出发点是好的，希望抗日宣传和上课两不误，他是一位称职的教授，你们伤害了他，他不愿再走进教室了！”

赵凤翔连忙说：“这都怪我们太年轻，太鲁莽。刘校长，我们喜欢他的课，请您劝劝他，别生我们的气，我们去向他道歉。”

海粟说：“你们还不了解傅先生，他是一个非常诚挚、坦率而又很内向的人，你们当众对他不礼貌，恐怕你们几个人去道歉也无法使他继续走上讲台。我建议你们明天开个欢迎会，我陪他一道出席，我想，他会把课教完的。”

第二天欢迎会开得很好，释化了师生间的误会，彼此谅解了，达成了抗日宣传和上课两不误的默契。

海粟不认为这是他离开美专的原因。也许这与他的性格有关，他的个性有时耿直得让人难以忍受。

海粟新聘的教授俞剑华刚从北平来美专赴任。海粟为了帮助新教授树立威信，让学生们多了解些他，就招呼教务处长把俞先生的 10 多幅画挂到长廊上，让同学们参观。那天，画刚挂出，他和傅雷一同到学校来上班。傅雷一见那些画就不高兴，拉着脸对他说：“这画没有一点儿创造性，毫无才气可言，挂在这里有碍观赏！”不等海粟说什么，就招呼来一个工友，下令说：“收掉！”

海粟不便当众批评他，两人一前一后进了办公室，准备坐下再说他。刚坐下，恰恰俞剑华教授就来了。海粟感到很不安，担心他要找傅雷吵架。为了阻止矛盾的激化，他连忙站起来，给他们做介绍：“这位是刚从北平来的俞剑华先生，这位是办公室主任傅雷先生。”

“傅先生您好！”俞剑华表现得非常冷静与随和，一点儿没有要兴师问罪的表情。海粟提拎起的心落了下来。傅雷却只冷冷地“哼”了一声，就拿着本书走了出去。

傅雷这样对待俞先生，使海粟感到很尴尬，他深感对不起俞先生。为了缓和俞剑华的情绪，他连忙给俞先生沏了杯茶，说：“他就是这么个性格，有时的确叫人受不了，看在我的面上，请不要生他的气！”

俞剑华显出特别的修养，他说：“他脾气有点儿怪，可他心很好。昨天，他见到我就说他看了我的讲稿。认为我没本事，只会抄书。当面说的。我非常佩服他的坦直。像他这样能够当着一个初见面的人说出这种话的人，是不多的。老实说，我连书也不会抄，为了怕出笑话，连标点我都不敢随便用，只用圈。他这样的评价，就已经是对我的鼓励了。我应该先用功学会抄书，免得辜负他的期望。”

俞剑华这席话，大大出乎海粟的意料，他连忙说：“俞先生，我钦佩你的肚量。我为傅先生的狂言向你表示歉意！”

“刘先生，快别这样说，我丝毫没有谴责傅先生的意思。”他站了起来，“我要上课去了，失陪了。”

晚上，他走进傅雷的房间，在他对面坐了下来。傅雷已预计到他要说什么了，只抬眼看了他一下，又低头看他正在看的书。他们沉默了一会儿，海粟决定开门见山：“恕安，你怎么能不理睬俞先生呢？你太狂妄了！”

“我没功夫去和抄书匠啰唆！”

“他是我聘请来的教授，你这样当面给人家下不了台，是失礼的表现，你不认为这太过分了么？”

傅雷没有和他争论，仍低头看他的书。那个学期一结束，他就收拾了书籍用品，执意要辞职，海粟再三挽留也无济于事。他认为教书不如在家翻译法国文学作品快乐，还说“不是你建议我翻译巴尔扎克的吗？”海粟深为美专失去傅雷这个杰出人才而长叹。但人各有志，他不能强人所难。后来外国语学院用高薪聘傅雷做法国文学系主任，他也没去。

为了傅聪，他们10年不来往

傅雷坦诚、固执，认定的理决不轻易改变，即或是为了孩子的事。

傅聪小的时候，傅雷不让他上学，亲自教儿子文化课，请上海乐团一位意大利学派专家教他钢琴指法，请乐团指挥教他乐理。傅聪在楼上练钢琴，他在楼下译书，听出了差错就上楼去打。有次他用瓷盘子砸，把傅聪鼻子砸开道口子，留下一道很深的疤。海粟劝他："你应该送傅聪去上学，过集体生活，让他全面发展。你不能那样打了！"

傅雷不服地反诘着他说："我管我自己的儿子，你也要管？"

"他还是个孩子，管教不能太过分！"

傅雷大声反驳他："我可不听你那一套！"

"你这是虐待！你会后悔的！"

"我决不后悔！"

为此，他们10年不见，却又相互思念。傅聪、傅敏常到海粟家来和他的孩子们玩，有一天，海粟摸着傅聪鼻梁上的疤痕问他："你爸爸后悔了没有？"

傅聪微微一笑说："他早悔了。有一天，他把我抱在怀里说：'孩子，原谅阿爸吧！你刘伯伯说得对，我不该这么打你，这近乎一种虐待啊！我永远也赎不了这个罪！'阿爸流泪了。我抱着他也哭了，说：'阿爸，你是为我好才打我的，早不痛了，没事的！'伯伯，我阿爸想您呢！"

"你回去告诉你阿爸，伯伯也非常想念他。"

第二天，傅雷就给海粟打电话："海粟，我要来看你！""我全家欢迎你！"

经过这次波折，他们的友情更加深了。

终生的愧悔

海粟大师每每与人谈起傅雷，他眼里就溢出一种无尽的痛苦。他说傅雷被错划成“右派”，完全是他的罪过，是他打电话邀傅雷出席上海政协在中苏友好大厦举行的鸣放座谈会的。他若没去参加这个鸣放会，也就不会在会上提出那些帮助党整风的意见，更不会有支持他意见的发言，他也就不会被打成“右派”。这件事久久揪痛着他的心。他愧悔不已，由此又引出一件与之相联系的事。

那是 1961 年，上海市委要给傅雷摘“右派”帽子。他单位的领导到傅雷家去看他，他闭门不理。他夫人朱梅馥只好出来接待了下。这摘帽的事就僵持在那里。后来，市委领导知道了刘海粟是他几十年的朋友，说得上话，就要海粟去跟傅雷说，让他写几句表示检讨和感谢的话，他若不愿写，就叫夫人代写也行。海粟自知不该去做这样的说客，他知道傅雷没错，没什么可检讨的，可他还是去了。海粟想让他早点儿从那沉重的帽子下解放出来，对于傅雷戴上这顶帽子，他一直怀着愧疚。他就违心地劝傅雷，要傅雷去认本没有错的错。他们劫后余生相见，泪眼唏嘘。当海粟道出来意，傅雷一句话没说，径直走进了书房，不理睬他了。海粟立即意识到自己的错误，他们有数十年的友谊，海粟知道他的性格，不应该劝他去做委屈心灵的事，这举动亵渎了他们的友谊，海粟让他失望了，他伤心了！海粟当即向他道歉。傅雷为了安慰他，突然哈哈笑了起来，扶着他颤抖的肩背说：“算了！”海粟永远忘不了他那勉强的笑声，那不是发自内心的笑声，想起这事他心里就发酸。

最后的电话

1966 年 8 月一天的早晨，天刚放亮，宣传车就轰轰地从街上开过。刘海粟心神不宁地躺在床上，记挂着他的朋友们。他最记挂的还是傅雷。他对夫人夏伊乔说："给恕安打个电话吧，看看他那里可安全？"

"嗯，"伊乔应着，"现在太早，傅先生夜里工作，他要 10 点后才起床呢。"

"嗯。"

他又强迫自己闭上眼睛，不一会儿就进入了一种似睡非睡的意境。

"铃……"画室里的电话铃声突然大作起来，伊乔滑下床，去接电话。

"谁这么早打电话来？"海粟躺在床上问。

"是傅先生。"

"傅雷？"海粟连忙坐起来，趿着拖鞋跟过去，伸手从伊乔手里拿过话筒，激动地说："恕安，你好吗？听说已点名批判你了，没事吧？"

"我没事，这里很安全，学生还没来过，你不要为我操心，你自己一定要保重！"傅雷在电话另一头说，"我一早就把你吵醒，是告诉你一些事。"

"我早醒了，你说吧！"

"外滩那些大厦前的铜狮子都搬掉了，学生在摧毁文物，不知如何了之啊！是在胡闹呀！"

"哎呀！"海粟慨叹起来，"什么都叫我们这代人摊上了，好多熟人都隔离起来了，送进了牛棚。"

……

“海老，你中风刚好，可要当心身体啊！”

“你也不要太累了！”

“我现在夜里不开夜车了，我译好手里的东西，就着手准备给你写传，你的传，只有我来写，才能写出你的精神。”

“人生得一知己足矣呀！”

“5 年完成。”

“我想那将不逊于罗曼·罗兰笔下的《三巨人传》！”海粟激动地说，“问梅馥好。”

海粟看着自己的收藏和画稿被化为灰烬，但他却心系着傅雷。9 月 2 日，他要女儿给傅雷打电话，问问他那里怎么样。他了解傅雷的性格，担心他受不了无知孩子们的践踏。女儿应声去了，回来说，电话怎么拨也打不通。“再拨！”女儿说：“怕是剪了。”

海粟的心提拎起来了。“剪了？那是监视起来了啊！你去我们两家合请的花匠阿李师傅家看看，问问他这两天可去了傅叔叔家。”

女儿回来说：“阿爸，阿李师傅不在家，他老婆在。我对她说了，李师傅回来，说我来找过他，他会来的。”

海粟一夜没睡，他牵挂着傅雷。

第二天中午，也就是 9 月 3 日。阿李师傅来了，他泪流满面对他们说：“前天我还到傅先生家去了，他怕我受连累，叫我不要再去了，还叫夫人送了我两瓶酒和一包点心。我一个工人怕什么，昨晚上我又去了，我不放心他们，他太刚了。果然出事了！给他们做饭的姆妈对我说，昨天上午红卫兵来了，把他折磨了一天。我探头向书房望了一眼，见他在灯下写东西，就回来了。今天上午我再去时，门就已经封起来了。”他说到这儿大哭起来，“先生和夫人双双吊死了！”

这个消息像一个炸雷，突然间炸裂在海粟头上。同时，仿佛有无数根钢针扎进了他的心上。他放声哀叫起来：“恕安！恕安！

你不该死呀！”他双手捂住脸，呜呜地吼了起来。

伊乔也哭了，孩子们都哭了，艺海堂一片哀咽。那次电话成了永诀。

“人世间一切荣华富贵，不如一个推心置腹的朋友。”这是哲人伏尔泰说的。

海粟大师在与我的多次长谈中也有过类似的感叹。他说一个人什么都可以缺少，但不能缺少友谊，友谊是生命的甘霖，没有它，生命就会衰竭枯萎。

梅兰芳：戏画相通

畹华其人其艺不朽！

——刘海粟

艺术大师刘海粟喜欢京剧艺术，他非常欣赏京剧表演艺术家梅兰芳先生的表演，说那真是“初云乍出，朗月初盈”。说听他的《黛玉葬花》，“无花而觉花雨纷纷”；看他的虞姬舞剑，“有剑而剑影迷茫”。说他演的贵妃和西施，“华丽哀绝”，美不胜收。可他和梅博士友谊的缘起却不是戏而是绘画。

艺人习画，源于20世纪初。有为迎合风雅捧客的兴趣，也有为招徕更多的观众，用现在的话说，就是为了票房价值。还有为应付社交场面。像演出《桃花扇》《描容》这样的剧目，演员若能在舞台上即兴挥毫，题诗作画，剧场效果就不一般了。朱素云的草书狂野恣肆，时慧宝隶书方正俊秀。昆剧泰斗俞振飞和四大名旦无不善画。可梅博士习丹青，不为赶时尚，为的是修身养气，丰富舞台艺术。他把戏曲表演艺术融进绘画，又把绘画艺术引进表演。他的画风俊秀清雅，风采独具。他早年师从王梦白、齐白石，后来他又习金冬心、丁云鹏。采众家之长，酿自我之香。中国人无人不知他的京戏，可知他绘画的却不多，他的戏名太大，掩遮了他的画名，其实他的绘画已进入名家之列了。

海粟与他的初识，就是在他的蒙师王梦白先生之处。

1921 年，刘海粟应蔡元培先生之请，到北大画法研究会讲学。蔡先生为让他能结识更多的北京画家，安排他住在北京美专教师宿舍，恰巧与王梦白先生为邻，便和王先生成了朋友。王先生是位刚正不阿的画家，极其蔑视北洋权贵，敢于当面斥责他们。海粟每次写生或演讲回来，第一件事就是到隔壁去敲王先生的门，看他作画。有天，来给他开门的却不是王先生，而是位敦厚、谦谨、颇有古君子风度、书卷气的青年人。他对海粟礼貌地说：看王先生的吧？请进。”

海粟是个粗犷豪放的人，可他的眼睛却很精细，虽然面前这个人与舞台化妆的人物相去甚远，他却一眼就认出来了，不禁脱口而出：“你是梅兰芳先生吧？”

王先生已走过来了，看看他们说：“你们认识呀？”

海粟哈哈地笑了起来：“我猜的，对吗？”

“对，”王先生点点头，“你的眼力不错，认识畹华（梅兰芳的字）的人很多。”他转对梅兰芳：“你知道他是谁吗？”

梅兰芳缓缓摇了下头。

“我来给你介绍。他就是大名鼎鼎的‘艺术叛徒’、上海美专校长刘海粟。”

“久仰，久仰！”梅兰芳把手伸给海粟。

海粟紧紧握住说："梅先生，那年你随王瑶卿到上海献艺，我可是场场都到啊！看你的演出，真是一种妙不可言的享受！"

梅兰芳谦和地说："刘先生过奖了。请坐！"

"我与王先生为邻十几天了。一天至少要到他这屋里来两次。你是贵客，你请坐！"

"都坐，都坐。"王先生把门掩上，"畹华也不是客，大家随意。"

"我是王先生的门徒，从他学画。"

"啊？"海粟颇感惊奇，望着他问，"你也习画？"

梅兰芳点点头。

"畹华已画了好多年了。"王先生从案上拿起一卷画稿舒开来，对海粟说，"这就是他画的牡丹，你这样画家来评评，怎么样？"

海粟走近去，一缕富贵照耀了画面，浓艳华滋。海粟没有想到他能画得这么好，说："梅先生，俗言常说，'隔行如隔山'，你却走进了绘事的堂奥了，难得难得！"

梅兰芳却说："行隔理不隔呀！"

"好一个'行隔理不隔'！"海粟击掌赞道，"你说得对极了！我也认为，一切艺术都是相通的。画中求戏，戏中求画，一个好身段就是一幅好画，一幅好的构图也可是一出好戏！"

"刘先生说得对，以后，望多多指教。"

"我很少画国画，说实在话，我还画不到你这么好呢！"

"你们都别客气，过来。"王先生从地上拣起一张画，放到画桌上，"刚画好的，你们来看看。"

画面上是只精瘦的猿。王先生是以画猿闻名京华的，海粟见过他画的好多猿，但都没这张有趣，让海粟捧腹大笑的还是那则跋："北洋政府名公巨卿皆多猿公同类，此辈冠盖满京华，我辈能不憔悴乎！"

梅先生笑得很含蓄。笑过之后，王先生把画卷起，就为梅兰芳示范画梅。边画边说："画梅最忌画圈，画圈匠气。"又驻笔问海粟，"刘先生，是这样吧？"

"王先生，你考我呀？"海粟走近去，"我说呀，也不尽然。如何表现，得看构图的需要和作者的心情，我们学古人，是为远离古人，创造自己的风格。形成了自己的风格，这还不够，还得不断地突破出去，超越自己。"

"说得好呀！"王先生叫起好来，"畹华，艺术同理，就像你跟师傅学戏，不是为了学得像师傅，而是为了创造自己的风格，发展你的流派。"

海粟在京的那段岁月，常常和梅兰芳见面，有时在王先生屋里，有时在画家姚茫父家。他们很谈得来。

海粟第一次欧游回沪，在上海举办欧游画展，梅兰芳正好在沪演出，他出席了海粟画展的开幕式。海粟也去看了他演的《廉锦枫》和《天女散花》。那时恰好他们的好友徐志摩、陆小曼夫妇也从浙江故里迁居上海。小曼是京沪名票，早在北京时，就是梅兰芳的室外弟子，她的身段、舞姿、声韵，无不得到梅先生的真传，颇似梅先生的风采。小曼还会画画，他们常常同到海粟家做客。海粟把他的收藏拿出来与他们共同欣赏。他们一起谈画，谈诗，谈戏，很是快乐。

1931 年 11 月 19 日，一代才子徐志摩坠机遇难，他们都非常伤心。海粟去徐府吊亡，梅兰芳正在志摩灵前悲痛欲绝，两人相见，抱头痛哭，有如失去了亲兄弟一般，一个下午，他们都守在灵前，陪着未亡人陆小曼。

1935 年 2 月 21 日，刘海粟主持的"中国现代美术展览会"在英国伦敦新百灵顿画院开幕，轰动了欧洲。英国的《泰晤士报》《孟德斯鸠报》《伦敦快报》等数十家报刊对中国现代美术都给予了很高评价。英国教育部长赫利法克勋爵也撰文说："中国的古典美术已蜚声欧洲，一般恒以中国古代灿烂美妙之艺术，至今已成绝响，岂知看了此次中国现代名作，其气概之雄厚、神味之深长，确是最高雅之艺术。”许多权威评论家也纷纷撰文盛赞。那时的欧洲人，一般都以为中国现代美术已经衰落，这次画展改变了他们的认识。旅欧同胞常为中国艺术在欧洲被漠视而深感痛苦，这次画展的巨大成功，大长了同胞的志气。开幕式的第二天，同胞们自动聚集在伦敦上公园街 50 号《大公报》驻英记者、女作家陆晶清（笔名小鹿）家联欢，庆贺画展成功，其中就有从苏联演出后来英的梅兰芳，还有欧阳予倩、陶行知，文学家蒋彝，戏剧家熊式一。这天，梅先生当厨，他系着白围裙，忙进忙出，和陆晶清一起策划烧制出满桌中国佳肴，大家又唱又跳又画，快乐无比。海粟还和梅兰芳结伴去观看英国人演的熊式一根据《王宝钏》改编的中国喜剧。

1943 年，海粟被日本鬼子从南洋胁逼返沪，梅兰芳亦从香港被胁迫归来，受到日本特务的监视。梅兰芳蓄须明志，誓不为日本人演出。海粟闭门作画。梅住上海思南路，海粟住复兴中路，相距很近。他们白天闭门不出，晚上常常相聚，有时梅来刘宅，观看海粟作画，品赏海粟的收藏，也带画稿来请海粟评说；有时海粟去梅家，看他作画。相同的境遇把他们的心拉得更近了，他们无话不谈，相亲如兄弟。

有一天，一位摩登小姐来找海粟，说她姓李，是复旦毕业生，通英语、日语，要为他写传记；并说已给梅兰芳写了一本。海粟觉得有些蹊跷。几天后，海粟趁夜色去访梅先生，问及此事。梅附耳对他说：“这个女人可能是日本特务，奉命来监视我们。千万不要信口开河。也不要得罪她，表面应付应付，不要乱说话，我就是这样对待她的，现在已不再来了。”

海粟依照梅先生教的方法与之周旋，几天后，她果然不再来了。

梅兰芳50岁生日时，海粟与叶恭绰、陈友仁、张荔英、周信芳、溥西园诸友相约，在锦江饭店秘密为梅博士祝寿。可当他们走进所订席位时，早有伪《申报》社社长陈某等候在那里。这是他们不乐意见到的人，他却厚颜地以文化人保护者自居，说为梅博士祝寿，他要做东。大家面面相觑，采用沉默来对待。从开席到散席，他们谁也没发一言。陈某十分气恼，还自我解嘲地说："此乃无声寿宴，古今所无。"

为纪念梅兰芳90周年诞辰，他的子女和友人从他的遗作中选出部分，出版《梅兰芳画选》，梅绍武、梅葆玥、梅葆玖三兄妹去请海粟为其父的画集作序。海粟写了情深意切的序文，借以抒发对老友深切的怀念。他在序文的最后说："畹华其人其艺不朽！"

徐悲鸿：一场波及画坛半世纪的笔战

刘先生和徐先生都是艺术家，过去又有一段缘分，外间凭猜想是猜不透的。我们还要依靠他们两人团结合作，把新中国的美术教育抓起来，团结就是力量嘛！

——周恩来

前　记

在完成《沧海人生——刘海粟传》后，我就有个设想，以专题的形式写刘海粟和徐悲鸿两位当代画坛宗师间的关系。

1994年3月16日，是海粟大师百岁华诞，我应邀出席庆典，有机会重逢海翁，曾把这个想法告知他。他未置可否，只是眼里溢淌出一缕近似悲凉的复杂表情。良久之后他说：“我很怀念悲鸿。”接着他又再次重复了对我说过多次的话：“我一向提倡艺术大公，主张多姿多彩的流派共存，我反对宗派。”

我即领悟了他的心意，他不想再就他和

悲鸿之间的恩恩怨怨说什么。一切让历史去说话吧！人的历史是自己写的，都得对自己的历史负责。不管这个人生前是否得到承认和公正的评价，历史和时间总会揭去笼罩的迷雾、虚饰或溢美，还其真实。人无完人，金无足赤，有勇气的卢梭写出了他偷女仆袜带的事，这并不影响他的伟大，敢于剖析自己，把自己心灵的暗面呈现在历史的祭坛上，让现代和后代人从中得到启示和镜鉴，才是真正的伟大。如今海粟大师也已作古，我把艺坛上这段讳莫如深的两位大师间的真实关系写出来就有了新的意义。深爱艺术的信徒们啊！艺术需要创新，这样才有青春和生命，艺坛需要多姿多彩的流派，艺术的生命和青春才更绚丽，摒弃一切宗派和门户吧！我们的艺苑就更加姹紫嫣红，五彩缤纷。

师生情缘未善终

1912 年 11 月，刘海粟逃婚到上海，和盟兄乌始光创办上海图画美术院，自任院长，校址定在虹口乍浦路 8 号。1912 年 11 月 28 日，在《申报》刊登招生广告称："专授各种法兰西图画及西法摄影照相、铜版等美术，并附属英文课。"30 日再次刊登的广告中院长署名乌始光。徐悲鸿长刘海粟 1 岁，就是循着这则广告来报考上海图画美术院。1987 年 7 月 25 日，刘海粟在狮城新加坡接受《明报》记者采访时，回忆起这段往事："记得那是 1912 年，一位衣衫褴褛、蓬面垢脸、苍白羸弱的年轻人，偕同一位中年人一起到我的学校报名就读。那便是徐悲鸿和他的父亲。他和朱屺瞻、王济远同班，当时上课还有一份点名册，朱屺瞻迄今仍健在，充分证明了历史真实。当时在校时，我很喜欢他，他家境虽贫穷，但非常刻苦用功，勤奋学习，古文根底很好，文章也写得好，我画水彩，他也跟着画。如此维持了半年左右，有一天，他忽然不见了，不告而别，一连 3 天没音讯，实在令人担心。过后，才知道他到了当时上海首屈一指的哈同花园为其主人姬觉弥做人像画去了。他通过哈同花园主人的桥梁，结识了不少当时文、政界名流，也拜了康有为为师，进入了蒋碧薇家，后又在蔡元培先生鼎力支持协助下，终如愿以偿到法国深造。我所办的《美术》杂志第三期，也曾做出报道。”刘海粟接着感慨地说，“学生也好，老师也好，我并不那么在意名分辈分。也许，彼此的世界观及艺术观不同，胸襟狭窄宽博有别，出身背景有异，故彼此间一段渊源，却发展成了‘冤怨’，这却是我始料不到的。”

艺术观的分野

1927 年，徐悲鸿先生留学 8 年学成回国，不久，受聘于南京中央大学艺术系。刘海粟亦在蔡元培先生的支持下，于 1929 年初赴欧洲考察艺术，原本定于 1928 年初冬启程赴欧的，当他已定购好船票准备起程时，杨杏佛先生来见他，说：“蔡元培先生正在着手筹办第一届全国美展。这个议案是你 5 月在全国教育会议上提出来的，政府又不肯多支持，若办不成，不仅影响画家们的情绪，蔡先生的面子也不好看，我希望你推迟行期，协助蔡先生筹备好展览。”

海粟退掉了船票。蔡元培邀请他和叶恭绰、王一亭、高剑父等 40 多人在上海沧州饭店召开首次筹备会，也请了徐悲鸿，可他没来出席会议。筹委会就征集作品、编辑会刊、展厅布置进行了讨论，做出了具体安排。会议推选刘海粟、蔡元培、叶恭绰、王一亭、杨杏佛等主持筹备工作。刘海粟为之奔忙了好几个月，征集了很多好的作品，发现了很多中国绘画家。这些中国画家的作品对国画传统有很多突破和转变，显著的如齐白石的单纯线条和积墨，郑午昌的用生宣刷染重色焦墨，贺天健的纵线条，张善孖的动物写生……中国美术开始从沉闷的、僵化的模式中，透溢出个性的生机。刘海粟和陈树人、郑曼青合作的《寒禽瘦石》入选，并列于会刊。他未等到美展开幕就启程西去了。

第一届全国美展于 1929 年 5 月开幕，这个预示着中国绘画新生命的画展，竟引起了一场论战。这场论战是以徐悲鸿和徐志摩的笔战为两个对垒阵营的。有关这次论战，廖静文女士在《徐悲鸿一生》中是这样记述的：

> 1929 年，南京国民党政府举办第一届全国美术作品展览，悲鸿拒绝参加。同时，就全国美展中宣扬形式主义作品，和徐志摩展开了论战。徐志摩是当时著名的鸳鸯蝴蝶派（新月派——编者注）诗人。他不同意悲鸿对形式主义绘画的贬斥。
>
> 悲鸿在《惑》一文中提出了自己的论点。首先，他列举了法国许多杰出的现实主义和浪漫主义艺术大师的名字，以及他们辉煌的成就。接着他写道："勒奴幻（Renoir 今译雷诺阿）之俗，塞尚（Cézanne）之浮，马梯斯（Matisse 今译马蒂斯）之劣……藉卖画商人之操纵、宣传，亦能震撼一时……美术之尊严蔽蚀、俗尚竞趋时髦。"他还愤愤写道："若吾国'革命'政府，启其天纵之谋、伟大之计，高瞻远瞩，竟抽烟赌杂税一千万元，成立一大规模之美术馆，而收罗三五千元一幅之塞尚、马梯斯之画十大间（彼等之画一小时可作两幅），为民脂民膏计，未见得就好过买来路货之吗啡、海洛因……"
>
> 悲鸿在《惑之不解》一文中又写道："形既不存，何云艺乎？"……他也指出形式美术之"伪"，认为"真伪不能混淆"，只有真实地描绘对象，才能予人以美感。……"我惟希望我亲爱之艺人，细心体会造物，精密观察之。""我以青藤之同宗，来扳

程朱面孔，无端致人厌恶，但处今日中国，实不能自已。”

刘海粟是从徐志摩的来信中知道这场论战的。58 年之后他在新加坡，当《明报》记者问到这场论战的实质时，他说：“30 年代的法国画坛，基本上还是学院派系的堡垒，故排斥、诋毁一切具有创新意识的作品、具有性格的表现创作，更异视那些深入社会、表现自然及客观事物的作品……当然，这些创新表现之作，其技法及表现方法，实际上已超越、摆脱了学院派系的传统表现方式。因此，在这学院派当权极势之下，一切具有创新及敢于表现之作，一时并不给人看好的。这包括了凡·高、高更、塞尚、马蒂斯及毕加索等人。这些人的作品追求自我表现，摆脱陈旧因袭的学院派传统，而热情地发扬、勇敢地表现流露出他们的主观意识、愿望、感情及思想。其艺术修养之高，创新思想、敢反抗、重表现的豪迈气魄，处处令我为之心折。也许，我之会疯狂崇拜他们，原因也在此吧！相反地，悲鸿去巴黎时，他便踏进了学院派大门，拜达仰·布弗莱等人学习素描，而终其一生在传统的学院派中研究、卫道。他极力反对后期印象派、野兽派及表现主义作品，刻意地把马蒂斯译成‘马踢死’，把毕加索译成‘必枷锁’。”

一场波及画坛半个多世纪的笔战

刘海粟在欧洲勤学苦读 3 年，1931 年 9 月回到上海。1932 年 10 月 15 日，上海市政府在上海北京路贵州路口湖社为其举办“刘海粟欧游作品展览会”。展出他欧游期间所作油画 109 幅，卢浮宫临画 15 幅，东归后油画新作 26 幅，欧游前所作油画 46 幅，历年所作中国画 36 幅，共 232 幅。

《新晚报》刊出特刊，登有刘海粟肖像照片，中国画《狮》《春淙亭》、油画《鲤》《卢浮宫之雪》《巴黎圣母院夕照》《威尼斯》《罗马斗兽场》，并刊有上海市市长吴铁城的《序》、陈公博的《展览会序》、沈恩孚的《展览会图目序》、蔡元培的《海粟先生欧游新作》、章衣萍的《刘海粟先生》、陆费逵的《海粟的画》、潘公展的《当代画宗刘海粟大师》等诸多名流文章，吴铁城在序言中称刘海粟为“当代画宗、吾国新兴艺术之领袖”“中国之有新兴艺术，刘氏实为首先倡导之一人，其所以有叛徒之名者，亦以其二十年来孳孳文化事业之心力之精神，创立新艺术之基耳。”

16日出版的《上海画报》也为其画展刊了特刊，刊有蒋介石的题词：“海天鸿藻”，马相伯题词：“西崇实地，中尚虚神，以薪传薪，谁主谁宾”，陈树人题的“艺术革命之先导”，吴稚晖题的“前无古人，后开来者”，林森题的“百折不回”，后书长跋：

> 海粟先生幼而岐嶷，甫舞勺，即治绘事，动笔独具心裁，别开生面，时人见其格局创异，不斤斤于绳墨，至以艺术叛徒谥之。同时，胡子适之倡用语体文，士林前辈因并目为文艺革命家，盖非笑笑也。海粟乃毅然不顾一切，独往独来，另辟蹊径，始有今日之成就，惜时下学子但见海粟之大胆落墨，而不知其用心细密，往往摹仿其豪放而脱略其法度，此则海粟之罪人耳。余独喜海粟既富有创造性，而又坚苦卓绝，独排众议，自成一家，爰缀四言，以志景仰云尔。

同期《上海画报》还刊有叶恭绰、顾树森、曾今可、徐新六等人评论文章，曾今可在文中说：“刘海粟先生是一个中国的伟大艺术家，同时是个世界的伟大的艺术家……且被誉为‘中国文艺复兴之大师’了，国内从事艺术者，多半出自他的门下。”

《艺术旬刊》第一卷第六期也为其画展出了特刊，载有倪贻德的《刘海粟的艺术》、柳亚子的《刘海粟先生印象记》、曾今可的《刘海粟先生欧游作品》、龚必正的《读海粟先生油画后》、郑午昌的《从海粟丛刊说到画展》等文章。

曾今可在《新时代》上发表了篇短文《刘海粟先生欧游作品展览会序》，文中有段文字说："刘海粟和徐悲鸿这对师生都因在走向艺术道路的初期，遇上了蔡元培这样爱才惜才的师长，他们的艺术道路才会如此辉煌，反之，将会是另一种样子。"

参观展览的各阶层观者达 11 万多人次，展览会轰动了国内外，成为艺术界一大盛事，也由之引发了影响中国画坛达半个世纪的一场论战。论战的导火线是曾今可发表在《新时代》上那篇文章。悲鸿认为该文是对他的侮辱，他在 1932 年 11 月 3 日《申报》刊出了《启事》：

民国初年，有甬人乌某，在沪爱尔近路（后迁横浜路）设一图画美术院者，与其同学杨某等，俱周湘之徒也。该院既无解剖、透视、美术史等学科，并半身石膏模型一具都无。惟赖北京路旧书店中插图为范，盖一纯粹之野鸡学校也。时吾年未二十，来自田间，诚悫之愚，惑于广告，茫然不知其详；既而鄙画亦成该院函授稿本，数月他去。乃学于震旦，始习素描。后游日本乃留学欧洲。今有曾某者为一文，载某杂志，指吾为刘之徒。不识刘某亦此野鸡学校中人否？鄙人于此野鸡学校，固不认一切人为师也。鄙人在欧八年，虽无荣誉，却未尝持一与美术学校校长照片视为无上荣宠。此类照片，吾有甚多，只作纪念，不作他用。博物馆画人皆有之，吾亦有之，既不奉赠，亦不央求。伟大牛皮，通人齿冷。以此为艺，其艺可知。昔玄奘之印，询求正教；今流氓西渡，唯学吹牛，学术前途，有何希望？师道应尊，但不存于野鸡学校，因其目的在营业欺诈，为学术界蟊贼败类，无耻之尤也。

曾某意在侮辱，故不容缄默。惟海上鬼域，难以究诘，恕不再登，伏祈公鉴。

这篇文字激怒了刘海粟，他以同样形式回敬悲鸿。11月5日《申报》刊出了刘海粟的《启事》：

第三卷第三期《新时代》杂志，曾今可先生刊有批评拙作画展一文。曾先生亦非素识，文中所言，纯出衷心，固不失文艺批评家之风度。不谓引起徐某嫉视，不惜谩骂，指图画美术院为野鸡学校，实则图画美术院即美专前身，彼时鄙人年未弱冠，苦心经营。即以徐某所指石膏模型一具都无而言，须知在中国之创用石膏模型及人体模特儿者，即为图画美术院，几经苦斗，为国人共知，非艺术绅士徐某者所能抹杀。且美专二十一年生徒遍海内外，影响所及，已成时代思潮，亦非一二人所能以爱恶生死之。鄙人身许艺学，本良知良能，独行其是，谗言毁谤，受之有素，无所顾惜。徐某常为文斥近世艺坛宗师塞尚、马蒂斯为流氓，其思想如此，早为识者所鄙，今影射鄙人为流氓，殊不足奇。今后鄙人又多一"艺术流氓"之头衔矣。惟彼日以艺术绅士自期，故其艺沦于官学派而不能自拔。法国画院之尊严，稍具常识者皆知之，奉赠既所不受，央求亦不得，嫉视何为？真理如经天日月，亘万古而长明，容有晦冥，亦一时之暂耳。鄙人无所畏焉。

《申报》同时还刊登了曾今可的《启事》：

徐悲鸿先生启事，以《新时代》月刊三卷三期拙稿《刘海粟欧游作品展览会序》一文为"意在侮辱"。查今可认识徐悲鸿先生在认识刘海粟先生之前，彼此都是朋友，固无所厚薄。拙文中亦无侮辱徐先生之处。此启。

明眼者一看便知，这场论战，并非师徒之争，而是艺术派别之斗。顷刻成了热门新闻，引起了艺术界、知识界的广泛关注。

11月7日，《中华日报》副刊《小贡献》转载了徐悲鸿、刘海粟、曾今可三人的《启事》，同时发表了编后评论：

悲鸿先生艺术之成功，国人自有定论。除开继续地努力外，可不必管自己是谁人的“徒”，而“徒”之为荣为辱为毁为誉，实无伤于自己艺术的价值。就是要批评海粟的画，也应站在纯粹的艺术批评的立场上，正不必拉杂出许多“野鸡”、“照片”、“吹牛”、“画院”、“流氓”等等和艺术批评无关的问题。而海粟先生呢，自己作了艺术的“画宗”、“大师”、“领袖”，当然免不了许多非画宗大师和领袖的艺术家要做叛徒。而刘先生之得到今日，正是由于叛徒之努力，对于艺术的叛徒们，应当鼓励之不暇，又何必以“艺术绅士”之恶名向人家对吗？这未免有一点失了艺术的画宗大师领袖的风度。

11月19日，徐悲鸿再次在《申报》上刊出《启事》：

海粟启事谓不佞“法国画院……”，此又用其所长厚诬他人之故智也。人体研究务极精确，西洋古今老牌大师未有不然者也。不佞主张写实主义不自今日，不止一年，试征吾向所标榜之中外人物与己所发表之数百幅稿与画，有自背其旨者否？惟知耻者，虽不剽窃他人一笔，不敢贸然自夸创造，今乃指为院体，其彰明之诬如此。范人模型之始于中国，在北京，在上海，抑在广东，考证者当知其详，特此物之用，用在取作师资，其名之所由立也。

今立范而无取，是投机也。文艺之兴，须见真美，丑恶之增，适形衰落。日月经天，江河行地，伟大牛皮！急不忘皮，念念在兹。但乞灵于皮，曷若乞灵于学！学而可致，何必甘心认为流氓，笔墨之争，汝仍不及（除非撒谎）。绘画之事，容有可为；先洗俗骨，除骄气，亲有道，用苦功，待汝十年，我不诬汝。（乞阅报诸公恕我放肆，罪过，罪过。）

虽有《小贡献》的劝告，刘海粟看了这第二则《启事》，还是忍不住这口气，又提笔与悲鸿对垒。这时，他收到两封信，一封是诗人梁宗岱从北京大学写来的；一封是蔡元培先生派人送来的。他先看蔡元培的信。蔡在信中说，看了他和悲鸿在报上的笔墨官司，很不痛快，劝他不要和悲鸿一般见识。“以你目前在艺坛上的地位，与他争论，岂不正好提高了他的地位，兄有很多事要做，何必把精力浪费在争闲气上呢？”梁宗岱的信很长，是系统评论他作品的，其中写道：“志摩看了你的《巴黎圣母院夕照》惊呼道：‘你的力量已到了画的外面去了！’倘若我在场的话，我会回响地应一声：‘不，你的画已入了画的堂奥了！’表面相反的字眼所含的意思是一致的，或者可以说，一个意思的两面，你的艺术已到了成熟的时期了。换句话说，你的画已由摸索的进而为坚定的！由依凭的为其不是模仿的进而为创造的。而且在神气满足的当儿，由力的冲动与崇拜进而为力的征服与实现了。”

这两封信，犹似两帖清凉剂，使刘海粟冷静下来，他自问道：谩骂、攻讦、不承认又算得了什么？为什么非要得到别人的理解呢？他记起了1930年5月30日和颜文梁、孙福熙、杨秀涛一道从里昂乘快车前往意大利，在火车上他曾对孙福熙说：“误解就是艺术，能够任人误解才是伟大；我总以为，我们不必使人了解，还是任人误解的好。我们本来就是传统的叛徒，世俗的罪人，我既不能敷衍苟安，尤不能妥协因循。我是一个为人讥笑惯了的呆子，但是我很愿意跟着我内部生命的力去做一生呆子。现在的中国就是因为有小手段、小能干的人太多了，所以社会会弄到那样轻浮、浅薄。”看来这些话也只是自己给自己打打气、壮壮胆的。他自责着，海粟呀海粟，你的心胸还不豁达，还不宽广，对艺术的理解怎么可能一致呢？艺术园地怎么只能开一种花，繁花似锦的花园才能兴旺呀！各种流派共存的艺坛才有丰富的色彩呀！可宗派万万不可有！那是振兴艺术的煞星！他忏悔般自谴道：我太意气用事了！竟以“艺术绅士”来回敬悲鸿！即使他不承认是我的学生，即使他初来沪上未曾进过我的学校，但他毕竟是一个有才气又刻苦的艺术家，我们应该消除门户之见，携手共振中国的艺术。惭愧！惭愧！我一定要寻一个机会和他谈谈。刘海粟把刚写了一半的论战文稿揉做一团，扔进了字纸篓。

中国现代美术史上这场著名的论战暂时偃旗息鼓了，可它的回响却十分深远，波及数十年后的中国画坛，以至影响到各自门人和亲属。新中国成立后，周恩来总理非常关心他们，并就他们之间的团结问题专门做了工作，对刘海粟谈的在前面已经提及，那是1953年，而海粟还未离开北京，周总理就召见了徐悲鸿。廖静文女士在《徐悲鸿一生》中也记述了这次会见。

那时，徐悲鸿的身体也不太好，正忙于筹备第二次全国文代会工作。他向周总理汇报了美术界的准备情况。周总理在美术界的代表名单中没有看到刘海粟的名字，意识到徐、刘之间的误解和隔膜仍然存在，但周总理是有高超领导艺术的人，没有明说，而是转述了刘海粟对徐悲鸿的称赞和肯定，徐悲鸿立即领会了周总理的意思，说：“总理，我知道你希望我们美术界团结，这也是我的意思。可是，团结不是一团和气，是有原则的。我认为，画家的品德非常重要。”

周总理赞同地点点头说：“品德当然重要。”

徐悲鸿继续说："我更认为，一个从事美术教育的人，在品德上也要能为人师表，不能因为有了画家的头衔而品德就可以打折扣，尤其是在国土沦陷时期，画家的民族气节应当是首位！"他说到这儿非常激动，"总理，我认为，任命美术院校领导应该考虑德才兼备的人！"

虽说徐悲鸿没有明说中央教育部不该任命刘海粟为华东艺专校长，总理已明白了他的所指为谁。他回答说："徐先生，你的意见完全正确。我们在任命美术院校校长之前，就已做过细致的调查研究工作。过去，因为画家们生活的地域、工作环境和各自艺术观点的差异，彼此间的交流和接触不够，互相缺乏了解，产生一些误解和隔膜是难免的。现在画家们有了自己的组织——中华全国美术工作者协会，我希望你这个主席在促进画家间的了解和交流方面多做些工作，加强彼此理解，便于团结教育，对某些画家的经历，要做具体的调查研究，不能只凭道听途说而下结论。请你相信组织，我希望你们美术界加强团结合作，一切以有利于培养新中国的美术建设人才为重。团结就是力量嘛！"

徐悲鸿是非常尊重周总理的，徐、刘之间的关系，影响重大，他终于点了头。

1953年9月26日，刘海粟在上海从电波中得知徐悲鸿在第二次文代会期间突然病逝的消息，他很悲痛。海粟诚挚地撰文悼念悲鸿，说他去得太早了，说他的去世是中国美术界一大损失。叶恭绰先生称他这篇悼文有吴季子墓前挂剑的深意。后来，他又听到一些谣传，说悲鸿的逝世与他们间的关系有关。说某中央领导在开会期间没有见到刘海粟而询及徐悲鸿，引起悲鸿的激动，旧病突然复发。又一说，某领导要徐、刘握手，刘海粟把手伸向悲鸿，悲鸿拂袖而去，气冲病灶。这些谣传，使刘海粟深感不安。

徐悲鸿和刘海粟间的隔膜影响深远，在很长一段时间，刘海粟运途多舛，被排斥，得不到公正的承认。台湾《民生报》一篇特稿称他是“现代中国画坛备受争议的人物”。不可否认，这争议的渊源与徐、刘的隔膜不无关系。1994 年 8 月 7 日，刘海粟逝世，随着中国画坛两位宗师的作古，美术史上这则著名而又神秘莫测的恩怨故事也该闭幕了。

叶恭绰题画论徐刘

1962 年春天，刘海粟摘掉了“右派”分子帽子，增补为中国人民政治协商会议委员，偕夫人夏伊乔进京出席全国政协会议。

他 9 年未进京，非常想念在京的老朋友们。他在收拾行李时，就把 1956 年在西安创作的中国画《骊山图卷》和《临石涛松壑鸣泉图卷》装进了箱子，带到北京请朋友们题识。他如愿以偿，会议期间，他会见了好朋友何香凝、章士钊、叶恭绰、黄炎培、郭沫若、张伯驹等。中国画院院长叶恭绰在他的《骊山图卷》上题了长跋。跋曰：

> 与海粟别数年，今春来京，以此卷见示，属为题识。且曰：吾意在以此卷，为双方友谊之证，非专为此卷也。余闻之，喟然曰：余将何言耶？下笔将罄纸不能尽，则且徒留形迹，以彰故之过，非吾意也。继思徐（悲鸿）、刘（海粟）二君与吾之关涉，深知者究不多，不自言之，将揣龠之谈纷然而出，诚不如吾言之为当。且吾识二君时，年皆方少，余以奖励后进之为怀，颇亦尽其引掖提携之力。二君交逆不终，余方引为遗憾。徐君去世，余劝刘君力表其坦白惋悼之意，刘悉为之，似有类于挂剑，徐君地下当亦释然。二君门下亲属，似不应当成芥蒂。且徐之对刘，诚有过举，然似为病态，无事殚述，且是非终有评定。刘君其努力

艺术，前途期乎远大，为吾国增其声誉，则一时之得失，及交谊亲疏，皆可置之勿关念矣。因书此以归之，世人论徐、刘交谊，不妨以此为证。

叶恭绰先生是刘海粟、徐悲鸿共同的师友，他很了解他们，他的这篇关于徐悲鸿和刘海粟关系的评论，将是后世美术史家研究中国现代美术史的重要文献。

在同一卷上，张伯驹先生亦题曰：

海粟为悲鸿师，后偶生嫌隙，亦颇似梨园程砚秋与梅兰芳之事。叶遐翁（恭绰）劝之，海粟尽释然，余亦曾与悲鸿发生论战，悲鸿谓京画家只能临摹，不能创作。又谓其美术学生犹胜王石谷。余则以为：临摹为创作之母。王石谷画多法度，仍可为后生借鉴。经友刘天华调解乃复友如初。此两事为后之画家所不知，因重记之，以为异日艺苑掌故。

潘天寿：眼前丽日君何在

他是艺术史上每个世纪只能造就出极少量的大画家。

——刘海粟《眼前丽日君何在》

海粟大师交游遍天下，他的友人中还有一些不是他学生而终生以师礼事他的大艺术家。著名花鸟画大师潘天寿就是其中的一位。

上海美专创建后不久，刘海粟就倡导旅行写生，深入生活。每年春、夏之季，他都要率领师生写生团到黄山、庐山、苏州、杭州去摹写自然，师法造化。1919 年，海粟率上海美专旅行写生团到杭州，借住在白云庵，他们早出晚归。

有天早上，刘海粟正要和师生们出去画画。留守驻地的工友上来对他说："刘先生，有位姓潘的年轻先生，一连几天都来找您，他说一定要找到您，今天还要来，您是否等等他？"

海粟在脑海中很快搜索了一遍，在他的亲友中没有姓潘的，但他还是留下来了。

不一会儿，工友就来通报说："刘先生，潘先生来了。"

海粟礼貌地迎出房门。一位身着洗得发白的学生装的瘦高青年，从工友身后走上前来，向他鞠了一躬，说："刘先生，久闻大名，早想拜见您，今日如愿以偿，三生有幸！"

"哪里！哪里！"海粟把他引到借作画室兼卧室的藏经阁，指着椅子说，"坐下谈，坐下谈。"

青年人越发显得拘束，他腼腆地说："冒昧打扰您了，还要您在此等候，实在不好意思。"

"潘先生，你就不要客气了，有朋来访，不是很快乐的事么？"海粟和颜一笑，"别拘谨，有什么话，尽管说。"

"我叫潘天寿，是浙江第一师范的学生。"

潘天寿话未说完，海粟就接过了话头："这可是个很有名气的学校啊！我认识你们的校长，经亨颐先生。他是位了不起的教育家，对传统绘画有很高的鉴赏力，又精于篆刻和诗文，他写的《爨宝子碑》，远近闻名。能在他办的学校读书，是件快事呀！"

潘天寿微笑着点点头说："是的，经先生很爱重我，我喜欢他的《爨宝子碑》，练了好几年了，我还跟李叔同先生练过《三公山碑》。我更喜欢画画。"他把一直握在手里的一卷纸递给刘海粟，"我的习作，请刘先生多指教。"

海粟高兴地接过来，一张张舒开在画案上。他画的多半是水牛和鹰，海粟被笔墨间横溢的才情吸引了。他仔细地看了又看，说："你画得很好，有岭南派的风范。"他们又谈到岭南派的领袖人物高奇峰、高剑父和陈树人，以及他们对这一画派的卓越贡献。海粟又问他画了多久，他说："已三四年了。"

海粟又关切地问他："你毕业后有何打算？"

潘天寿叹了口气，向他叙说了自己的身世。他7岁丧母，家境贫寒，从小就边在私塾读书，边砍柴、放牛、车水、种田，为父亲分担家庭重担。因为父亲能写一手好字，他从小受到影响，读小学时就常临摹小说上的绣像人物，练过《玄秘塔》等碑帖。“毕业后，我得回乡去教小学，帮父亲一把。”

海粟很爱才，他叹了口气说：“你很有艺术天赋，你们浙江虽然钟灵毓秀，风景优美，但比起上海来还是比较偏僻。搞艺术需要交流、互相借鉴、开阔眼界，上海画家很多，我希望你到上海来。”

“我是很向往上海的。可目前我不能去，我得回乡去。一来帮助父亲，也好埋头画几年画，打好基础。我一定要去上海找您的。”

他们谈了一天，海粟留他吃了便饭。

这以后，海粟每来杭州，潘天寿就来看他，他们谈绘画，谈书法，吟诗填词。

1923年，潘天寿带着简单的行李到上海来了。海粟又问他有何打算。他说：“我想投考学校，拜一名师继续学画，但先得找个事做，攒点钱呀！”

海粟连忙说：“我们美专准备扩大招生，你的绘画基础不错，你不如到我们学校来教书。我的许多教授，人品学识都是第一流的。你可以结识许多画界名家。不必专门去投师学艺，边教边学，教学相长嘛！”

潘天寿不敢想象，像他这样刚刚来自乡村的青年，怎么可能一下就走上神圣的美专讲台呢？他有些不相信，又惊又喜又疑，他愣愣地望着海粟问：“我能行？”

“当然能行！”海粟肯定地回答着他，“我们绝大部分教员都很年轻。你可以教国画习作、中国美术史，还可以带领学生外出旅行写生。”

潘天寿激动中又不无担心，他说：“我没有系统研究过画史啊！”

“学呀！”海粟鼓励着他，“这没有什么可担心的，我会帮助你的。”

当晚，海粟回到家里翻箱倒柜，找到了日本中村不折和小鹿青云合著的《支那绘画史》，第二天就交给了他，说：“潘先生，这本书是我第一次去日本在东京一家书店里买的，虽有不少疏漏，但较系统，我们可借他山之石来攻玉嘛！你可以借鉴其精华。只可惜它是日文原著。我送给你。”

“谢谢，”潘天寿十分感激地捧在手里，“我能学会日文的！会读通它的。”

海粟拍拍他的肩说：“太好了，我们美专就需要你这样有刻苦钻研精神、认真实干的教授。”

潘天寿没有食言，他在繁重的创作和教学之余，以顽强的意志、惊人的毅力自学日文，很快就能阅读日文著作了。他广取博采古今中外画史、画论，用两年时间，写成了比较完整的《中国绘画史》教材，1925 年在上海公开出版发行，它是中国绘画史的拓荒之作。

潘天寿初到上海美专这一年，学校刚迁到永锡堂绍兴会馆，房子很大。海粟安排他住在学校里，并让潘天寿和他一起主持了这学期国画系新生的入学考试。潘天寿认真严肃的工作态度，使他很快成了国画系主任、吴昌硕大师的外甥诸闻韵先生的主要依靠力量。他也因之认识了吴缶老。他们一起作画，也常常一道去看望吴老，观赏老人作画。天寿要拜老人为师，老人却说还是兄弟相称亲近。他开始学习昌硕先生绘画，模仿他的画法、风格。可他善于学习，很快在作品中改变了昌硕先生的章法，有了自己的面目，形成了自己独特的画风。

潘天寿在这所被喻作艺术家摇篮的上海美专，任教达 16 年之久，与海粟几近朝夕相处，他对海粟很敬重，一直以师礼待之。1929 年，海粟去西欧考察艺术，他去日本考察美术教育，他回国后，海粟还在欧洲，他去了西湖艺专任教。美专这段长长岁月，是他艺术之路上的重要旅程，他十分珍惜。他和海粟常常通信，交流思想和艺术见解。后来，他应海粟之邀，到上海美专兼课，往返沪杭之间。新中国成立后，海粟常去杭州，他也常到上海来，有了新作，互相观赏，心中有了不平衡的事，互相倾吐、疏解，彼此鼓励。海粟 60 岁生日，他画了一张大画作为生日贺礼。有段日子，中国画坛上刮起了股怪风，说中国画不能表现现代生活，没有生命了，要取消中国画。潘天寿这样的大画家，被赶下了讲台，贬谪到办公室去刻写钢板，油印文件。他工作的浙江美术学院的中国画系，也改称彩墨画系了。海粟知道后，就安慰他，说这是胡闹，中国画是中国的国粹，不会长久被践踏的，很快会纠正过来。

他们还在西湖蒋庄合作过一张大画，潘天寿画鹰，海粟补松。没想到，这是他们最后一次的合作。

海粟被当作“现行反革命”批斗的时候，潘天寿因长期关押被折磨致死。海粟得到辗转传来的不幸消息，泪如雨下。

当风雨去后，海粟常常怀念他。他在一篇为《眼前丽日君何在》的怀念文章中写道，阿寿的画题“广泛”，具有“老辣、霸悍、质朴、奇特的风格”。他“几十年中突破前人，突破自己，不断变革，以过人的胆识，打破吴缶老花鸟画的格局”。他“造险破险，利用动静、疏密、浓淡、反正、平奇、虚实对立的东西，互相辉映”，“空灵处有内涵”。他的“指画当代无与伦比”。

海粟评价潘天寿是“刚正不阿，办事认真，经常硬碰硬，所以吃了大亏。他的爱憎很强烈，因为心胸阔大，眼界又高，修养很好，对人又表里如一，实实在在，连防人之心都没有。他是艺术史上每个世纪只能造就出极少量的大画家”。他“堪为世世代代的人所敬仰”。

吴湖帆：共献心香一瓣

豪性发乎天，写画亦甚然。
海翁兴作此，檀老魂来先。
愿君纪岁月，大书廿六年。
纵笔泄胸臆，休介传不传。
——吴湖帆《题海粟〈仿吴仲圭夏山欲雨图〉》

吴湖帆先生是著名的书画家、鉴赏家、收藏家。在20世纪90年代香港曾举办的名画拍卖会上，他的一幅作品的起价就高达数十万元。他的祖父吴大徵是清末的封疆大吏，著名的古文物学者。他的外祖父沈树镛、妻伯父潘祖荫皆为清末名宦，三家金石书画收藏名扬海内。湖帆和他的祖辈一样，对中国古文化有深入的研究，41岁就被故宫博物院聘做审查委员。他酷爱收藏，共同的爱好使他和刘海粟在青年时代就成了朋友。他长海粟两岁，为人笃厚，他们每有搜集和新作，就拿来互相品赏，在藏品和新作上互相题诗作跋，留作纪念。海粟现存的藏画中，就有不少湖帆的题识。他在海粟《仿吴仲圭夏山欲雨图》上题道：

豪性发乎天，写画亦甚然。

海翁兴作此，檀老魂来先。

愿君纪岁月，大书廿六年。

纵笔泄胸臆，休介传不传。

海粟道兄出近作《仿梅道人夏山欲雨图》属题，谩制俚句博粲。

菵亭嘉定，所有乡先贤，李檀园至多且精。海兄作此时，殆檀园灵气先绕其笔端矣。

1955年5月，海粟偕伊乔夫人到太湖写生，住在东洞庭山雨花台，每晨登莫厘峰，作《莫厘缥缈图卷》。这是海粟得意作之一，正如冒广生老先生在所题七言长歌中描绘的那样：

海粟画手今世无，晚唐五代心追摹。

兴来醉踏莫厘顶，提笔四顾极双眸。

纸长一丈墨一斗，气吞八九无全湖。

十多位名家在上题识。吴湖帆在上题了一阕《八声甘州》：

赏具区浩渺水波平，七百里连天。伫群峰列秀，千花障暖，万顷堂前。剪取湖山佳外，尽道有松年。沙岸参差里，楼阁华妍。

多少平生豪气，拼挥毫落纸，几许云烟。挟天开图画，长留与人间。古今来，凭谁啸傲，共富春痴老米家颠。淋漓笔付千秋下，闲话林泉。

海粟和湖帆交谊甚笃，他们有什么难处，也相互倾吐，相互

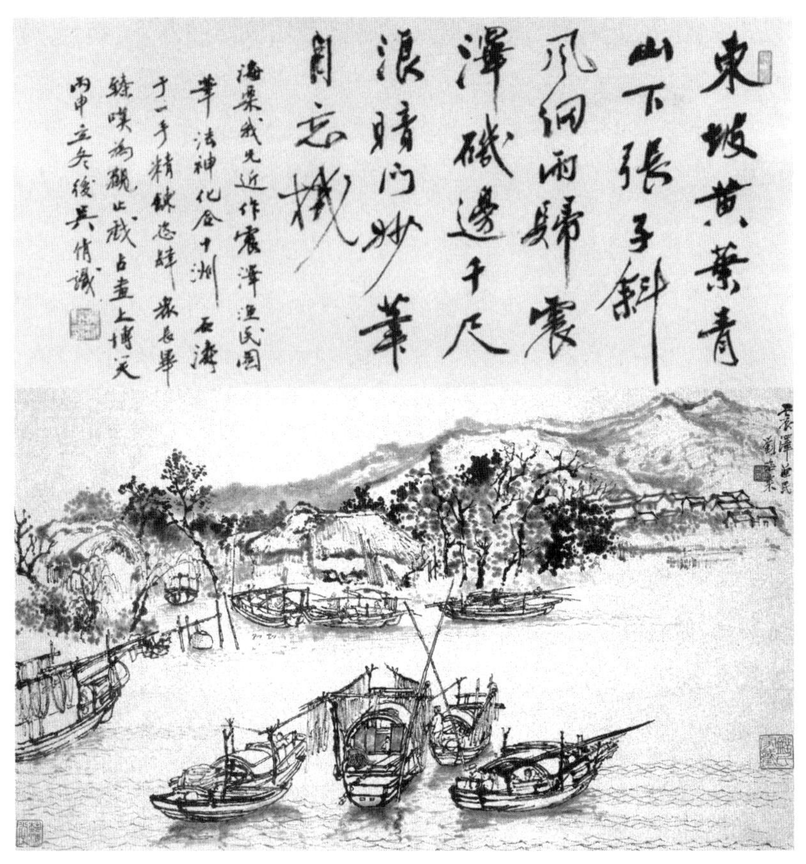

刘海粟作《震泽渔民图》，吴湖帆题跋

商量。湖帆先生的原配夫人潘树春，能诗善画，著名的盂鼎、克鼎两尊三代名鼎重器，就是潘家藏品。他们夫唱妇随，十分和美。不幸后来潘氏夫人得了阑尾炎，她受封建礼教毒害太深，怎么也不肯让医生看到她的肚子，坚决拒绝手术治疗，结果痛了三天就病故了。湖帆非常悲伤孤独，是夫人留下的使女阿宝朝夕照护着他，宽慰着他孤寂的心。他想娶阿宝为妻，可儿媳不答应，和他吵了起来，要赶走阿宝。他把痛苦诉诸海粟："海兄呀，阿宝一走，谁人照顾我的饮食起居，我该怎么办？"

海粟未加思索就说："老兄呀，既然阿宝愿意跟你，你又认为她适合你，你为何不和她公开结婚？这样你的子女还敢把阿宝赶走？"

湖帆有些犹豫，低下了头。

海粟看出了他的心思，哈哈地笑了起来说："湖帆兄，你还迟疑什么呀！如今是20世纪30年代了，还想着门当户对？使女就不能做你吴府的夫人？只要你认为你们合适，又都愿意，你就可以明媒正娶她！"

"明媒正娶？"湖帆似乎是自问又是问他。

"当然明媒正娶！"

"让我想想。"

一周后，刘海粟夫妇收到了请柬，吴湖帆在康乐酒家举办婚宴，明媒正娶阿宝，并请了赫赫有名的大律师章士钊先生做证婚人。在盛大的婚宴上，海粟和夫人成家和第一个去给新婚夫妇祝酒，他们对阿宝说："吴太太，恭喜你，祝愿你们白头偕老！"

阿宝慌忙致谢。湖帆非常高兴，他小声地在海粟耳边说："若非海兄的疏导，我岂有如此的勇气？有了太太，我的晚年就不孤单了！"

1939年春天的一天正午，海粟家来了两位客人。他们是医师公会的医师，一位叫丁惠康，一位叫朱扬高，都是他熟识的朋友。丁医师一坐下就说："刘先生，我们来找你，就是请你想想办法，给我们医师公会筹些钱，购买药品，支援前线将士和难民，他们正在浴血奋战和受难呢。"

海粟正因上海美专经费拮据，无法支付教师工资，而将自己心爱无比珍藏多年，两次欧游都带在身边，拿出来欣赏的名画《黄石斋松石图卷》出售了而惆怅满怀。但两位医师的爱国热情使他十分感动，他没有片刻迟疑，就一口应了下来："我来想办法。"

两位医师满意地告辞而去，他心里因没有一点儿底，陷入了苦思之中。在这种人心惶惶、朝不保夕的动荡形势下，性命都难保，谁还有闲情逸致来欣赏风花秋月、禽鸟虫鱼的艺术，来买你的画？他除了作画卖画，还有什么别的办法能筹到一笔款子吗？苦思冥想中有了灵感，一个绝妙的办法出现了。这个办法若能实现，不但可以给医师公会为前线将士买药品筹到款子，还可唤起爱国同胞的民族志气。他匆匆扒了几口饭，就直奔吴湖帆家。

湖帆见他中午来访，猜测定有重要事情相商，把他迎进书房问："海兄，什么事这么急？"

海粟说了他的来意，又补充说："征集古代名画，举办历代书画展览会，为医师公会筹款的主旨，要突出民族气节，以历代民族英雄的名字来激发同胞们的爱国热情。"

吴湖帆立即响应："好，这个主意好！在当前这种形势下，这是我们唯一能做的有意义的事。"

"我就知道你会支持我的。"海粟的信心大起来了，"但画展是有风险的，搞不好有掉头的危险，也许汉奸、日本特务要来破坏，我担心藏家舍不得借出来。"

吴湖帆点点头说："这是个问题，古画都是藏家的爱物，有些还价值连城，万一损失了怎么办？"

海粟说："我想只有一个办法，去做工作，把我们的主旨、动机告诉他们，把可能发生的事阐明清楚。当他们明白了这次画展的意义，我想许多人都会支持我们的。"

"对对对。"湖帆赞同着，"我藏的都可以拿出来。"

海粟说："我们的全部拿出来，这还不够，你还得和我分头去做说客，动员更多的人支持我们把画展办好。"

"义不容辞！"

"好！"他们俩走东家、串西家，宣传举办"历代名画展"的意义。同时也有言在先，声明这次活动有可能招致可怕的后果。

很多藏家在此民族危亡之际，自愿献出心香一瓣，慷慨借出自己的珍藏。当然也有人怕风险。他们去了 4 次收藏家庞虚斋家，去了 5 次画商孙伯渊家，向他们宣传、鼓动。当他们明白了画展可以唤起民众的爱国心后，都自愿拿出了最好的藏品。

画展在他们的筹备下，于 1939 年 4 月 1 日在上海大新公司画厅开幕。《文汇报》出版了画展特刊，刊了许多评论家的支持文章。海粟在《前言》中写道："中国历代书画展览会，为筹募医药救济经费，阐扬我国古代艺术，征求各收藏家珍藏，公开展览，门券所得，悉数交与上海医师公会作为医药救济之用。展我先民遗迹，表现民族精神，意义莫大焉。"

郑午昌在评论文章中说："神州陆沉，黄裔流离，而视为沦陷区之上海，遽有历代画展之举行，迥非寻常古名画展。吾人临对先贤名迹，而赏其宏伟精能，则崇先贤爱祖国之念，其有不油然而兴哉！画家人格高尚，尤足使后世景仰，倪云林之散家放舟，郑所南之画兰无根。见先贤之手泽，转仰其为人。其于处危应变之道，人格修养，必知有自勉也。"

《申报》将展品印制成《唐宋元明清名画宝鉴》，海粟为其撰了万言长序，题为《国画源流概述》。

画展办得很成功，售门票万元。

1943 年 5 月，刘海粟被日本特务从印尼押送回沪。6 月 10 日，海粟趁夜色去看吴湖帆。劫难中相见，两人抱头痛哭。良久之后，湖帆揩干泪水，即以发现元代大画家黄公望墓相告。

海粟不由惊喜起来说："画史曰，大痴道人自幼聪敏，有神童之称，经史九流之学，无所不通，山水气清而质实，骨苍而神腴，淡而弥旨，为元季之冠。此发现太重要了！"

"我去看过，可叹一代宗师，寂寞横卧荒野！怎不叫人悲乎！"湖帆长叹一声，"海兄，我有个想法，我俩来联手发起募捐，倡议艺人共同赞助修葺黄大痴墓，你看有可能么？”

海粟立即响应说：“我看能行。我自己尽力而为，再找找别的朋友。”

湖帆说：“就我们几个的力量恐怕难以成事，请你写个像启事样的文章，在报上登一下，做点儿张扬，从者或许会众的。”

“好！我来试试看。”

6 月 15 日，《申报》发表了刘海粟撰写的《赞助修葺黄大痴墓》的文章。他在文中说：“自大痴始，实为画苑巨匠，其遗冢修葺不容或缓。愚除自筹千元外，并请丁医生惠康亦捐千元为倡。愚数度游欧……欧人对于艺苑巨人骸棺冢墓，建筑壮丽，尊重备至，以供后人凭吊。例如拉斐尔棺与意大利创业帝维克多·爱莫虞（今译维托里奥·埃马努埃莱二世）骸棺并供罗马邦堆翁（即国葬院）石室中，尊之至矣。大痴艺术，冠绝古今，今湖帆兄得此惊人之发现，凡吾艺人及爱好文艺者，均当群起助成。”

然而，这件事未能得终，他和湖帆引为憾事。在日伪铁蹄之下，他们只好闭门作画，在夜色的掩映之下，偷偷相聚，倾吐失去自由之悲哀。

湖帆殁于 1968 年 7 月 4 日，未能得享天年。海粟那时也在劫难中，没有人身自由，只叫女儿去他家门外，远远凭吊他。如今海粟也已作古，也许他们已在天堂相聚，老友重逢，互相观摩收藏切磋画艺，其乐也融融呢。

王济远：难忘师生情

我刘海粟即使到了山穷水尽也不出卖朋友、做有愧于朋友的事。

——刘海粟

王济远是个陌生的名字，很多人都不知道他。即便是美术界的年轻人，也很少有人知道这个名字。可在20世纪二三十年代，这个名字常常是和刘海粟的名字写在一起、列在报上的。在20世纪40年代以后的美国艺坛，在华人艺术家中，他享有很高声誉。当我们的国门尚未打开之前，那里的很多人不知有刘海粟、徐悲鸿，只知道有王济远、汪亚尘。他是新兴美术的拥护者、提倡者之一。

1912年，17岁的刘海粟创建了中国第一所美术专科学校——上海美专，他的首届学生中，出了三位画坛大家：徐悲鸿、朱屺瞻，另一位就是王济远。王济远毕业后留校任教，后又升任为西画系主任。

少年时代的刘海粟，西服革履，打着大领结，披着长头发，衔着板烟斗，十足西洋画家的派头。王济远最崇拜他，跟着他亦步亦趋，领结打得比海粟的还大，头发养得比海粟的还长。他是刘海粟艺术思想的拥护者、支持者，参与了上海美专新学制的一切革新和同伪道学腐朽势力的全部斗争。刘海粟倡导的旅行写生、男女同校、使用人体模特儿，无不得到他的全力拥护和推广。他自称是海粟的追随者、门徒和"走狗"。他的门下出了很多有成就的艺术家，潘玉良就是其中之一。

可正因为如此，他被人当作导火索，在上海美专引发了一场学潮，致使海粟 15 年苦心缔造的美专一度停课，几近倒闭。

1926 年 11 月 23 日，是上海美专建校 15 周年。刘海粟和美专的师生早就做好了准备，要把 15 周年的校庆搞得轰轰烈烈、辉辉煌煌。他们筹办了成绩展览、师生联合画展，学生剧团排了新戏，举办歌咏比赛、演讲比赛、体育竞技……每项活动都有专人负责。大家都认为这是美专 15 岁人生的大检阅。许多关心美专成长的社会名流和各界来宾都来参加这个隆重的盛典。

为了做到尽善尽美，20 日一早，刘海粟就到了学校。他不放心，要亲自去看看准备的情况，对成绩展览会和画展进行最后一次检查，看看有否遗漏和失误。他先去到成绩展览室，看到那些展示美专 15 年来成就的实物，不由激动起来。15 年前，美专刚刚筹建，是只刚刚脱壳、羽毛不全的娇嫩海燕，在海上稚拙地学飞，常常栽倒在桅杆上，跌落在海水中，撞得满身伤痕，多次要被海水淹死。可它不在乎跌跤碰撞，继续锻炼它的翅膀，经历数次暴风雨的洗礼，它的羽翼丰满了，翅膀坚硬起来了。如今的美专，拥有艺术流派纷呈的雄厚师资，教学成绩蒸蒸日上，佼佼立于各种形式的艺术学府之间，蜚声海内外艺坛，成为追求美的莘莘学子向往的摇篮。

刘海粟检阅着他的成果，回想着他走过的坎坷之路和历届毕业生的熟悉面容，感念着支持他事业的师友，竟忘了时间，听到下第二节课的钟声，他才匆匆走进画展厅。

画展是由俞寄凡教授负责的。几个学生在做最后的调整。刘海粟一眼就看到了他的国画《言子墓》挂在显著的地位。他即命令学生："把它挂到旁边去，这儿应换上俞寄凡教授那张《桥》。"

学生丁远不解地说："这是俞先生的意思，他说校长这张画，巧妙地融石涛、石田为一体而无痕，形成了一种独有风格。"

他摇摇头："俞先生的《桥》是新作，有独创之处，应重点推荐。"他又和颜地解释着，"我们学校的主旨就是要不断推出高才，繁荣艺坛，我这张已为众人所知，无须大肆张扬。在艺术面前，应该一律平等，不要因为我是一校之长，就处处以我为中心，那不好，懂吗？"他帮学生揭下《言子墓》，挂上俞寄凡的《桥》。突然间，急剧的集合钟声震撼了校园。正是上课时间，为何敲了紧急集合钟？海粟吩咐学生丁远："快去看看，为什么敲钟？"

不一会儿，丁远气喘呼呼地跑回来对他说："出事了，郎应年、马兰申在闹事。"遂向他讲了打听到的详情。

王济远教授在给二年级学生上水彩课。教室内鸦雀无声，唯有他那清亮的声音在回荡："水彩画只是洋画的一种，它同样需要深厚过硬的素描功底，特别是水彩画的色调，可以表示出艺术家不同的个性和风格，像歇妄纳（Chavannes）喜用静雅的色调，显露出一种悲凉气氛；蒙耐（Menet）的风景，喜画色调鲜明的苍穹……"他那像高山流水般滔滔不绝的话语，把学生们的思绪引进了一个斑斓的色彩世界。

突然，三年级学生郎应年闯进教室，旁若无人地拉住一个同学大声说："你中午有事没有事？我们一道上街！"

那个同学小声地问："什么事？"

"你别问，到时就知道了！"

他的声音惊扰了正在聚精会神的学生们，他们不由都抬起头望着他俩。

王先生不得不停止讲授，对他说："我们正在上课，有事下课说，快出去。"

郎应年像根本没听到一样，继续说他的，且把声音提得更高了。

王先生不高兴地说："郎应年，你影响了同学们听课！上课时间，擅自闯入课堂，是违反校规的。我令你立即离开这里！"

郎应年不但不听，反而傲慢无礼地反驳着说："我有我的谈话自由，你管不着。"

"我就管得着！"王济远没见过如此不讲理的学生，他生气了，走过去，抓住他，把他推出教室，"砰"的一声关上了教室的门，继续讲课。

郎应年恼羞成怒，在走廊上大喊大叫："王济远欺侮我啊！王济远侮辱学生哪！……"他又蹦又跳，擂打着教室的门，"王济远！你出来！你侵犯了学生的自由！无视学生的人格尊严！我绝饶不了你！"

他几近歇斯底里的叫喊，引来了许多围观者。他声泪俱下地向他们控诉说："王济远当众羞辱我，把我推出教室，我的人格被他侮辱了！同学们，为我主持公道呀！帮我刷洗耻辱吧！"

天真单纯酷爱自由的热血青年，听说教授当众羞辱他们的同学，立时愤愤不平起来，有人高呼起口号："抗议教授欺侮学生！""郎应年我们支持你！"

海粟听后，什么也没说，就急急忙忙赶下楼去。在楼梯口遇上了他一向倚重的俞寄凡教授。俞教授一见海粟就火冒三丈地嚷

刘海粟先生（右一）与王济远（后排右四）等合影

嚷："这还了得，简直无法无天！扰乱课堂，还要倒打一耙，集众闹事，你可不能熟视无睹啊！"

海粟也气恼这两个学生，现在是什么时候，校庆在即，大家都在忙，他们还无视纪律和学校的荣誉。俞寄凡跟在后面，继续说："今后教师怎么教课？"他没表态就急急赶到办公室。

海粟刚刚在他的写字台后坐下，同学会派来的学生代表就来了："刘校长，今天发生这样的事，使同学们很不满，为了不再发生这样侮辱学生人格的事，大家要求您解聘王济远先生。"

这是一个蓄谋已久的阴谋。它的背后还是那些视他为异端邪说、洪水猛兽的那股强大势力。虽然他们恨他，欲置他于死地，但他们的屡屡进攻、多次围剿，却屡屡挫败，因为他代表着文明和新生，他们无法真正制服他，他的美专反而越办越繁荣，越来越兴旺。他们恨之入骨，又奈何他不得。他们就不得不改变策略，不直接和他明斗，还做出已经容忍他和他的“异端邪说”的表象，改用堡垒从内部攻破的新方法，收买、撺掇、怂恿艺术营垒内他的朋友来放黑箭，让他痛不能叫喊，苦不能哭诉。这只不过是个导火索而已。他们选取王济远为开刀目标，也是经过精心选择的。他们清楚王济远热爱美专，他把新兴艺术的发展视为自己奋斗的目标，决不容许有人破坏美专的校规、课堂纪律。而海粟又讲义气、重友情，他一定会站在济远一边，这就会激怒无知天真、单纯的青年学生，就可以掀起风潮，搅掉刘海粟展示美专实力和成就的 15 周年校庆，达到打击他的目的，还要他不知道对手是谁，不知如何还击。

可海粟对此全然不知，他只按着自己的思维行事。他未加思索就说：“同学们，我不能接受这个要求。我们美专能发展到今天的规模，能在国内艺术界取得如此声望，主要因素是我们的教授认真教课，我们的学生努力学习所取得的。王先生是我们美专的元老，对美专的建设和发展立下了汗马功劳。他是我们的功臣，在艺术界教育界都很有影响。请你们回去把我的意见转达给同学们，希望大家想一想，冷静下来，校庆就要到了，这是我们美专的盛典，作为美专的每一个成员都要为这一天尽些绵薄。王先生对同学的教育不够耐心，态度生硬了一点儿，我会把你们的意见转告给他，我相信他会改进的。话又说回来，他也是维护课堂纪律，让同学们听课不受干扰，一片好心为大家呀，我们应该理解一个老师的良苦用心。请你们多给同学们做些解释和劝导工作。”

三个学生代表被他的道理说动了，点点头说：“校长，你说得对，我们回去尽量做同学们的工作。”

海粟以为事情已经解决了，放学后就回家去了。晚饭后，他随手拿起一本画刊，靠在沙发上浏览，还没翻几页，他家的门铃就响了。俞寄凡带着一脸的恼怒走了进来:“海粟，你还沉得住气啊！”

海粟看看他阴云密布的脸，笑了笑：“寄凡兄，里面请。”海粟把他让进画室，请他在沙发上坐下来，自己坐在画案边的藤椅上，想缓和一下他的情绪，带点儿玩笑的口吻说：“你这一脸黑云，好像天就要塌下来了似的。”他往椅背上一靠，“你是说上午的事吧？我已处理好了，我说服了学生代表，他们答应回去做同学们的工作。”

俞寄凡摇摇头：“海粟，你把事情看得太简单，如今口口声声‘自由价更高’的青年学生，是那么容易说服的？你走后，郎应年、马兰申串通一气，到处点火游说，大有不达目的不罢休的架势。”

“哦？”海粟仍不以为然，“会有这样的事？”

“你呀，我的校长先生！”俞寄凡用一种特别亲密的语调嗔着他，“你因为太爱学生了，就把他们想得太单纯、太善良了！这两个学生是美专的害群之马，不能迁就，不重治他们将后患无穷！”

海粟说：“明天我就找他们谈谈。”

“谈谈？”俞寄凡摇摇头，“你以为谈话能感化他们？”

“青年学生嘛，只要我们晓之以理、动之以情，他们想通了，问题不就解决了。”

“假若他们冥顽不化呢？你可不能做出对不起王济远先生的事啊！王先生工作勤勉努力，对美专赤胆忠心，你若接受了闹事学生的无理要求，天理人情都不容，就会让朋友们寒心的啊，社会舆论也不会放过你！”俞寄凡一脸的忧虑和虔诚之色，“因为我们都是你的朋友和追随者，美专是你和大家的生命，我不能容许有损美专利益的事情发生，才斗胆向你进言！”

海粟的心田涌进了一股暖流，他为朋友对他的忠诚和深爱所感动，他不住地点头："你的意见我一向尊重，我记得伏尔泰说过一句名言，'人世间一切荣华富贵，不如一个推心置腹的朋友'，请你相信，我刘海粟即使到了山穷水尽也不出卖朋友、做有愧于朋友的事。"

"出卖"二字像一条鞭影，闪过俞寄凡那极薄的嘴唇、无肉的面额，它们几乎在同时不易觉察地抽搐了一下，但又立时舒展开了，"我这就放心了！"

翌日，又是一个晴天。海粟站在二楼阳台上，看着这深秋灿烂的早晨，充满了信心。他简单地用了些早点，就出门去了。

学校大门已开，老门房迎着他说："你早！"又走近他，放低声音，"刘校长，昨夜这里闹翻了天。"他向校园里努努嘴，"你看，王先生也在那里看呢！"

墙壁上贴着许多大幅标语。王济远背对着大门站在一条巨型标语前。海粟快步走过去，轻声地唤着："济远！"海粟把手放在他的肩上，安慰着他，"别生气，不要跟无知学儿一般见识！"

王济远不无尴尬地笑了笑："给你带来麻烦了。"

"你说些什么呀！"海粟在济远背上亲切地拍了一下，"去上课吧，我来解决。"

王济远郁郁不乐地走了。海粟望着他无精打采远去的背影，一种怅然和愧疚突然爬上心头。发生这种事，责任在他，是他一向放纵学生的结果。他反对家长式的教育，他认为，对学艺术的学生，不应管束得太严，要让他们的个性得到充分的发展。因为艺术不同于别的学科，它就是个性的展示，没有个性就不会有艺术。他给他们的自由太多了，放松了对他们的纪律教育，以致发生了这种事。他深感对不起王先生，寄凡说得对，他太相信学生了！标语上了墙，王先生的精神受到了打击，他得认真对待了。

他没去办公室，直接上学生宿舍去了，他要找郎应年谈谈。

郎应年的屋里传出阵阵喧闹。他们见海粟走进来，突然不说话了，不住在那间屋里的学生慌忙退了出去，屋里只剩郎应年和马兰申了。

他俩站起来迎上他说：“校长，我们正要去找你呢！”海粟按按他们的肩：“坐下谈吧！”

郎应年又站了起来说：“校长，你可要站在我们学生一边啊！你要主持公道啊！”

“你坐下，”海粟把他拉到身边的床沿上坐了下来，“郎应年，你听我说，王先生的态度是有欠妥之处，但你擅自闯进课堂，大声讲话也有错。学生以读书为本，应该努力学习。这事既已发生了，我也不追究你了，我希望你们就此打住，不要扩大事态。”

郎应年霍地站了起来，跳到他面前，大声嚷嚷：“这不公平！难道学生就没有说话的自由？就没有人格的尊严？老师就可以任意侮辱学生？不行，你不撤换掉他，我决不罢休！”

他也年轻过！少年气盛，受不得一点儿委屈。他没在意他的态度，仍然心平气和地说：“这就是你的不是了，即使是王先生错了，也不应该提出这样的要求。”他突然严肃起来，“我告诉你，我决不会接受这个要求的！”

“这是同学会集体通过的要求！”马兰申站起来说，“刘校长，你若不接受我们的要求，后果你自己负责！”

“我们将要向全国学生会、上海学生会请愿！”郎应年说得理直气壮，“也要向主任校董蔡先生去请愿！”

谈话失败了。他很恼火，没好气地说：“好吧！”又觉得不妥，想到蔡先生一定能够说服他们，就补充说：“你们最好先去同蔡先生谈谈。”

下午，同学会向他递交了书面呈文，强烈要求他撤换王济远。

他不能接受这个要求。他决不能用牺牲济远来换取学校的安宁，决不能！但又如何平息学生的情绪呢？他感到很困惑。他想到蔡先生，他阅历丰富，也许海粟有办法。晚饭后海粟踏着阴凉的暮色，去到蔡先生宅邸。

蔡元培似乎知道海粟要来，就坐在书房里读报，一见他就说："我正在等你，学生代表已经来过了。"他放下报纸，看着海粟，"坐呀！"

"明天就是校庆日，本来要举办庆祝活动，一下都给那几个学生搅黄了！哎……"他重重地坐了下去，"我没想到会出这样的事，他们的要求太无理了！"

"事情已经发生了，只有想办法来平息下去，你看是否叫王先生请几天假，暂时离开学校，待事态平息了，再请他回来。"

蔡先生刚说完，他就说："蔡先生，我是非常尊敬你的，可你这个解决办法我不能接受。他们的要求毫无道理，王先生对美专有贡献，他是宣扬新艺术的勇士，郎应年破坏课堂纪律，他作为教授，管一管，有什么错，我不能这样对待他！"

"这只是我个人的想法，你再考虑考虑。但你一定要冷静下来，不能意气用事。"蔡元培一点儿不计较他的直率，语重心长地说，"应该权衡下全局，慎重处理，尽快平息事端。"

海粟心情沉重地走出蔡宅，暮色已变得沉甸而阴冷。济远的形象不断变换着画面和姿态迎面扑来，就像海浪扑向岩石一般扑向他的心扉。他想到，此时应该去安慰安慰济远，便转过身，向济远家走去。

济远孤坐在灯下，对着一张风景写生稿画一幅油画。画面上色调苍凉而阴冷，暮霭浮动，令人感到一种压抑和喘息的困难……海粟的出现，使济远惊喜又不安，他放下笔，站起来："啊，校长！"

"济远兄，你这张作品太沉郁了！"

“唉！”济远叹了口气，坐了下去，“没想到给学校、给你带来这么大麻烦！我当时欠冷静，不该推他。但实在忍受不了他那副无视师长、蔑视校规的趾高气扬的神气。”

“你管学生是对的，只是不够耐心。事情已这样了，也不要把它看得太严重。”海粟坐到椅子上，“你也无须为这事过于烦恼。学生闹学潮的事，别校也常有发生，他们太年轻了，不知珍惜求学机会。你别放在心上，安心画画教课，一切我来处置。”

“唉，都怪我，致使校庆活动也黄掉了！”

校庆活动被迫取消，海粟心里也很不是滋味，为了安慰济远，却说：“那不过是张扬虚名的一种活动，不搞也没什么了不得。别老想这些了，打起精神来！”

济远点点头，苦笑了下。“继续画画吧！”海粟站了起来，“我该回去了。”

他家客厅里坐满了等候多时的美专教授们。海粟向他们转达了蔡先生的意见，又说了他的看法。大家都默然，找不出一个既能平息事端又不难为王先生的办法。突然，俞寄凡一脸的怒色进来了，他大声嚷嚷：“美专还像个学校吗？没有校规，没有纪律，课也停了，郎应年、马兰申还在掀风搅浪，看来还有更大的事件在酝酿之中。我们不能坐视不管，任凭他们把学校搞砸了，该采取行动了！”

郎应年、马兰申的行为在海粟心中点起了怒火，俞寄凡这番话如同一把扇子又把那丛火扇旺了。但他仍然想平息事端，不让济远难堪，又不想让事态扩散，眼下也无了主意，就说：“寄凡你说说该怎么办吧！”

“开除肇事学生郎应年、马兰申！”俞寄凡恨恨地说，“去掉了兴风作浪的为首分子，风潮就会自然平息！”

教务主任李毅士立即反对：“不可，我们不能往火上浇油。那会激怒更多的学生，扩大事态！”

“开除使不得！”美术史教授滕固也说，“至多给郎应年记过处分，这也是为了压压他的火气。”

“这两个学生已不可教育了，不开除他们今后我们美专还要不要校规？还有哪个教授敢管教学生？美专还办不办？”俞寄凡坚持着己见，“姑息养痈！先生们，开除他们是唯一制止事态发展的方法！”说着就在海粟画案上随手拿过一张纸，拟了份开除布告的草稿，递给海粟。

海粟当即表态：“好！还是寄凡干脆果断，照办。”

海粟以为这是良法妙药。他哪里知道，这是他的对手为他设下的陷阱，布好的圈套，他正一步一步按照他们的谋划走进陷阱，把头伸进索套。

布告一贴出，引起了学生更大的愤怒，一些原本不赞成闹事的学生，也被激怒了，也自发去参加同学会组织的活动。他们撕掉了布告，召集大会抗议学校开除学生，强烈要求开除王济远。并给校长办公室送来了最后通牒：不开除王济远就全体罢课。

海粟在人家为他设置的陷阱中越陷越深。他不理睬那个最后通牒。学生罢课了，他把自己关在家里画画，任随他们闹去，他决心已下，不管他们闹到何种地步，他也决不做对不起济远的事。

第三天，上海市学生会主席陈鼎勋和全国学生会主席何洛来见海粟。陈鼎勋说：“贵校同学会要求你开除王济远，向我会和全国学生会上了请愿书，要求声援和支持，我们表示支持他们。希望贵校能接受学生的要求。”

海粟说：“事件的起因我已调查清楚了，是郎应年无视校规引起的。如果教授过问下课堂纪律，就要受到开除的处理，以后，谁还敢上我们学校任教？”他摇摇头，“他们要求太过分了，我不能接受。请你们转告他们，希望他们早日复课。”

何洛诚恳地说："刘先生，你不答应他们的要求，复课恐怕办不到！"

海粟坚定地说："这个要求我不可能答应。"谈判进行不下去了。陈、何两位只得走了。

风潮越闹越大，抗议的标语贴满校园。新的事态又在酝酿。罢课的第四天，济远来到海粟宅邸，递上一份辞呈说："校长，济远终生感激你的知遇，感谢你的维护，但事态已发展到这个地步，我不离去，学潮就难以平息，虑之再三，我想我不能对不起美专，更不能叫你为难，请接受我辞职吧！"

济远是美专的支柱栋梁，他把全部的爱都融进了美专的肌体，他是美专这血肉之躯的一部分，他怎么舍得离开！海粟以为是幻觉，以为在梦中，他不相信这会是真的。他的眼睛蓦地湿了，连声说："济远，我不能接受。十几年来，我们携手在激流险水上航行，在荆棘中拓路，我们共同努力，才有了美专的今天。你的青春，你的激情，你的聪明才智都奉献给了美专。美专不能没有你，我不能没有你的鼎力相助，你不能走，我不同意！"他抓住济远的手，一串热泪滴落在他们的手上，"不管事态如何发展，我也不接受你的辞职！"

"校长！"济远坚定地说，"你冷静一下好不好？为了美专，你一定得同意！"

"不，济远！"海粟泪眼模糊，"我不能！我不能！"

"校长！"济远加重了语气，"我已决定了，不管你接受不接受，我也要辞职，要平息这个由我引起的风潮，这是唯一的办法！"他挣脱海粟的手道了声"再会"，就毅然转身走了出去。海粟追到门口，他的背影已消失在门外了。

王济远的离去并未平息学潮，俞寄凡在后台的支持下，拉着一批人马走了，挂起了新华艺专的牌子，美专被肢解得七零八落，他这时才醒悟过来，上当了。

王济远离开美专后，去了日本。海粟也被新军阀陈群、杨虎当作“学阀”通缉，流亡到日本。两人在异国重逢，仍然对复兴中国的新美术充满着信念。通缉的风头过去后，蔡元培写信要海粟回来，济远送他到横滨码头。海粟再一次邀请他回上海美专：“我还是希望你回校任西画系主任。济远，这个位置还一直空着，就是等你呀！你何时回去？”

济远沉吟有顷后说：“校长，我对美专的感情不比寻常，我从进美专读书，就没离开过它。但我被学生赶下了讲台，我给学校带来了损失，对我个人是个抹不去的耻辱。我不能再回到母校去了，请你谅解我！”

海粟不再逼他了，无声地叹了口气，好半天才说：“你有何打算？”“我再画些画，再办个展览，筹措了足够旅资，就去美国考察研究艺术。”

海粟点点头说：“也好。”

“我们虽然不能共着一个讲台，但却可以共着艺术这个大讲台呢！”

“对！”海粟欢快地应着，“我们共着艺术这个大讲台。”

1931 年 9 月，刘海粟第一次欧洲考察艺术归来，王济远也已从美国留学回来了。他到码头上去迎接海粟，这使海粟感到意外的喜悦。济远爽快地接受了他的聘任，回美专任西画系主任，不久，海粟又升任他为副校长，主管教学。1933 年 11 月，海粟携带中国画家作品去德国柏林举办中国现代美术展览会，他委托济远代理校长。启程当天，他又特地去了王家，对他说：“济远，我这一去，学校的事务就落在你这既是副校长又是代校长的肩上了，这可不是一副轻松的担子呀！最让我不放心的就是新校舍和美术馆的筹建工作，很多事还未落实，全赖你去努力争取了！”

“你放心吧，不用牵挂学校的事，至于新校舍的筹建工作，我会继续努力的，有事我去找蔡元培先生和叶恭绰先生。”

济远送他上船时，他又一次说：“拜托了！”

中国现代美术展览会在欧洲产生了轰动性的反响，欧洲各国纷纷要求前去展览，海粟已移展到伦敦，又取得空前反响。这时，他连续接到美专同仁来信和一些教授要求辞职的信，济远也来信催他速归。总务主任王春山的信这样写道：“美专经济已到了山穷水尽的地步了，3 个月没发教职员工的薪水，人心浮动，如此下去，学校要关门了，万请校长早日回国，以挽救学校前途。”

美专是海粟几十年呕心沥血哺育的爱子，他的希望，他生命的一部分，与他荣辱与共。他不在乎他人如何说他刘海粟，但他不允许美专被某种疾病夺去生命，更不允许它沉沦。不管是什么原因把美专推进如此糟糕的境况，他也不允许！他当即决定婉谢美国和苏联的邀请。

他一回到上海，王春山就来了。海粟一把拉住他，急切地问：“学校怎么成了你说的那种状况？你信中没明说，现在给我讲讲清楚。”

“实际的经济情况比我信中说的还要糟呢！”王春山鼓起勇气说，“学校已债台高筑，不讲别的，中国营业公司的贷款利息就欠了 8000 元。”

海粟深感奇怪，不解地问：“怎么会欠这么多钱呢？学生 800 人，每人交费 40 元，刚开学，怎么就欠这么多？”

总务主任不敢作声，耷拉着头。

“你说说原因。”海粟催促着。“您走两年，物价涨了一倍，教师工资一分没涨。”他说了这一句又不说了。

海粟急了：“你把话说完哪！既然教师工资未涨，怎么会债台高筑呢？不管什么原因，只要你说清楚。”

他这才吞吞吐吐地说："王济远先生到日本和菲律宾举办个展的所有费用，都是从学校开支的。"

海粟不说话了。

王春山刚走，济远就来了。

"济远，坐。"海粟指了下沙发，自己坐到了对面的单人椅上，递给他一支雪茄，"德国的，尝尝。"

济远接过，拿起茶几上的火柴先给海粟点了，再点着了自己的。他猛吸一口又满腹心事地吐了出来。他们都有话说，又都不知从何开口。最后还是海粟先说了："是你和王春山的信把我叫回来的。本来我要接受美国和苏联的邀请去华盛顿、纽约、莫斯科开展览会的。我权衡了下，就回来了。你跟我说说具体情况。"

济远点点头说："新校舍没法建，主要是经费没落到实处。这两年，中国的经济几乎破产，物价一天一个样，曾经表示支持我们的人，也各有他们的难处。办画展新筹的经费，只够付地皮费，当初我说请你放心，是错误地估计了形势，以至如今新校舍只打了个基础，还不见一房一屋，辜负了我师的厚望。"

海粟连忙说："此乃形势使然，恐怕我在家也不会有什么大进展。参照欧洲现代化设施建座新校舍，是我的梦想。可我没财产，没企业，全靠社会解囊，名人资助。如今国家又处于危难之中，我一个赤手空拳的艺术家，又有什么回天之力？"

济远猛吸一口烟说："你这样安慰我，我更感到不安了。你把学校交给我，可我没把学校管理好，我对自己的管理能力估计过高，很对不起。还有件事，我没事先请示你，事后也没给你汇报，我只对你说过，我应日本、菲律宾之邀去举办个展，我没告诉你，经费从学校开支。这也是造成学校经费拮据的直接原因之一。我为此深深不安，也深感内疚，很对不起你……"

海粟又递给他一支雪茄，打断了他的话："这事我已知道，我不责怪你。一个艺术家谁不希望办展览会，宣扬自己的艺术？你出国开画展，这是好事，我理所当然要支持。你没家业，又无人给你解囊相助，经费由学校出，也是天经地义的事。这事已经过去了，就不要放在心上了。再说教学管理，你没经验，我把那个重担子加到你一人肩上，就不允许你出点儿偏差？那是不实际的。不要再疚之于心了。我已回来了，我们共同来整顿，美专定会再兴旺起来的。"

"先生……"济远感动极了。

"八一三"事变后，上海很快沦入日寇之手。王济远远走美国，在那里从事艺术探索和研究，直至病逝。20 世纪 80 年代末，王济远的后人把他的骨灰运到了台湾。随着日月的轮转，他的身影已匿迹在漫长的时间隧道中，可海粟没有忘记他。1990 年初，他到台湾举办师生联展，一下飞机，就对来欢迎他的上海美专校友们说："济远若在，该多好！"

潘玉良：遥空凭吊潘玉良

美专可以少十个你这样的人，我也不愿少一个潘先生。

——刘海粟

艺术大师刘海粟在他创办的上海美专做了三件开风气之先的事：使用人体模特儿写生、男女同校和旅行写生。这三件事在中国都是前无古人的首创，在社会上引起了强烈的反响。他因之被卫道士们冠以“艺术叛徒”“文妖”等头衔。因使用人体模特儿引发了一场长达10年的风暴，这场风暴以排山倒海之势冲向海粟，他没有丝毫畏惧和退缩，而是以大无畏的勇士气概迎上前去，和五省联军总督孙传芳、上海县长危道丰之流拼死较量。又在学生被家长逼着纷纷退学之际，决定首开男女同校风气之先，招收女生。这是中国教育史上从未有过的事，首先在他的学校里引起了争论。

办公室内寂然无声，唯有喝茶的声响和海粟洪亮的声音："人类社会由男人和女人组成，学校为何要分为男校、女校？这是违背自然法则的！马路可以男女共走，为什么学校不能男女同校呢？既然有女学生投书我们，要求到我校深造，我们就不能拒绝，应该举起双手欢迎她们！我们的学校会因为有了她们而更加生气蓬勃！"

"男女同校，在中国教育史上还从未有过，因为模特儿的事，一些家长强迫他们的子弟退了学，如果我们又要开男女同校之先，恐怕——"教务主任提出了异议，"恐怕又要引起沸沸扬扬的议论，对我们学校发展不利。"

"凡是开先河的事，都不可能立即得到大多数人的理解。"刘海粟坚持着，"人类文明要发展，人类社会要前进，总得有人冒天下之大不韪，开文明之先河！有人喜欢大惊小怪，就让他们去惊去怪，这没有什么了不得的！"

……

潘玉良就是首开男女同校之禁的首批幸运女性。她因之有机会走进了艺术殿堂，成为世界知名的女画家。

刘海粟第一次见到潘玉良是在新生入学考试的考场上。潘玉良坐在考场最后一排，按考题在作画，她的蒙师、美专教授洪野先生在监考。

校长刘海粟到考场巡视。他走近洪野，洪先生示意让他看潘玉良的画。

刘海粟被她笔下线条流淌出的一股才气引发了兴趣。他发现这个女生的年龄和他不相上下，有种男子的粗豪和爽气，却很少女性的妩媚。他小声对洪野说："她的感觉很好，有股灵气，是哪个学校毕业的？"

洪野介绍说："她叫潘玉良，没有正式上过学，是我家的邻居，常常看我作画，回去就偷着学。”

“哦！”刘海粟不无惊喜地说，“那是你的门生啰？”

“算是吧！”洪野点点头，有些黯然地说，“她是个苦命女子，父母双亡，被赌棍的舅父卖进了青楼，结识了芜湖海关监督潘赞化，他赎出了她，她就成了他的夫人，从夫姓。”

“啊！”刘海粟不无怜惜地点点头，“不幸的女子！”“她不甘命运的捉弄，一心向往着自由独立，对艺术几近酷爱。”洪野继续向海粟介绍他的学生，“很有刻苦精神。”

“她的艺术感觉很好，”刘海粟立即表态，“这是能否成为艺术家的内在素质，她这几笔画得不错，她能画得出来。”

洪野向潘玉良转述了刘校长对她的印象，并说：“你考得很好，肯定能录取，等着看发榜吧！”

潘良玉兴奋不已，她把获得人格平等的希望全部寄托在走进美专上。可发榜那天，她未能在榜上找到自己的名字，她立即敏悟到这是为什么，遂对人生感到了彻底的绝望。

洪野先生得知后，怒气冲冲走进校长办公室，大声质问着刘海粟：“刘校长，潘玉良的考试成绩名列前茅，你也说她有才气，为何外面榜上没有她的名字？”

刘海粟惊疑地望着教务长。“是这么回事，”教务长连忙解释说，“我了解到她的出身，鉴于模特儿纠纷还没完全平息，社会对我们招收女生正沸沸扬扬，再录取她这样的女生，不但要给人以口实，还要吓跑别的女生呢！”

洪野怒不可遏地大声说：“这是扼杀人才，这样做太不公平了，她是个纯洁不幸的女子！”

刘海粟心潮翻滚，控制不住情绪，他霍地站起来：“在美专，不论出身，一律以才取人！”他失口大吼起来：“我是校长，这里我说了算！”他拿起一支大毛笔，饱蘸墨汁，大步走出办公室。

洪野紧跟其后，一道来到大门口广告栏前，在榜首添上了“潘玉良”三个字。又找来潘玉良的考卷，和洪野一起把它贴到榜的旁边。

这时，洪野的儿子阿新飞奔而来：“阿爸，不好了，潘阿姨哭着到苏州河去了！快去救救她呀！”

落日的余晖把苏州河抹得像一片暗红的血海，潘玉良泪水盈盈地撑把阳伞遮着脸，步履踌躇，木然地望着混浊的河水，夕阳把她的影子拉得又窄又长。她正要往河堤下走，传来了阿新的呼喊：“潘阿姨，告诉你好消息，你的名字写在榜上最前面了，你的画也贴上去了，你是第一名呀！”

潘玉良摆了下头说：“这不可能，我知道，你是怕我难过，故意编故事来骗我的！”

洪野和刘海粟也已来到她面前。“玉良，这是真的！”洪野急切地说，“这位是刘校长，他一定要亲自来告诉你。”

潘玉良漠然地摇着头：“不要安慰我，我都知道了。”

刘海粟立即说：“潘玉良同学，这不是安慰，是真的录取了，你考得不错，应该录取。请原谅我们工作的疏漏，我已纠正过来了，你名列榜首！”

潘玉良却说：“刘校长，我永远铭记你的恩情，但请你把我的名字划掉！”

刘海粟感到十分惊诧，问：“为什么？你不是很爱艺术吗？”

她说：“我是爱美术，也爱美专。但我不愿因为录取了我，使美专蒙受损失，更不愿毁了校长和美专的名誉！”

刘海粟的眼里升起了潮雾，他激动地说：“你别听那些人胡言乱语，我和美专的名誉就是靠像你这样有志气、有才华的学生来赢取的。”他说着就从自己衣上摘下校徽，别到她胸前，并说：“追求美的人，从来都是勇士！潘玉良同学，跟我们一道回学校报到去吧！”

潘玉良向他深深鞠了三个躬。

1921 年，潘玉良以优异成绩从上海美专毕业。刘海粟鼓励她到法国深造："那是西画的故乡，你学西画，应该到它的故乡去！"玉良考取了去法国留学的安徽津贴，她在里昂、巴黎、罗马的美术学校攻习素描、油画、雕塑，勤学苦读 8 年。学成回国，刘海粟和她的丈夫一道到码头迎接她，并亲授她大红烫金聘书，请她到母校上海美专任西画系教授，兼绘画研究所主任。那时毕业就是失业，很多留学回来的人找不到工作，潘玉良十分感动。她工作很努力，创作很有成就。刘海粟很爱重她。他协助蔡元培先生筹备第一届全国美展，潘玉良有许多幅作品入选，受到好评。刘海粟感到十分欣慰，在《上海画报》上亲自撰文评论介绍她的作品，又找中华书局老板陆费逵先生，向他郑重推荐潘玉良的作品。陆费逵接受了海粟的建议，给潘玉良出版了画集。这本画集共收进潘玉良早期油画 21 帧，盒装、九开，这是当时较好的版本，还标了第一期。

不久，刘海粟到西欧考察艺术。这期间，潘玉良与人发生口角，那人以她的出身含沙射影羞辱她，她不能忍受，打了那人三记耳光，愤然离开上海美专。刘海粟归来，得知此事，十分愤慨，怒斥那人说："美专可以少十个你这样的人，我也不愿少一个潘先生！"

1937 年初，潘玉良有作品参加巴黎世界博览会展出，她从上海启程去法国，行前她去刘海粟家向他辞行。从此，师生天涯。1977 年，潘玉良客死异乡。1986 年 4 月 11 日，刘海粟重访巴黎，他几次向主人提出要求，去寻访潘玉良的墓地。主人考虑到他已 91 岁高龄，从他的健康出发，未做安排，他深感遗憾。在登埃菲尔铁塔之时，他俯瞰花都，遥空凭吊她，说："玉良，校长来看你啦！"

水墨相宜

刘海粟画作

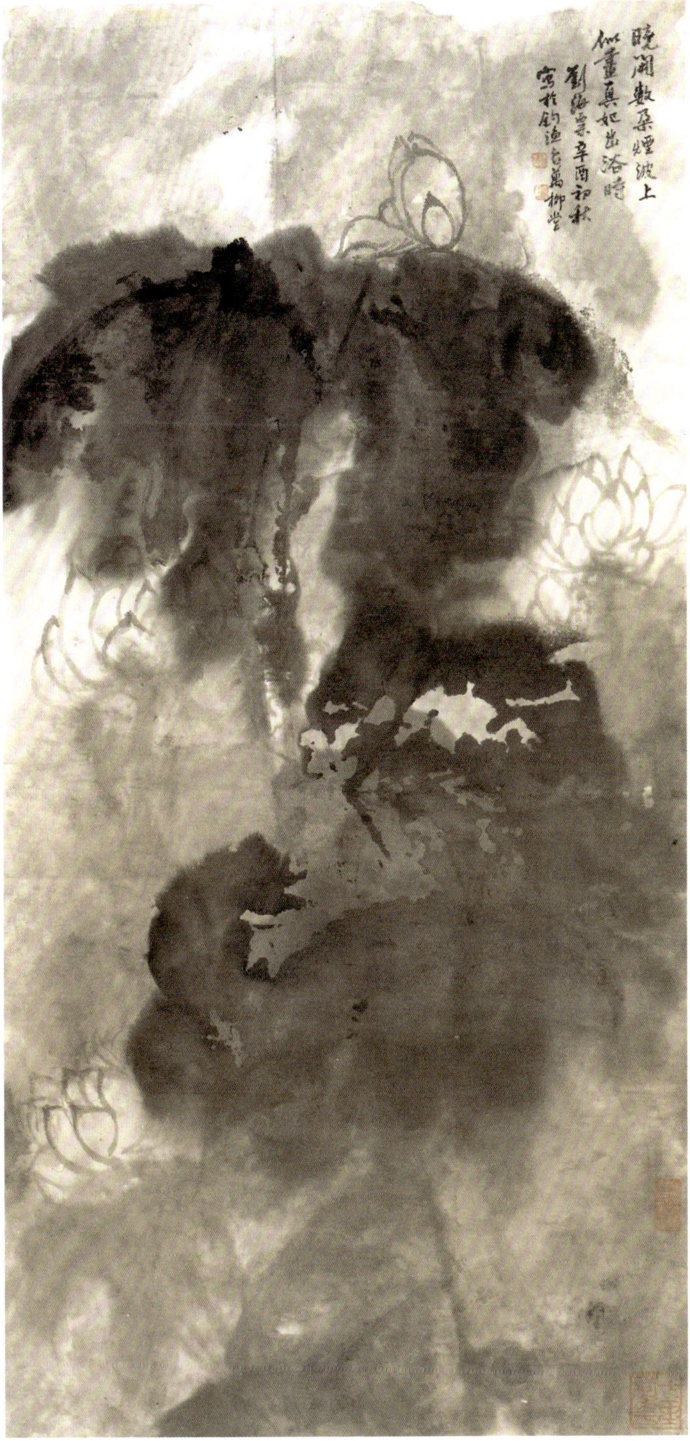

泼墨荷花

131cm×64cm

1981年

苍龙

136cm × 68cm

1988 年

五松图

239.4cm × 116.3cm

1970 年

石笋矼奇松

69cm × 136cm

1988 年

墨牡丹

65cm × 130cm

1988 年

竹石图

117cm× 59cm

年份不详

夏伊乔作

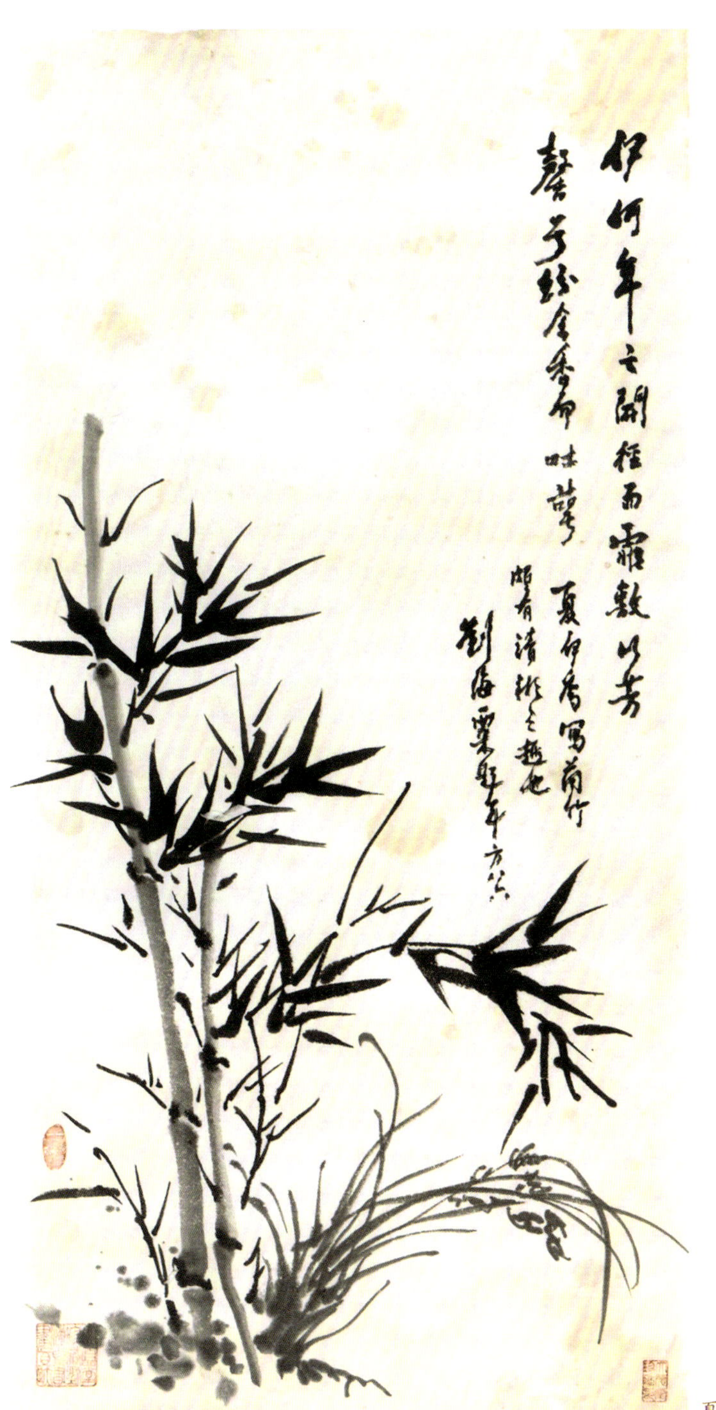

兰竹图

118cm × 59cm

1981 年

夏伊乔作　刘海粟题

狮子顶

68cm × 126cm

1988 年

骤雨旋风声满堂

68.8cm × 131.5cm

1969 年

散花精舍写梦笔生花

68cm × 130cm

1988 年

泼墨画卷

47cm × 327.1cm

1956 年

松鹰图

109.4cm × 53.4cm

1939 年

丰子恺：一束鲜花的奉祭

暮年兄弟少，悲君亦自悲；
泪雨满床头，真梦两依稀。
——刘海粟《悼丰子恺》

海粟大师记不得如何与丰子恺先生相识的。他却记得，子恺先生在杭州教书时，每年都要带领学生去西湖写生，每次他们都要在一起相聚几天。一块儿在西湖上荡舟，一块儿喝酒，一块儿作画，畅谈艺事。

后来，丰先生到了上海，他们往来就更多了。海粟说，丰先生是佛教徒，而他是无神论者。但这并不影响他们的友谊。

海粟喜欢丰先生的绘画，说“漫画”一词就是他的首创。说他的漫画作品里有一片天真和童稚之情。

海粟敬佩丰先生的品德文章，说他的“散文拥有国际读者”，他的《缘缘堂随笔》写得

“流畅清淡”，是部风格突出的散文集，其味醇如美酒，值得再三品味。他说，“在五四以来的作家群中，没有几个能与之并驾齐驱的”。说他的“勤奋是惊人的，出版著作、译作 150 多册”，“精通日、德、法、英 4 种语言，50 岁后学通俄语，钻研精神，十分罕见”。说他译的屠格涅夫的《初恋》《猎人笔记》，行文秀丽，“景物描写，尤不愧为画家手笔”。“他写的《音乐初阶》、《音乐十课》译的音乐故事，曾拥有大量青少年读者。”“字也写得苍润秀拙”，赞他“是一位稀见之才”。

上海画院成立，丰子恺先生当选为院长。他对海粟诉苦说：“我的手都生了，只能算半个画家，不懂中国画怎么当院长？”

海粟给他鼓励道：“你是老艺术家，老早就写过《西洋美术史》，又懂古画，你不但能当，还一定要当好。”

1965 年深秋，海粟去看他，他正在翻译日本平安时代著名女作家紫式部写的《源氏物语》，原著 90 万言，素有日本《红楼梦》之称。用旧十行纸写成，放在案头，有两尺多高。他正在逐句推敲，见海粟来访才放下笔。他们谈了很久，又忧心忡忡地谈及从新闻媒体中预感到的暴风雨要来的信号。

不久，海粟就听到说丰先生被点名批判了。继之，海粟也被揪出来了。此次相别，也就成了永诀。

丰子恺先生给海粟的最后一封信，是 1972 年写的。这封信是推荐一位青年朋友来见海粟。可这封信海粟直到 1975 年 9 月 16 日方接到。他在接到这封信的同时，也得到了子恺于前一天——公元 1975 年 9 月 15 日含冤而逝的噩耗。

这时的海粟，本不堪负荷，中风在榻，不能起坐行走。这个噩耗，使他肝胆俱裂，泪水浸湿了鬓发。丰先生的影像却顽强地呈现在他朦胧的泪眼中，他们互相帮助、相聚同游的许多往事，此起彼伏交替出现在他心头，他泣不成声地吟道：

暮年兄弟少，悲君亦自悲；

泪雨满床头，真梦两依稀。

这天，伊乔夫人刚好给他领回来了生活费，他要她去买鲜花，给丰先生扎个花圈。那时养花被批判为“资产阶级生活方式”，谁还敢养花？伊乔夫人很为难地说：“现在买不到鲜花呀！去扎个纸花圈行么？”

海粟老人摇着头答道：“不行，纸花是假的，无香无色，我要送给子恺真花的花圈。”他以诵诗般动情的语调说，“真花，有永存的生命，馨香远播，秀色长存，他和他的艺术，都是有生命的真花，唯有真花，才配敬奉在他灵前。你一定得想办法买到真花，你把这个月的生活费全部拿去买花吧！”

伊乔说：“不是我舍不得钱，这个月的日子我来另想办法过。可我到哪里去买呢？”

这时，常常偷偷来看他们的学生吴侃来了，他说：“师母，你莫急，我骑车到几个公园去转转，看看是否能弄到。”

伊乔把刚领回来的生活费全部拿出来交到吴侃手里，海粟还再三叮嘱：“你一定要想法买到呀！”

吴侃跑了好几个公园，费尽了唇舌，才到虹口公园买到一些鲜花。伊乔亲手把它们扎成了个花圈，请吴侃送到龙华火葬场。

这用鲜花扎的花圈在那时是非常罕见的，它在稀落的几只纸花圈中，格外显得艳丽夺目，芳香飘溢。它象征着他们天长地久的友谊。

丰先生的家属见到海粟送的这只唯一的鲜花花圈，放声痛哭地说：“刘先生把生活费都买了鲜花，用什么去买粮啊！”

吴法鼎：伯仲情愫

中州吴新吾先生，博学多闻，有超轶之才，为当今艺坛之柱石。

——刘海粟《哀新吾先生》

吴法鼎，字新吾，河南信阳人。今天已很少有人知道这个名字。若穿过时间隧道追溯到20世纪初，他就是艺坛无人不知无人不晓的大画家了。他的艺名和学识蜚声京华，他是最早留学法国研究美术的中国艺人，曾遍历意、德、奥、英、瑞士、荷兰、西班牙、葡萄牙诸国，博览各国美术馆和美术学校，苦读8年。1919年学成回国，蔡元培先生即聘请他任北大导师，主持画法研究会，后又兼任北京美术学校教授，主持美校教务。他的追随者很多，是北方艺术界推拥的领袖人物。他和刘海粟就在这个时候相识。

1921年12月，海粟应蔡元培先生之邀，到北大画法研究会讲学，初识吴新吾。因为他们都致力于中西文化的融合，又有振兴中华艺术的理想和热望，共同的志趣使他们立即成了相见恨晚的朋友。他长海粟 13 岁。海粟尊他伯兄，他爱海粟如亲弟。

海粟是第一次进京，新吴给他充当向导，介绍他与北国画家相见。海粟到北京高师平民教育社演讲，新吴陪他一道去，给他助势。海粟到美术研究会演讲，他也相伴在侧，给他以鼓励。海粟讲得精彩时，他带头鼓掌叫好。海粟失言时，他在回程途中总是诚恳地指出不当之处。海粟在京半月，他们朝夕相聚，谈如何繁荣中国的艺术，如何努力去使之中兴。海粟离京时，新吴送他上火车，临行还一再勉励海粟说："办好你的美专，为中国艺坛多培养些优秀人才，这对中国艺术的复兴甚为重要！有了大批的艺术家，中国艺术的中兴才有希望！"

他们第二次相见，是在第二年 5 月。刘海粟第二次进京，新吾到火车站接他。海粟住在饭店里，他每天都去陪他，日日谈到深夜。有天夜里，他们谈着谈着，新吾突然慨叹起来："唉！海粟呀，我总以为，只要我们艺术家竭尽自己的力量去为发展艺术事业工作，中华艺术就会蓬勃起来，现在看来，我太天真了，想得太简单了！"

海粟感到十分惊诧，他们初识时，他对中兴艺术充满着昂扬的信心，只隔数月，怎么变得唉声叹气了呢！他只得告知海粟说："我们的郑校长，无端地对十多名优秀学生发难，停止他们的学籍。这些学生品学都不错，我几次找他进言，希望他收回成命。我说：这些孩子是未来艺坛的中坚。他当面诺诺，却阳奉阴违，还是除去了那些学生的名。这不是扼杀人才么？美术学校的权掌在这种人手中，美术的复兴有望吗？"

海粟不知他心中还有更深层的隐痛，一再疏劝他说："郑某的做法是很不对，可中国艺坛正处在幼年期，需要我们艺人团结奋斗，努力同心。希望我兄从这个大目标着想，还是以团结为重。”后来，海粟才得知，郑某开除学生，醉翁之意是削减新吾的羽翼，因为新吾在艺术界的声望超过了他这一校之长，引起了他的气恨，他就把妒恨转嫁给追随在新吾左右的学生和教师身上。海粟十分懊悔不该劝他去团结这种妒贤嫉才之人。

不久，中华教育改进会在济南开会，他们重逢在济南，同住一家饭店的就有这位郑某。他们目睹了郑某进出，仆从相随，俨然显宦，对此十分反感。新吾因之没有出席美育会议。他对海粟说：“中国艺术界太混浊了！艺人不画画，不研究艺术。而以追求功名权欲为目标，中国的艺术若依靠这些人就完了！我看不起这种人，以艺术做名利的敲门砖，一旦执权在手，就来扼杀艺术！和这种人共事无疑是自戮！我真不想和这种人共事，在这种污浊的环境中，我能有什么作为？你年轻，在艺术界已享有如此声望，你要珍惜，中国艺术的中兴，我只有寄望于你呢！你可不能懈怠哟！要奋起努力！”

散会后，海粟邀新吾一同南下，他们顺便游了泰山、曲阜，谒拜了孔陵，又游了徐州、南京、苏州，同到上海。海粟请他住在美专，并请他为暑期学校讲学。

时值酷夏，天气十分炎热。新吾汗流浃背，每日按时登上讲台，讲学非常认真，讲义一改再改，追求尽善尽美，一字也不容有误。海粟十分过意不去，几次邀请他去杭州山中消消暑热，他却说：“我虽向往杭州山水，可课没讲完，不能半途而废。等我讲完了课，再去不更好么？”他坚持讲完了课，海粟和学生无不为他的诲人不倦精神所感动。

暑期班结束后，海粟全家陪同新吾到西湖游览。他们住在丁家山康南海先生的别墅一天园。那时正当夏秋之交，昼看草木苍碧，夜观月色千里，他俩每日踏山游水，写生作画，在风雨明晦之间，领略天籁的变幻和奥秘。在杭州十数天，他们就作了十数天的画。这是一次快乐之旅，丰收之游。

不久，新吾离开北京，做鲁、晋、豫、陕、鄂之游，考察古代艺术名迹。他仔细地研究、考察了武梁氏石室、龙门石窟、大同石窟。他从大同写信致海粟说：

> 吾人只知唐时美术之兴，与佛教有关，其遗迹之为何，未能印证也。今游大同石佛寺，始得见1470年前之古雕刻，其佛像之伟大优美，为生平所罕见。与欧洲文艺复兴时代之雕塑相较，实有过之而无不及也。像之高者七八丈，小者二三寸，大小合之逾万。其解剖之适度，姿态之活泼，远胜希腊、罗马之名雕。吾国有绝大之宝窟，而一任湮没，不亦可惜乎。

同年9月，北京美术学校校长郑某，以信函之形式再次通知多位品学兼优学生，终止他们的学籍，引起了该校广大师生的强烈反对。西画科主任李毅士、教授王悦之向郑某提出抗议，斥责他违背美术学校培养人才的宗旨，侵职侵权，要他立即取消这种错误决定。郑某坚持己见，解聘了两位伸张正义的教授，又电催新吾回校。新吾不知学校所发生的事，星夜赶回学校。郑某要求新吾支持他。新吾对他说："学校事务，都应该采取公开政策，不能你一个人独断专行，这是得不到师生的支持的。况且，国家办学校，是为培养出人才，你不看学生的品行优劣，而以个人喜怒为进退。这种学校，只能算是个人的装饰品而已！莫说办五年，就是再办十年，百年也没用！国家一年耗十余万，为什么？你该想想！"

郑某冷冷一笑。新吾拂袖而去，当晚，就递上了辞呈。郑某一再挽留他，被他毅然拒绝了。他离妻别子，决然南下，到上海美专辅佐海粟。

海粟聘他任教务长，他全力以赴，以展他平生抱负。他与海粟、王济远、汪亚尘这些倡导新兴艺术、力主中兴艺术的青年艺术家们朝夕相共，不论学生或是教师与他讨论学问，他无不竭诚倾其所学、所主张、所经历，谦而不虚，知而直言，他深厚的学养很快赢得全体师生的爱戴和景仰。他每日天明即起，秉烛临《石门颂》，每晚必作国画数幅，午后翻译西方画家伦勃朗、米开朗琪罗、米勒的传记，鼓励艺人们学习他们为艺的刻苦精神。

那时，海粟受书馆之托，限期完成一部书稿。但海粟校务繁重，逼得他只能在深夜执笔。10 天后，他就支持不住了，突然晕倒在地，人事不知，半小时后才醒过来。新吾深为海粟的健康担忧，一再劝他说："做学问是没有尽头的，不是一朝一夕的事，得慢慢来。况且，你的杂事那么多，又开夜车到天明，长此这样下去，你的健康就要受到损害。没有健康的体魄，你想干任何事都是一句空话。"他招呼海粟夫人张韵士，要她想办法阻止海粟晚上熬夜；又找西画系主任王济远商议如何减轻海粟的工作负担；每天饭后，就去把海粟邀出去散步，总找些人生快事和他谈，让他能获得心身愉悦。新吾像亲兄长一般爱护他。

一放寒假，海粟就邀济远、新吾一同到苏杭游览作画。数天后，新吾接到北京友人和学生急信，催他回京度岁。新吾有些犹豫，海粟力劝他回京与妻儿团聚。在海粟的催促下，他定于 1923 年农历十二月二十七日夜车北上。这天上午，海粟强行把百元钱塞进他袋中，做路上开支。午饭后，突下大雪，海粟和济远陪他上街购物，从四马路到大马路，又到西泠印社为友人买印泥，观赏了陈列的书画，游兴更浓了。又去"巴利西"喝了咖啡，回家已是晚上 7 时了，在海粟画室里，新吾从海粟废弃的画稿中选出好几张，对他说："这几张不应该丢弃，很不错，有保存的价值。"

海粟不以为然，哈哈大笑起来："兄喜欢我的画，你北上10日，我可以给你画50幅！"

新吾说："此话当真？"

"绝无戏言！"

海粟派人把新吾的三件行李送到车站，他和济远一道陪新吾到春华楼晚餐。三人开怀畅饮，纵论中外古今艺术，新吾举杯说："我们既为兄弟，就当勠力同心为中国的艺术事业奋斗，任何困难也阻挡不住我们！"三人举杯相碰，盟誓般说："为艺术，奋斗！奋斗！再奋斗！"

他们忘了时间，转眼已到晚上11点了，离开车只有7分钟，三人急奔车站，买票挤进车厢，刚为新吾找到座位，开车的铃声就响了。他们隔着车窗拉着手依依惜别。新吾说："10日后，我一定返回。"

海粟说："我去南京接你。"

他说："接倒不必，在那里画几天画倒不错。"

"好！我们到南京画几天。"

他说："来时把我的画箱带来。"

列车就开动了。谁知，这些话竟成了他最后的遗言。

第二天清晨，海粟还未起床，工友就送来一份电报，这是常州站站长给他报告新吾暴病死在沪宁列车中的噩耗。海粟惊骇得像一头受了重创的悲狮，他痛哭暴跳，顿足狂呼："这不是真的！不会！不会，这不可能！……"遂失去了知觉。在家人的呼叫声中，好半天才清醒过来，即委托门人李文华代拟三份电文，一致北京吴夫人，一致李毅士，一致常州友人，然后就和济远等同往火车站。在车站又遇从无锡归来的汪亚尘，四人同去常州。在车上，海粟一路痛泣悲呼："吾兄，你怎么这般命薄！盛德之人却不得永年！命运不公呀！我明白，你是因奸人妒恨，让你离家别子，郁结成疾，才遭此惨死呀！我好恨呀！……”

在常州医院，他抚尸恸哭。料理完后事，回到上海，已心身悲竭，卧床数日方起。即以哀痛欲绝之笔，写了万言悼文《哀新吾先生》，发表在 1924 年 2 月 24 日《艺术》周刊第 40 期上。他在悼文中说：“中州吴新吾，博学多闻，有超轶之才，为当今艺坛之柱石。”说他“自奉菲薄，而待人接物，以求丰厚。虽严冬不求裘，被褥仍粗布为之……遇困而好学之士，必设法而成全，甚至衣之、食之、教育之。爱人之真切诚挚，世所罕有”。他哀呼道：“伯兄，又艺术界之公人也！艺坛同人，回想起此伟大艺术家，对于中华艺术界之贡献，闻其凶耗，其能有不忉怛而摧心乎！伯兄已矣！虽然，伯兄生平对于艺术上建树及伟大纯洁之人格，将兹长存！则伯兄不死也！”

70 年后，刘海粟仍然常常怀念他。

1994 年 3 月 16 日，是刘海粟老人百岁寿辰，上海市人民政府为他举办了隆重的庆典，笔者与他有竟日之谈。当我们谈到他的交友时，他突然问我：“你知道吴法鼎吗？”

我说：“您是说吴新吾先生吧？”

他咧开嘴笑了，笑得像一朵怒放的菊花：“现在很少有人知道他。他是位了不起的艺术家，对新兴艺术在中国的兴起、发展起了很重要的作用，研究艺术的人不能遗忘了那些曾经为中华艺术的中兴做过贡献的人。你在写我时，不要忘了给他也写上一笔，让今人也知道有个吴新吾。”

我的心里顿时涌起一股热浪，为吴法鼎，也为那些曾经对人类文明的前进有过贡献而过早作古的人们。

谢海燕：相知亦相携

您是我的老友，数十年来相与扶持砥砺。

——刘海粟《致谢海燕函》

一个人的成功或伟大，因素是多方面的，有本身的卓绝努力，还有朋友亲人的支持以至牺牲。在刘海粟大师漫长的一生中，除了有师友的提携和支持，还得益于两个人的默默辅助。一个是他的妻子夏伊乔，她放弃了自己的艺术事业，用她温馨的家，伴丈夫渡过了人生的激流险滩；另一位就是他的老助手、老搭档、著名艺术理论家、南京艺术学院原副院长、画家谢海燕先生。

谢海燕是位对艺术有着执着追求精神的人，从小酷爱美术。1928 年，18 岁的他，辞去了汕头铁士美术学校的教职，来到十里洋场的上海深造求学，插班进了上海中华艺术大学三年级。以优秀的成绩毕业后，在老师和同学的资助下，到日本留学，考进了东京帝国美术学校。1931 年回到上海，以卖文为生，又患了肺病，因辛劳过度，生活又不稳定，病情日益加重。曾资助他去日本留学的同窗好友黄臻芳，热情邀请谢海燕到他的家乡浙江定海疗养，把他送到风光秀丽的普陀山，安排他住在后山大丛林法雨寺一间幽静的客房中。他在那里不用操心饮食生活，一日三餐可以享受到可口斋饭，清晨还可以到千步沙散步，累了躺在沙滩上望着蓝天白云遐想。谢海燕的身体开始好转。一个月后，黄臻芳兄弟三人来到普陀寺，把他接回定海，让他住在舟山公园与定海公立医院相邻的一座精小别墅望海楼。那是个环境优美、医疗方便的好地方，他的身体恢复得很快。就在那里，他与刘海粟不期而遇。用他自己的话说，这是一次历史性的会见，从而开始了他们长达半个多世纪的艺术教育事业的合作和他们之间的深厚友谊。

那是 1932 年暑假，刘海粟偕夫人张韵士到普陀山写生。归途中接到台风警报，轮船停泊在定海港避风，留宿城内普陀普济寺下院。下午，他和夫人，还有上海美专西洋美术史教授李宝泉，一同游览舟山公园。他们经过谢海燕留居的望海楼门前，和正在散步的海燕相遇。海燕不认识海粟，但与李宝泉教授相熟，就上前招呼。李宝泉惊喜地问："谢先生，您怎么也来这里了？"

海燕说是来养病的。李宝泉便向他介绍海粟说："这是上海美专校长刘海粟先生。"

谢海燕高兴地向海粟伸出了手，说："在下谢海燕，久仰刘先生大名，一直无缘得见，不想在此神遇，幸会，幸会！"

李宝泉连忙向海粟介绍着海燕："谢先生也是研究艺术的。他的美术史论很有见地。不久前，才从日本帝国美术学校留学归来。"

"哦！原来我们是同行啊！"刘海粟握住海燕的手，"我曾两次去日本，在那里举办过美术展览。”

两人一见如故，谢海燕对他们说：“我就住在这里，上我那里休息一会儿，喝杯茶。”

“好！”海粟一行上了望海楼。他为他们沏了茶，边品边谈。他们告别时，海燕又送他们回去，在海粟下榻的禅堂，两人又谈古论今，从欧洲艺术谈到日本浮世绘，从日本画坛说到中国画坛，谈得十分投契。

这年海粟 37 岁，海燕小他 14 岁，两人从此结成了忘年之交。

海粟一回到上海，就给海燕写信，并赠寄他一本刚刚由上海中华书局聚珍仿宋版精印出版的线装版《中国绘画上的六法论》，还在灰蓝色的封面上题了“海燕兄谡存”。这本著作是海粟 1931 年 3 月在德国法兰克福大学中国学院的讲稿，写成于巴黎拉丁区，系统地评述了南齐谢赫《古画品录》以来有关六法论问题的研究，理出了一条我国绘画美学的线索，特别是关于众说纷纭的“气韵生动”这一中心问题，就他自己的创作体验做了明白清楚的阐述。

海燕很高兴，反复研读，使他也对中国美术理论和艺术特色有所了解，对中国画重新萌发了研究兴趣。58 年后的 1989 年，海燕应请为温肇桐所著《〈古画品录〉解析》一书作序时，他还特别提到了海粟这本讲稿，说可以作为深入了解《古画品录》的辅助读物。

这年底，海燕恢复了健康，回到上海，在著名画家郑午昌开办的汉文正楷印书局任编辑。他工作严谨，又肯虚心努力，受到好评。1934 年《国画月刊》创刊，他和著名画家贺天健担任主编。编委无不是声名显赫的大画家，如黄宾虹、郑午昌、谢公展、汪亚尘。

1934 年，海粟到德国举办中国现代名画展。这期间，因为管理不善，上海美专的教学和经济日趋衰落，到了 1935 年海粟回国前夕，已濒临倒闭关门的败境。海粟心急如火，婉谢了美国和苏联的邀请，匆匆赶回国来。一回到上海，他就着手整顿上海美专。他在解决燃眉之急的经济问题之后，就考虑整顿教务的人选。他首先想到的是谢海燕。他虽然年轻，但为人稳重，办事认真。便去找他的老朋友郑午昌先生，开门见山对他说："午昌兄，我是来向你求援的。"他向郑午昌叙述了上海美专的现状："我准备自己兼任教务长，需要一位能干又脚踏实地的助手，此人非谢海燕兄莫属。你愿意助我一臂之力么？我想聘他做我的教务襄理。"

郑午昌问："你跟他谈过没有？"

"还没有。可我不能挖朋友的墙脚呀！当然得先征求你的意见，你同意了，我再去找他，我想他会乐意来协助我的。"

"只要他乐意，"郑午昌豪爽地说，"我没意见。"

"那就谢谢你啦！"果不出海粟所料，海燕欣然应允了。从此，他们开始了漫长的合作旅程。

海粟自兼教务长，只是名义上的。那时海燕还只有 25 岁，太年轻，如果一来就冠以教务长之衔，海粟担心锋芒太露，会招致他人妒忌，给他工作带来阻力。实际上，他这教务长的全部重担由海燕一人襄理了，海燕代他行使教务长的一切权力，放手进行教学改革和教务整顿。工作几个月后，海粟就看出了他的组织管理才能，他不仅工作兢兢业业，胜任自如，而且得到师生员工的尊敬和信赖。一个学期未到，他就宣布由海燕任教务长了。这年，《海粟油画》第二集由商务印书馆出版，海粟就请他为这本集子作序，海燕对他的油画艺术做了精当的论析后，又把他的创作分为三个时期。他说：

> 他象（像）一只饿狮，在深山丛林之中，从这山跑到那山，猎取各种的野兽，食其肉而消化之，以营养其自身精力。他第二

次欧游前的作品，大抵比之于饿狮之猎野兽，故此时期。可称游猎时期，而这以前的可称潜伏时期，最近的可称建设时期……

他有深强的自我，外来的影响只能供其咨询与役使，而不能加以支配与胁迫，受其所应受，拒其所应拒。他有塞尚的永久实在性而无塞尚的重郁；有梵高的奔放泼辣，而无梵高悲怆震颤之笔；有马蒂斯单纯之韵味，而无马蒂斯的温情感……故其深固的自我精神遂而发挥尽致。在每一幅画中，技巧的如色彩的力、线条的力、音乐的力、描写的力，内性的如情绪的力、性格的力、哲学的力、判解的力，都很完备了。

他成了刘海粟的艺术知音、管理教务的依持。他们合作得很好，他协助海粟把上海美专从濒临倒闭的情况中挽救过来，使之逐渐走向繁荣和兴旺。从这时开始，到“八一三”淞沪抗战，这段时间，在美专校史上被称作“中兴时期”。这里有作为校长的刘海粟把主要精力倾注到学校的整顿和革新上的因素，有全体师生同心同德的因素，但也有海燕放弃了自身的艺术创作全心于教学管理的功劳。倘若没有海燕全力协助海粟整顿教务，海粟就得倾全力于校务，他将无法挣脱烦琐的事务抽空从事艺术创作了。

1939 年，上海成了孤岛，但上海美专教学仍旧如常，并开展了力所能及的社会爱国活动。他们为上海难童教养院建筑院舍募集资金，举办了“上海美专师生救济难童书画展览会”，为上海医师公会筹措救济难民医药费，举办了“历代书画展”“吴昌硕先生遗作展”，门票所得，全部捐献作为救济难民之用。开展这些爱国活动，谢海燕始终是刘海粟的支持者和得力助手。

秋天，谢海燕在南洋的朋友、侨领范小石到上海来看他，和海燕商量，请刘海粟到印度尼西亚去举行抗战筹赈画展，海燕陪他去见海粟。这时的上海租界，日伪特务横行，常有爱国人士被

刘海粟（右）与谢海燕合影

暗杀，海粟的目标很大，他正想摆脱这种恶劣环境，便一口应着说："出国展览，报效祖国，正是我的心愿。"临行前，他把上海美专托交给海燕，请他任校务委员会主席、代理校长，又把他寄存在四行保险库的两大铁箱珍藏古画的钥匙和印鉴交给海燕保管，并要海燕住到他家中。

11 月底，海燕送他上荷兰芝巴德号邮船，海粟紧握他的手说："学校能办则办，不好办就关门。困难问题很多，你这个担子太重了。家里有纸笔，你有空就画画吧。"

海燕说："你放心，我会组织师生和上海画家，不断作画寄去，决不负你重托。"

海粟走后，海燕在极其艰难的环境中维持着学校，并使之继续发展。1940 年 9 月，与全国艺术院校同时试行五年制，招收初中毕业生，增设高初级师资教育科和附设师范科，重新制订了教学规划和教学大纲。1941 年 11 月 23 日，谢海燕主持了美专建校 30 周年纪念会，在会上颁发了蔡孑民先生纪念奖学金，以大会名义给刘海粟写了慰问致敬信。

不久，太平洋战争爆发，日本鬼子进入租界，上海各大学陷入瘫痪，上海美专在海燕的领导下，师生同舟共济。次年 4 月，趁上海疏散人口，海燕与教授倪贻德带领部分同学乔装离开上海，参加筹备东南联大艺术专修科，分批内迁。

抗战胜利后，海燕又率领内迁师生回到上海，协助海粟办学。

新中国成立后，上海美专与苏州艺专合并为华东艺专，搬到南京后，改名南京艺术学院，他们一直在一起。

1979 年 6 月 30 日，海粟被任命为南京艺术学院（简称“南艺”）院长，谢海燕被任命为副院长。这年 11 月，江苏美协、江苏美术馆和南艺联合举办刘海粟绘画展，谢海燕撰文祝贺，题为《八四方年少，老干发新花》，他在文中说，刘海粟教授“在艺学上主张学习传统，学习生活，兼收并蓄，大胆创新”。又说，“海粟老人的作品豪放奇肆，苍茫劲健，醇厚朴茂，气势磅礴，别有新意”。

1981 年 1 月 3 日，香港集古斋主办“刘海粟书画展览”，出版《刘海粟书画集》，谢海燕为其作序。海粟应邀去香港出席开幕式，海燕陪同前往。不久，海粟致电先他回宁的海燕说：“我爱祖国，爱南艺，爱下一代，画款港币 100 万元，献给国家，愿望悉收拨给南艺，三分之一作为奖学金，其余购买图书器材。”

为纪念谢海燕从事艺术教育 60 周年，海粟撰了长文《不倦的园丁谢海燕》，当他写到自己去南洋与海燕告别时，用诗表达了当时的心境：

隐隐彤云动地来，离家去国不须哀。

茫茫长夜宜珍重，冬尽春回待怒雷。

他们的合作长达半个多世纪，这是一个漫长的岁月。友谊和合作能持续如此长久，无疑需要彼此的尊重、宽容、理解，以至牺牲和忍让。为之我赞美友谊的地久天长。

冯其庸：携手绘丹青

海上相逢已暮春，豪情犹作黄山行。
平生百劫千难后，一片丹心奉赤诚。
——冯其庸《悼海粟》

海粟大师长著名的红学专家冯其庸教授30岁，他们是数十年的忘年友。他们的友谊有如一首情真意笃的长诗。

他们的交往，开始在20世纪70年代后期。

1979年初春，刘海粟在彻底平反、恢复名誉后，即筹备到北京举办新中国成立后他在中国美术馆的首次个人画展。夏初，他到了北京，住在北京饭店。他是从他的老友、上海师大教授江辛眉先生那里了解冯其庸教授的。他和夫人夏伊乔一道并带着江辛眉的信到中国艺术研究院去看望冯其庸。不巧的是，冯其庸不在办公室。回来后，他见到海粟的留条和辛眉的信，就去北京饭店看望海老夫妇。这是他们的初见。他们一见倾心。海老请冯其庸为他的画展写一篇序，而他们共同的老友辛眉又在信中一再嘱咐了此事。冯其庸感到很惶恐，海老是大师，这分量太重了，他自感自己不够格，鉴于老人的殷殷嘱托，他又不好断然回绝。可那时“文革”余波未消，极左思潮仍在泛滥，有好多股暗流，拼力要阻止海老的画展。好在海老的画展得到了文化部部长黄镇的支持，终于得以顺利开幕。序言则由美协的负责人江枫撰写。这次画展轰动了京城，在海内外引起了强烈的震动。当时有位美国著名喜剧演员、收藏家卜合，几次三番到展览会观赏，对刘海粟的作品喜欢极了，流连不去，要求购买 12 帧，不论多少钱，他都要买。海老一再解释，这是非卖品，但那位卜合先生还在向美术馆苦苦要求，也让黄镇部长感到为难。在黄部长的协调下，海老只同意给他一幅小荷花，以 7 万美元为价。海老将全部款项捐赠国家，当时成了传遍京华的佳话。

他们的第二次见面，是在 1981 年夏天。海老到北京出席全国政协会议，住在国务院第一招待所。冯其庸去看他，海老高兴极了。恰逢那天晚上，中山公园露天剧场有李小春主演的《闹天宫》，海粟约冯其庸晚上同去看戏。晚上，他们如约坐在一起。海老酷爱京戏，看得如醉如痴。不料突然下起了雨，雨越下越大，很多人纷纷离座。冯其庸怕海老着凉，劝他也走，他却说：“只要台上演，我就看！”冯其庸也只好和他一起坚持下去。直到雨下得更大了，台上也不演了，他才陪海粟离开。

1982 年 8 月 4 日，冯其庸去黄山。8 日下山时，得悉海老也到了黄山，住在小白楼。晚上，他就去看海粟。在黄山意外相见，海老格外高兴，他要冯其庸再留三天，共同作画，但冯其庸因有急事不得不走。但不曾料到，送他的车子出了故障，不能下山了，只好又回到山上。在桃源亭，恰遇海老在作画。海粟见他回来了，大笑说：“你还是走不了吧！”立即要求冯其庸在他的画上题字。

刘海粟夫妇（左三、四）与黄镇（左五）等合影

冯其庸犹豫着，担心弄坏了他的画，他却连催带逼，冯其庸只得命笔，题了 3 幅。冯老 11 日离开黄山到南京，13 日自南京赴宿州车中，又想起了在黄山与海老的奇遇，吟成一首 83 行的长诗《黄山歌》。他在这首诗中说：

当今画黄谁第一，毗陵老人刘海粟。
九上黄山气若虹，巨笔扫出天都峰。
泼墨泼彩皆随意，笔墨已同造化工。
最难风雨雷电日，此老竟在最高峰。
铺纸挥毫如雨点，烟云飞入画图中。
……

黄山别后，他们竟有 6 年没见面。1988 年 4 月，海粟到北京开会，住在钓鱼台国宾馆，他给冯其庸写了封信：

其庸教授友爱，黄岳一别，于今六年，云何不思？得惠书，欣慰无量。山东摄影艺术基金会当全力支持。

贵州人美印的《花溪语丝》已经送来，便中掷下看看。我们的好友江辛眉物故，殊可痛怀。人之不可期也如此。政协会议结束，我打算在此休息几天，届时当趋访畅谈，草草具答，余惟珍爱，不宣。

刘海粟　一九八八年四月三日

冯其庸接到信后，就偕同贵州人美的张幼农先生带了《花溪语丝》到钓鱼台去看望海老夫妇。他还带了自己的部分绘画作品，去请教指点。他们先看《花溪语丝》，这是海粟到贵州时的谈艺录，大家都很高兴。接着看冯其庸的画。海老十分欣赏冯其庸的绘画，边看边赞："从前我只知道你的书法好，今天才知道你的画也这么好，是真正的文人画，全是青藤的笔意，此乃诗人之画，学问人之画，气质不同，出手就不凡，故与人不同也。"又说，"你比我小 30 岁，大有可为。"他转对张幼农说："我说的无半句虚言。我从来只说真话，故成为'右派'。冯公之画，我看了大吃一惊，想不到能臻此境界。"他又说，"别的都要翻译，只有画不要翻译，画自己会说话，只要挂起来就行了。"

接着，海老又对冯其庸说："我是常州人，你是无锡人，我们是近邻。"他说起了儿时读《史记》和《红楼梦》的趣事，读《报任安书》，他整个心灵受到震动，终生不忘。读《红楼梦》，却挨了母亲的打，他反抗道："这与《史记》一样的！""《红楼梦》确是一部了不起的书，曹雪芹天才，无所不包。"

他们问到海老的身体，他说："我身体很好，主要是几个'得'字，放得下，吃得落，睡得着。过去有人整我，我还劝他们要学好，要爱护人，我们应以德报怨，气量大一点，过去了的事就算了，不去计较。”他话锋一转，“扬州八怪，就一个金冬心好看，郑板桥不行，太俗。”

冯其庸说：“他的字也俗。”

海老说：“你的画了不起，开完政协会后，来一起作画。”他转向张幼农先生，“是我请他来合作，不是他要求我合作，十上黄山，一起去，要带上写生夹，很方便，翻开来就画。”5月底，冯其庸收到海老的复信，随信还有海粟给他画的一幅水墨葡萄。信曰：

> 其庸教授友爱，国际摄影艺术基金会筹备完成，欣慰无量。“艺海无涯”遵命书就，但笔札荒芜，恐不可用。又水墨葡萄一帧，祝贺老兄访新加坡播扬红学成功，草草具答，余惟珍爱，不宣。
>
> 刘海粟　一九八八年五月二十八日

这封回信中，另附有一纸，写了一首他赠冯其庸的诗：

> 一梦红楼不记年，须弥芥子如长天。
> 饭瓜换得文思健，无痴无怨即神仙。
>
> 刘海粟草草

在那帧水墨葡萄上，海老题道：

> 骇倒白阳，笑倒青藤，唯有其庸，不骇不笑。
>
> 刘海粟乱书　九十三岁

海老为何突然给冯其庸画幅葡萄呢？那是因为冯其庸专门为他写的《黄山歌》中的结尾五句：“忆昔米颠只拜石，我与海老却拜山。愿乞海翁如椽笔，画取双痴拜山图，留此惊世骇俗之奇迹。”

海老读了《黄山歌》，很是快乐，为他作了一幅山水人物。到北京开会时，给他发了一信，约他到钓鱼台去合作作画，不巧他不在北京，海粟离京时将这幅画托人转交给他，可他根本不知道这回事，海老又记不起是交给谁人了，因而他重给冯其庸画了这幅葡萄。

这年8月，海粟十上黄山前，电话约他同去黄山作画，他因工作离不开，没能去。9月9日，冯其庸从杭州经上海回京，始得悉海粟已从黄山回来，正在上海举行十上黄山画展，他连忙写了三首诗寄去祝贺。其中一首曰：

> 黄岳归来两袖云，人间一笑太纷纷。
> 多公又奋如椽笔，挥洒清风满乾坤。

1989年4月，海老夫妇又到北京，住在丽都饭店。4月20日，冯其庸去接他们同游大观园。游人见到海老一行，都簇拥过来，海老和游人们热情交谈，又为大观园签名题字，并为“红楼书画社”题额。

当时正值胡耀邦同志去世，首都大学生纷纷起来游行，社会气氛极不平常。他们都极为关心青年们。4月26日傍晚，冯其庸去丽都看望海老，他正在作大幅红梅，已快完成。他请冯为其题诗，这时楼下学生游行队伍纷纷攘攘，冯其庸随即成了一首诗：

> 百岁海翁不老身，红梅一树见精神。
> 丹心铁骨分明在，不信神州要陆沉。

冯其庸在这首诗中抒发了他坚信我们国家民族有着伟大光明的前途，深得海老的赞赏，他要冯其庸把它题在那幅红梅上，并说：“这幅我要留着作纪念，明天再另画一幅送人，你明天再来为我题几句。”

4 月 28 日，他们共同的好友、新加坡的周颖南先生来到北京，得知海老也在京，约好晚上同去看海老。海老见到周颖南特别高兴，他们是患难之交。当时，他正在观看海老上黄山的录像片，大家一起看完后，才交谈起来。重逢周颖南，引起了海粟很多感慨，他说，他同辈的很多朋友都一个个去了，“有时我一个人想想就落泪”。他说了他与傅雷、蔡元培、康有为、梁启超、陈独秀等诸多友人的交谊，谈到动情处，泪花滚滚。那晚他们一起谈到 11 点多才辞别回去。

5 月 5 日，冯其庸去海老处。海老说：“我要到你的‘瓜饭楼’去看看。”冯其庸说：“我住在五楼，走上去太吃力。”伊乔夫人和他身边的工作人员都认为他已 90 多岁了，不宜登高楼。他却坚持说：“我黄山都上去了，还上不了五楼！”大家不好驳他，商量 5 月 7 日下午去他家。冯其庸背地里与夫人商量，暗中把去他家改成到恭王府中国艺术研究院他的办公室，办公室有大画桌可以作画，又是平地。回去后就把办公室清理了一下，腾出了画桌，为海老的到来准备着。

7 日下午 5 时半，海老夫妇一行到了恭王府。冯其庸早等在那里了。他先陪他们参观了恭王府，然后再到他的办公室。海粟坐在沙发上，望到对面墙上挂的冯其庸的画，又站起来走到近处仔细观看，说：“画只要挂起来看，用不着宣传，画自会自己说话。不好的画是挂不住的，挂了也经不起看的。你的画越看越美呢！”

海老看到画案，说：“我原打算今天到你这里来是想与你合作画画的，现在临时有事，又无法推辞，只好等下次了。”冯其庸也从未敢想要与他合作，这是老人的一片关爱心意。他笑答道：“来日方长呢！”他们谈得很快乐，来接他的人催了两次，海老才起身去赴另约。临上车前，伊乔夫人将一个纸卷塞进冯其庸手里。

原来是一位领导请海粟夫妇吃饭，他推辞了两次，说是与冯其庸有约，最后只好让他先上恭王府来赴冯其庸的约。那个纸卷，是海粟为冯其庸的书斋“瓜饭楼”题的匾额。冯其庸十分感动。

12 日下午 5 时，海老离京返沪，冯其庸到丽都饭店送行，去送行的人很多。海老紧紧拉住他的手说：“这次在京，得与你畅谈，是最大的收获，非常高兴！”他们都动了感情。

6 月 4 日，海老夫妇从上海启程，应邀到德国科隆举办个人画展。很长一段时间，他们失去了联系。只听说海老在科隆画展后，又到汉堡举办画展，重访了瑞士，后去了洛杉矶，又到台湾举行画展，取得极大成功。这时，关于海老的传闻很多，冯其庸两次听说他在海外去世。第一次是 20 世纪 80 年代末，骤听之下，他十分难过，向朋友打听，也不得要领。后来有位老画家给海老在美国的住处打了电话，接电话的是伊乔夫人，她说海老身体很好。他的心才放下来了。

几年前，冯其庸到上海，一位老友在鸿运楼请他吃饭，大家都很欢畅。突然，有人告诉他：“海老去世了。”顿然间，满座惊伤，饭未终席，他就离席了。很多日子，他焦急不安，又打听不到确切消息，想念和忧虑折磨着他。1991 年春，他实在积思难释，写了一首长诗《天末怀海翁》，这首诗后来刊在香港《明报》月刊上。诗曰：

鲲鹏展翅西复东，人间难得有此翁。
百年弹指一挥间，朝昆仑兮暮穹窿。
九州万国纷扰扰，此老两袖挟清风。
长安残棋局未终，此老具眼识穷通。
富贵功名何足道，此老白眼未一中。
世间至宝是何物？三寸柔毫酒一盅。

酒浇胸中之垒块，笔写万古之虬龙。

巍巍太华何其高，其巅尚有摩天蟠屈之长松。

悠悠百年何其哀，一醉能消万古痛。

我识海翁已半世，相对每如坐春风。

去岁长安一为别，悠悠浮云何处踪。

闻道扶桑日生处，此老大笑惊儿童。

归去来兮百岁翁，故园墨池浪汹涌。

待公巨笔一挥洒，扫尽阴霾贯长虹。

虽然这首诗稍稍解了一点儿他对海老的思念，却无从寄达。他相信海老健在人世，更盼望他早日归来。

1993 年 8 月 26 日，他忽然收到了海翁寄来的画页，画上是海老画的两只寿桃，上题：

琼玉山桃大如斗，仙人摘之以酿酒。一食可得千万寿，朱颜常如十八九。

一九九三年五月二十日病臂初平，信笔涂抹，点画狼藉，如三尺之童。九十八岁老人刘海粟。

在此画页上，老人亲笔题：

其庸老友谡存

此画是老人为香港保良局举行的刘海粟书画义卖画的。冯其庸得到此画后，喜不自胜，第二天就写了四首诗——《得海老香港书来，感怀有呈》：

一

海老书来喜欲狂，相望隔海急挥觞。

愿公健笔如天马，倏忽骏蹄过大洋。

二

翰墨淋漓老伏波，纵横挥笔似挥戈。

平生写尽山千万，未及胸中一点螺。

三

临别依依在草堂，豪情原共作华章。

匆忙一自分携后，夜夜梦魂到海棠[1]。

四

倾倒平生是海翁，范宽马夏即今同。

执鞭若许随鞍后，我是奚囊一小童。

他把诗用宣纸写好，寄给在香港海棠阁的海翁。

10月，“红楼梦文化艺术展”在香港开幕，28日冯其庸抵达香港。第二天晚上，他就去拜望海老。他去时，海老正在吃晚饭，穿着大红毛衣，胸前挂着洁白的餐巾，坐在椅子上，他背后是一幅红地洒金笺大寿字，是老人亲笔所书。冯其庸是摄影艺术的高手，他即拿起照相机，拍下了美好的场景和那在浓郁生活气息艺术氛围中的海老。其中的一张，在海老百岁生日那天，陈列在老人的卧室中。

海老见到冯其庸，非常高兴。饭刚吃了一半，他就放下不吃

1 海棠指海老在香港的居处海棠阁。

刘海粟百岁寿宴场景

了，到沙发上来陪他坐。他们谈了彼此的思念，又说："明天上午你来，我们一起作画。"冯其庸拿出他用宣纸写好的《天末怀海翁》的诗卷，海老说："诗好，字好，这个卷子我要留着陈列在上海刘海粟美术馆，你再写一卷送我故乡常州的刘海粟美术馆。"他又对伊乔和女儿说："冯公来了，我们要好好聚聚，你们好好安排一次欢宴。"当时就约定了宴请和合作作画时间。10 月 31 日下午，海老和伊乔夫人设宴欢迎冯老，并请了中国台湾和新加坡来的客人作陪。11 月 4 日，海老派人接来冯其庸合作画画。冯老到达时，海老已先画好了一幅泼墨牡丹。伊乔夫人说："老头子很久不作画，所以先画一张试试笔。"老人对艺术如此认真，冯其庸很是感动。海老见他来了非常高兴，说："你来看看这幅牡丹，还没题跋呢！"遂拿起笔题道：

清露阑干晚未收，洛阳名品擅风流。

姚黄魏紫浑闲见，谁识刘家穿鼻牛。

题罢就把笔递给冯其庸说："请你也题首诗吧！"

冯其庸高兴地在上题了一首自己的旧作：

富贵风流经世姿，沉香亭畔倚栏时。

春宵一刻千金价，睡起未闲抹胭脂。

"好！好！好！"海老连声称赞，"诗好，字好。"他又叫夫人在牡丹上加重墨点。伊乔落笔后，又按老人的建议，题上了"焦墨点心"四字。这幅墨牡丹变成了三人合作的珍贵墨迹。

随后，冯其庸作画，他画了一幅泼墨古松，贺海老百寿，并题了元好问的诗句："秋风不用吹华发，沧海横流要此身。"用以赞颂海老的风格和为人。

海老很高兴，说："现在我们合作画一幅大画的时候到了！"画案上铺了一张四尺整幅，海老说："小了，换大的来。"就换了张六尺整幅。海老对冯其庸说："你先画吧。"

冯其庸考虑到海老年高，不能累了他，就拿起了笔。他想，不管好坏，多画几笔，海老就可减少几笔的辛劳。他突然忆起了前不久在新疆和田看到的一棵葡萄王，已生长了250多年了，今年还结了600公斤的葡萄，树干犹似古树。他以心中的葡萄王为范本，挥笔画了株葡萄。他画了枝干、藤蔓，还画了一些叶子。

海老接过笔，端详了一下，开始在葡萄藤上加枝添果。他笔墨极快，手不抖，笔不拖，他先沾墨后浸水，一次挥毫便使葡萄珠跃然纸上，以淡破浓，一笔完成。葡萄珠刚出现在纸上时，互不相连，几秒钟后，墨汁被水化开，一个个独立的葡萄珠就连成了串串熟葡萄，方中有圆，圆中有方，有离有合，有聚有散，水墨交融，浑然一体，丝毫没有两人合作痕迹，成了一幅光彩夺目的杰作。海老画完后，又看了会儿，就题款。他道：

泼墨葡萄笔墨奇，秋风棚架有生机。

一九九三年十一月四日冯其庸刘海粟合作

冯其庸见他把自己的名字写在前面，连忙说："这不好，我的名字应写在后面。"海粟却说："是我题款，当然应该先写你的名字。"他的虚怀若谷，一丝不苟，使冯老念念不忘。

数年的心愿，终于如愿以偿。

那天与冯其庸同去海棠阁的还有《大公报》《文汇报》等香港各报的记者和电视台的记者。第二天，各报都刊出了这个消息，大多题为"刘海粟冯其庸偿心愿，携手绘丹青，合作愉快"。用显眼位置刊出了他们合作的那幅画。

1994 年 3 月 16 日，是海老百岁诞，上海市文化局在虹桥宾馆嘉庆堂为其举行隆重的庆典。冯其庸接到请柬，15 日抵达上海，当天下午他就去海老下榻的衡山宾馆拜望。因为要拜望海老的人很多，报称"贺客盈门"，守门的人为了保证海老的健康，不给通报，冯其庸只得将在海棠阁为其拍的放大照托人转交，待海老见到这张照片、赶忙叫人追出来时，冯其庸已带着怅恋之情离开了衡山宾馆。第二天在盛况空前的寿堂上，他走到海老座前向他祝贺，海老紧紧握住他的手说："昨天追你没追着。"他怕海老太累，不敢与他多说话，就与伊乔夫人相约，说："客人太多，老人太累了，这次我就不去赶热闹了，秋天，我专程来看望海老和您。"第二天，他就回京了。

8 月 7 日，冯其庸从南京经上海去绍兴，中午曾在上海车站等车，来不及进城去看海老。他想的是秋天之约也快到了。8 月 8 日，他在绍兴宾馆无意间打开电视机，却看到了海老 7 日在沪逝世的惊人消息。当时，他震惊得说不出话来，他多么希望这是第三次谣言啊！可这又不可能，国家电视台播出的消息，不可能有差错的。泪水顿时从他眼里滚了出来。悲哀笼罩着他，无尽的悔恨袭击着他，他悔不该把约期订在秋天，他悔恨没在上海等车时去看他。他悲不自禁，一夜辗转，彻夜未眠，成诗六章：

九月去年画竹枝，凌云万丈有余姿。
凭公横扫千军笔，留得清风万古吹。
海上相逢已暮春，豪情犹作黄山行。
平生百劫千难后，一片丹心奉赤诚。
传来噩耗忒心惊，恐是迷离误姓名。
后约分明依旧在，清秋时节拜先生。
记得淞滨话别时，重逢已订菊花期。
岂知小别成长别，更向何方觅大师。
晚岁相逢恨太迟，白苏才调作画师。
风流高格何人赏，零落天南笔一支。
痛闻海老已仙逝，从此江山空蔡州。
最是伤心情未了，文章尚欠报白头。

8 月 18 日，上海举行向海老遗体告别仪式，冯其庸冒着酷热，到上海龙华殡仪馆去送别海老。那天，他是从友人家步行去的。去送别的人太多，整个殡仪馆里挤满了人，根本进不了灵堂。冯其庸被挤在灵堂外的院子里，站都站不住，幸得被海老的女儿看见，硬是从出口处把他塞进去的。冯其庸终于最后看到了海老，也看到被痛苦浸泡的伊乔夫人。他没有话可安慰她，自己也浸泡在极大的悲痛中，喘不过气来。他向大师深深地鞠躬，恍恍惚惚如在梦中，几乎失去了知觉了。海老女儿刘蟾立即上去扶住他，把他扶出灵堂，交给和他一起来的朋友，请他陪冯其庸回去。

很长一段时间，他仍然被悲痛所裹挟，无以解脱，只好寄悲痛于文字。1996 年 1 月 8 日，他完成了万言悼文《我与刘海粟大师》，开篇便是两首诗：

《哭海老》二首

大鹏一日忽垂翅，四海风云为凝迟。
坎坷平生一百岁，惊雷起处有吾师。

海阔天空老画师，江山万里一挥之。
今来古往谁能似，只有富春黄大痴。

刘抗、潘受、陈人浩、周颖南等：情系南洋

早年作画杂歌呼，艺术轰传有叛徒。
晚笔梅花红烂漫，可知心事近林逋。
——潘受

南洋是海粟大师人生旅途中的一个驿站，尽管短暂，但在他的生命史上烙下了旖旎的风光，在这里发生的爱情和友谊，值得他永远珍爱和品嚼。

抗战时期，他到南洋举办筹赈画展，在印尼，他认识了女画家夏伊乔，他们相恋相依，后来结成了夫妇；在新加坡，他重逢了好友、诗人郁达夫，刘画郁题，曾风靡星洲；在那里他与他的弟子刘抗、黄葆芳、陈人浩重聚，朝日相晤，作画谈艺；在马来西亚，重见到阔别20多年的弟子李家耀，在那里他又结识了新友胡载坤、陈嘉庚、陈延谦；在日寇攻占新加坡的狂轰滥炸中，他受胡载坤大夫重托，携带

刘海粟先生与夏伊乔结婚照（1944 年）

他的两个幼子胡赐道、胡赐彰逃出新加坡，多次大难不死。

当他还锁在冰雪中、无人敢与之往还接近时，他的南洋友人们不但没有疏远他，而是纷纷向他伸出温热的手。他们在海外撰文，评赞他的艺术功绩，为他出画集、开画展，万里迢迢，破霜踏雪来探望他。他们在南洋又一次掀起刘海粟艺术热和收藏热。

当新加坡总理李光耀先生率领友好访问团来华访问时，一到上海，就会见了他。

当我们的国门打开后，新加坡艺术协会就邀请他去新加坡访问。他在那里受到的是国宾的待遇，还会见了总统黄金辉先生夫妇，重逢了时任新加坡财政部长、当年跟他外出逃难的少年胡赐道博士。他还在那里做了 50 年来的第二次人体模特儿写生。

星洲弟子多情谊

刘抗教授是新加坡中国画坛泰斗，刘海粟的爱徒、艺术知音和友人。他们相识在 1927 年，那时刘抗还是个 16 岁的少年，他远涉重洋，从新加坡到上海求学，考进了海粟创办的上海美专西洋画科。

他很聪明，对艺术有种特别的感悟，又肯努力钻研，很快就在同学中显露出超群的才华。刘海粟特别爱重他。

1929 年，海粟去欧洲考察艺术，刘抗和同学张弦结伴跟着他到法国留学深造。海粟在欧洲的三年中，他们经常一道去美术馆、博物院、画廊，观摩不同时代、不同流派大师们的杰作，探讨艺术。他们一同去过瑞士、意大利、荷兰、比利时、丹麦、英国、德国写生，瞻仰那里的艺术名迹，观摩大师们的杰构。他们一起去拜访过马蒂斯、贝纳尔、毕加索，还去奥弗凭吊了凡・高。在凡・高的故居，他们观赏到了凡・高为他的监护人加歇医生作的画；在凡·高的墓地，他们画了向日葵。海粟回国后，刘抗仍留下继续深造。他在法国的艺术学府孜孜以求学习了四年。1933 年，海粟向他发出了邀请，聘请他回母校任教授。刘抗当时只有 23 岁，他欣然回到了母校。

他初回国时，住在刘海粟家里，由刘夫人料理他的生活。海粟担心他太年轻，难使学生们信服，就在他上讲台之前，在学校为他举办了留法作品展览会，好让学生们了解他的艺术功底和艺术成就。海粟又担心他初上讲台，缺少教学经验，先对他来个“传、帮、带”，与他合开个“海粟、刘抗教室”。在他的教室门上，挂上写有他俩名字的牌子。

这件事刘抗一直感激在心，他们共事五年。

1937 年，“八一三”淞沪会战爆发，刘抗回新加坡探亲。他本拟第二年春天返校，不料日军对华发动了全面侵略，烽烟四起，教育机构处于动荡不定的境况，他未能返校。1941 年，海粟从印尼到新加坡继续举办筹赈义展，他们师生重聚，又朝夕相晤，一起作画。1942 年，新加坡沦陷前夕，海粟匆匆出逃，师生又各自天涯。但他们从未中断过联系。

“文革”一开始，海粟即遭厄运，挨批挨斗是家常便饭，每日握着扫帚在凛冽的寒风中扫街，他的人生坠入了最低谷。很多亲友和学生害怕株连都离他而去，和他划清了界限。孤寂和羞辱相伴着他。这时，刘抗却在海外撰写了万言长文《刘海粟与中国近代艺术》，刊发在 1968 年 1 月 1 日《南洋商报》上，以他所历所闻所感，全面评述了刘海粟追求艺术所付出的毕生心力和他对中国艺术的复兴所做的卓越贡献。他在写到海粟创办的上海美专时这样说：

当 1912 年他创设上海美专的时候，学生才 10 余人，所授课程，也就以中西画为限。过了20多年，到我在校任教的那段时期，学生已超过800，科系也增至中国画、西洋画、音乐、雕塑、工艺图案、图画音乐、图画手工7组，师资除国产外，有来自欧西及日本者，名画家如黄宾虹、潘天寿、谢公展、诸闻韵、汪亚尘、张弦、倪贻德、陈人浩等，均曾分别担任中国绘画教席。文学界如傅雷、滕固等则讲述艺术理论。其他各系教师，多系贤能之士，各挟所长，各尽其能，并行不悖。自由研究风气，盛极一时，设非海粟先生海涵，何能如此？所以后起人才辈出，散布五湖三江。南洋各属，凡有华人聚居者，莫不有美专校友插足。其间，形成艺术拓荒者一股洪流，对中国，对东南亚之文化，起无比之推动作用。人谓海粟先生为伟大导师，信不虚也。

刘抗在评述海粟的艺术时说：

海粟先生的艺术，虽可从中西两方来论议，那只是形式上的区分，实质上是一致的。因为他的笔落在麻布上也好，落在宣纸上也好，总表现出“大”和“力”。他的色是用油彩来调也好，用水墨来渲染也好，都呈现“厚”与“重”。所谓“大”，是胸怀的开阔，所谓“力”，是意志的震撼。“厚”表学养之深，“重”表品格之淳，汇而合之。在艺术创作者便达致气韵生动的境界，在意识形态上便升华为高尚的人格。

刘抗说海粟的艺术：

中西画面是一贯的，油画里有中国画的意境，而中国画里却有油画的现实感。最显著的例子是他所画的黄山，油彩的莲花峰和水墨的石笋缸，同样应用云雾弥漫来分别峰峦的层次，同类的

刘海粟作《荷花鸳鸯》，新加坡刘抗先生上款

笔法来勾勒山石枝丫的形态，同样的韵律来表彰大自然的生命。实际上，他的中西画已浑然化为一体了。

刘抗系统地论述了刘海粟艺术的风格特征和他的勤学苦读，以及他为中华艺术复兴所做的奋力拼搏，并在文章的结尾处做了总结性的论说：

诚然，中国自革命以还，文化事业在欧西势力入侵与固有传统挣扎求存的互相抵御下，一时青黄不接。一面有封建思想与民主思想的斗争，一面有畏缩心理与积极精神的矛盾。艺术在这环境中，最易受挫，亦最易奋发，要在当事者的识力与气魄耳。海粟先生孤军突起，振臂高呼，新艺术赖以发扬，其功固伟，影响所及，促使新文化向前跨越一大步……

这篇文章道出了当时国内许多人想说而不敢说的话，对于身处艰难中的刘海粟犹是漆黑长夜中的灯光，寒雪飞天中的炭火。对他度过劫波无疑是鼓舞、勇气和力量。海粟能在孤寂的逆境中战胜病魔，矢志追求艺术的至高境界，与南洋艺术知友的声援、激励不无影响。

1974 年 2 月 23 日，刘抗写信告知他，他将率领新加坡美术考察团来华观光。海粟得悉这个消息，激动得像个孩子。立即复信刘抗说：“星洲一别，瞬已三十余年，一旦握手欢聚，实为老年最大乐事。到广州后，望即电告到沪日期。”

刘海粟引颈高盼，终于在 8 月 30 日盼到了刘抗。同团来访的，还有海粟另外两位得意弟子，著名画家黄葆芳、陈人浩。相别 37 年的师生，一个个相拥相抱，互诉思念之情。他们要到他家里来，他婉谢了。他的宅子还被别人强占着，他还住在顶层的阁楼间，不想让他们看到他生活的窘困，在他们心上抹上一笔阴影。

可他们不用海粟引领，数十年前就是艺海堂的常客，未惊动接待者，竟自悄悄来了。他们谁也没有道破海粟的境遇，谁也没有表示出同情和怜悯。他们理解海粟，那会伤了他高傲的心。

他们大声谈笑，大笔着彩作画。海粟豪兴勃发，当即作了中国画《铁骨红梅》，题上《水龙吟》，送给刘抗；画了《牡丹》，赠给黄葆芳；画了《苍松》，赠给陈人浩。

第二天，以刘抗为团长的新加坡美术考察团在和平饭店设宴招待海粟老人。

海粟与全体团员的合影，通过新闻媒体传遍了南洋，侨胞们纷纷投书海粟老人，索书求画，南洋又一次刮起了海粟的收藏热风。

1981 年，新加坡文化部决定为刘抗主办一个大规模的，包括他早、中、近期的绘画创作回顾展，同时为他出版一本精美的大型画集和一本艺术论文集，求序于刘海粟。海粟欣然命笔。他在序中说：

> 新加坡文化部定本年底为刘抗教授主办一个大规模的、包括早、中、近期的绘画创作回顾展，同时将出版一本精美的大型画集和一本艺文集。这一盛举，不仅是表彰刘抗教授一生对新国家卓越贡献，为星洲公众和国际人士提供欣赏刘抗艺术的机会；并且通过这位具有代表性的画家半个世纪以来的创作实践，从侧面展示了新加坡建国前后美术事业发展的进程和趋向，意义是极其深远的。我为此感到格外高兴。
>
> 回顾为了前瞻，继往旨在开来，温故当能知新。这就是这个作品回顾展和画集所以宝贵之处。
>
> 刘抗教授是我最爱的弟子和亲密的知友之一。1927 年他从海外负笈来到上海，在我首创的上海美专西洋画系就读，孜孜研求，

品学并优。1929年1月我第一次赴欧考察美术，他偕陈人浩同学联袂跟着到了巴黎。在我旅欧三年间，经常陪同参观美术馆和画廊，探讨各国历代巨匠的杰构；相偕访问当世艺坛泰斗和画人故居；还一起到意大利、瑞士、荷兰、比利时、丹麦、英国等文化古城和旅游胜地写生度假。师生欢聚论艺情景，至今记忆犹新。

1933年初他欣然应聘回到母校任教，那时他只有23岁。我怕他年纪太轻，难使学生折服，预先为他布置一个留法作品展览；又怕他初出茅庐，缺乏教学经验，先来个“传、帮、带”，暂时挂个名义与他合开一个“海粟、刘抗教室”。事实证明这都是多余的，他的深厚的绘画基础，清新练达的艺术风格，广泛的文艺素养，以及诚挚认真的教学态度和教学方法，很快便在学生中树立了威信，成为上海美专最受欢迎的教授之一。

在美专任教期间，每年春秋二季，他都要按照计划，带领学生到苏、杭、无锡、常熟、南京、青岛、普陀等地旅行写生，深入生活，面向自然，画了不少风景和人物；抗日战争爆发，他回到星洲，始终坚持艺术岗位，坚持到各地旅行写生，反映现实生活和秀丽风光，数十年如一日。

这一次在新加坡国家画廊展览的作品，包括油画、粉画、水墨画和素描，共计200余幅，蔚为大观。

抗弟的绘画艺术有鲜明的独特风格，单纯、明朗、洗炼，用线赋彩具有极好的概括力。他的画源于生活、高于生活，对于民族传统早就注意研究，运用到油画的表现技法上来。他对于欧洲近代绘画有特别的爱好和理解，他喜爱后期印象派和野兽派，但他能“以我为主”，善于吸收众长，加以融化，不落窠臼。写到这里，忽然引起我一段回忆，50年前我同抗弟到奥维尔访问了柯歇医生的住宅，凭吊了凡·高的墓园，彼此深有感触。为艺术献身的凡·高有句名言：“我的画不是使人苦恼，而是使人快乐，或者是使他们看到值得一看的事物，而那些事物不是人人都能了解的。”抗弟从留法时便立定主意坚决走自己的道路，为人民创作杰出艺术，并不倦地探索相应的艺术语言，表达自己的信念，开拓美好的未来。

作为一个新兴国家的第一代画家，责任格外重大。要有踏实而富于理想的创造精神和爱国主义精神，以及为艺术献身的精神。以这次回顾展为契机，以这本画集为里程碑，团结带动新加坡青、老画家，为朝气蓬勃、美丽富饶的共和国，在民族传统的基础上，在人民生活的基础上，群策群力，创造出具有时代意义和世界水平的独树一帜的艺术来。

辛酉大暑刘海粟年方八六

1987 年 5 月 25 日，刘海粟夫妇应新加坡艺术协会邀请抵达新加坡访问，受到新加坡交通和新闻政务次长何家良、新加坡艺术协会会长何和应、中华美术研究会会长桂承平和弟子刘抗、黄葆芳等众多友人的热烈欢迎。他的轮椅刚一出现在机场出口，欢迎的人群就拥上前去。何家良和老人紧紧握手，刘抗拥抱着老人，老人激动得眼睛都潮了。两天后，他参加了刘抗和画家陈人滨的金婚庆宴。50 年前，刘抗在上海结婚，他是他们的主婚人。他为这个绝妙安排而兴奋，他挥毫书赠一阕《瑶台聚八仙》，有句曰：

笑兄年方九二，驾云到，豪兴涌诗泉。命嫦娥斟酒，欢庆新天。

6 月 2 日，刘海粟画展在新加坡国家画廊举行开幕式，由新加坡社会发展部政务部长庄日昆主持，他说：“刘海粟大师 92 岁高龄了，仍然不远千里应邀前来我国举行画展，这种毕生献身艺术的精神，令人钦佩和感动，值得我国年轻艺术工作者认真学习。

这次展览将对本地艺坛产生冲击作用。”

刘抗代表艺术界致辞。他在致辞中说：“毕加索是 20 世纪西方最伟大的艺术家，而刘大师则是 20 世纪东方最伟大的艺术家。”

晚上，何家良次长为海粟举行的欢迎宴会，刘抗和新加坡诗坛泰斗潘受出席作陪。

6 月 21 日，刘抗主持了由新加坡《联合早报》《联合晚报》主办的“刘海粟大师艺术讲座”。

在演讲时，海粟即席作了中国画《泼墨黄山图》，大华银行当场以 10 万新加坡币买下，海粟当场捐赠新加坡宗乡会，作为推广华族文化活动的基金。

海粟是最早倡导艺术学校人体模特儿写生的先驱者之一，可除了 1981 年在香港朋友安排下画过一次女人体，数十年来未能再有机会。刘抗深知老人有这个愿望，便与新加坡著名摄影家蔡斯民先生相商。蔡先生为他们请到一位外籍美女做模特儿。6 月 27 日，在蔡斯民的工作室，老人如愿以偿。刘抗和陈文希陪同老人一起做人体写生。当时《新加坡新闻》报道题曰：《本地画坛添韵事，刘海粟师生笔下西洋裸女上图画》，同时刊载了刘海粟的油画《裸女》和他在刚完成的裸女油画前的留影，以及刘抗正在做粉笔《裸女》最后润色时的照片。

海粟这次在新加坡住了三个多月，他的所有艺术活动，刘抗几乎都陪同在侧。

1988 年炎夏，海粟老人十上黄山。这个消息传到新加坡，刘抗和他的朋友们兴奋不已。8 月初，他和画家陈人滨、摄影家蔡斯民，顶着酷暑，结伴来到黄山，祝贺老人实现了十上黄山心愿，观摩、陪同老人描绘黄山。

1994 年 3 月 16 日，海粟大师百岁华诞庆典，刘抗专程从新加坡赶来给老人祝寿，并代表海粟老人的弟子和友人们在祝寿庆

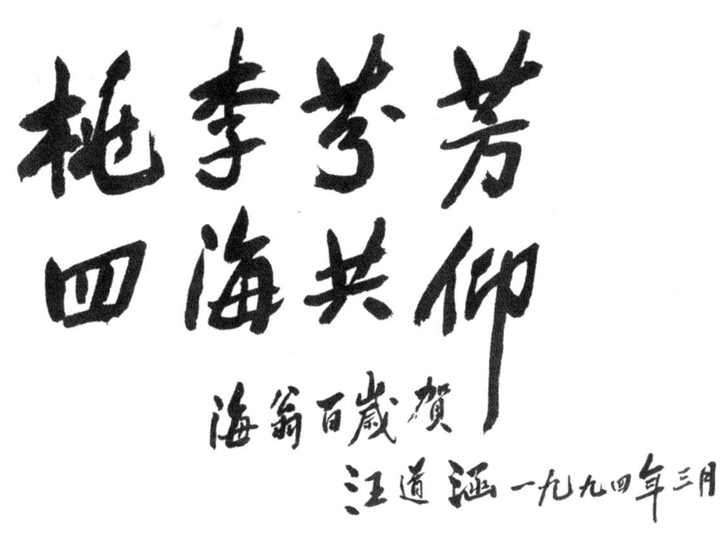

汪道涵贺海翁，题“桃李芬芳，四海共仰”

典上致祝寿辞，表示将陪同老人第十一次上黄山作画，在喜宴之后，又即席作画，庆贺老人百岁华诞。

可这次相聚成了永诀，同去黄山已不能再了，8 月 7 日，海翁仙逝。已 85 岁高龄的刘抗教授，万里迢迢来上海奔丧。他伫立在老人的遗体前，哀伤已极，久久不肯离去。他想到很多很多，最使他不能忘怀的，还是恩师对他的教诲：“作为一个新兴国家的第一代画家，责任格外重大……”

丹青重抹寄知音

周颖南先生是新加坡的艺术鉴赏家、收藏家、艺术家。他非常喜爱刘海粟的书画艺术。他们的初识就是从求画开始的。

20 世纪 70 年代，海粟的艺术声望在南洋不断上升，很多人投书索求他的画。1971 年 6 月，海粟收到周颖南先生的求画函，即作了一幅中国画《五老峰图》寄赠给他。周颖南如获至宝。就这样，他们书来信往，成了艺术知音。

第二年 7 月 23 日，海粟作了一幅中国画《红梅》赠给颖南先生。周颖南请诗坛泰斗潘受先生在上题跋。跋曰：

> 早年作画杂歌呼，艺术轰传有叛徒。
>
> 晚笔梅花红烂漫，可知心事近林逋。
>
> 海翁晚年喜写红梅，盖非写梅，实写心中酒浇不去之垒块耳！而又出以篆籀之笔，故所造恣肆苍郁，毫发无憾如此，古今能有几人可望其项背哉。

周颖南将潘受先生的题跋复印寄给他，他非常高兴，又作了中国画《墨荷》《听瀑图》寄赠给周颖南。11 月，周颖南从新加坡来看他。他们谈书谈画，非常投契。在畅谈中，海粟心中蓦然浮出一幅美景：一枝红梅，横空出世一般傲立在寒风中。灿然欢笑，那枝丫硬得如铁铸的一般。这瞬间，他顿感身心回荡起一股豪气。他走到画台前，凝立如山一般，悬腕举毫，仿佛神助，忽籀忽篆，龙蜒蛇蜿，矫恣无忌，时如锥划沙，硬若石刻，时若游丝，轻柔如水。刹那间，铁骨上缀满了簇簇红花，仿如簇拥少女的笑靥，那艳、那丽、那瑰、那绚，如云如雾，似霞似锦，满纸流辉。

周颖南惊了，痴了，狂了，大声赞了起来："美！太美了！"

海粟回头哈哈一笑，心里回荡起一缕高亢、雄健、豪放的越曲商调旋律——《水龙吟》。他的胸臆豁然开阔，随着这《水龙吟》的豪迈曲调，一阕新词高山流水般从他心里、从笔端流泻到这幅刚刚完成的《铁骨红梅》的画面上：

直叫身历冰霜，看来凡骨经全换。冻蛟危立，珊瑚冷挂，绛云烘暖。劲足神完，英华内蕴，风光流转。爱琅琊石鼓，毫端郁勃，敛元气，奔吾腕。

迅见山花齐绽，醉琼卮，襟怀舒坦。乾坤纵览，朱颜共庆，异香同泛。三五添筹，腾天照海，六洲红灿。正芳枝并倚，阳和转播，称生平愿。

海粟咏的是梅花，实为吟他自己。他写的是梅，但又是写自己。他吟自己一生的抱负，一生的战斗，一生坎坷，一生冰霜。直教身历冰雪的梅花，冰霜杀灭不了它，风雪奈何不得它。它的枝干反而如钢似铁，花朵更加灿然烂漫。梅既已放，春已不远，春阳将灿灿，春花将红烂，即将迎来一派大好春光。海粟把这幅得意之作题赠给了周颖南。又给周颖南作了中国画《牡丹》和书法杜甫《秋兴》一节，并将叶恭绰先生题赠给他的七律《百川东注资流鉴》也转赠给了他。他在题跋中曰：

此诗遐翁（原注：叶恭绰）为海粟作，已藏之四十余年矣。一九七二年十一月，颖南贤兄回国观光，握手海上，恨相见晚也。因以此移赠，有何不可。颖南得之，不亦风流胜会乎！

同时还赠给周颖南一幅康有为的大幅书法，又为其作中国画《山水小景》册页十幅。

1973年2月1日，他致函颖南，告以册页装裱形式，并画出图样，说：

裱背重着色者应先喷矾水，裱画师傅应知之，否则重色有脱落之虞。裱装时用宣和式更美观，倚画幅大小，配合隔水及天地长短，惟四周绢边总是二公分，大画也不放宽。宣和式裱装，古色古香，能使画面更突出更美观，可以属裱画店研究。

1973年4月20日，海粟给周颖南写信说：

弟平生很少画册页，这次破例为兄作十页（山水小景），用笔简练而淳穆超逸，能得到潘老题对更妙。我强烈地想作画，只要体力许可，我就动笔画，创作是无休止的。我告诉你实话，没有劳动和辛苦，绝不可能得到真善美的东西。因为这是一定的规律。假如你想要享受地上的果实，你必须去耕地下种；假如你想要得到人群的崇敬，你必须为他们的幸福工作。不息劳动创作能够使你伟大而享受到真正幸福。一条劳动流汗的艰难的道路，但也是一条光荣的道路。

7月8日，他收到周颖南的信，他在复函中说：

世界工业愈发达，经济愈发展，名画价值愈高，这是规律。每一个世纪不是一定能够产生几个伟大杰出的艺术家。你说得好，不能拿艺术品当作商品，但艺术品自有它不朽的一定的评价。

秋天，海粟第三次中风，周颖南得悉后，频频致信问候。1974年7月上旬，周颖南致函给他，告知拟将他所赠十幅《山水小景》印制成册，并请潘受先生为每幅题诗，香港中文大学艺术系教授饶宗颐先生撰序，随函附寄了清样，征询意见。

潘受题《海粟大师山水小景》：

偶然思画山，信手一涂抹；不觉出天机，满幅烟云活。

时有异香来，因风寄微慕；槎枒山之幽，或恐是桂树。

春山如怀春，白云为吉士；美哉窈窕姿，陶醉白云里。

访石闲寻路，看山错过桥；前坡谁结屋，松径冷萧萧。

跌宕写秋山，意曲无一直；绝矣六百年，又见山樵笔。

短椽供美睡，老树是芳邻；寄谢高车者，吾甘寂寞滨。

彤云幂四天，踏雪欲垂钓；远岫一枝枝，寒光耿相照。

尔汝空山中，木奇而石怪；身世付悠悠，一笑真我辈。

云物酣游戏，钟声坠莽苍；好山元自静，流水不知忙。

石涛此溪山，八大此草木；商量二妙间，位置刘海粟。

海翁为颖南兄作此小景十幅，盖得意笔也。各题二十字，恐多搔不着痒处耳。癸丑夏潘受。

饶宗颐教授的短序，是篇绝妙艺评。他在文中说：

若行笔如金刚杵，从心所欲，须人书俱老，甚矣，画人之不可无年也。……今观此册，寥寥数纸，下笔尽屋漏痕，虫蚀木，以渴笔写懵懂山，浑厚处视董又进一境，顷得潘受先生为题句。刘画以肆，而潘书以闲，刚柔相生，足为来学楷则。颖南宝此，欲为梓行，征言于余，爰书所见于末。

这是海外为海粟出版的第一本画集，又是他身处艰难的逆境之中，尽管只是十幅山水小景，对他却是个极大的鼓舞和安慰。他即复函周颖南说：

潘公诗写得真好，十帧书法，信手一挥，神采淋漓得意，是称合璧。潘公诗词为东南亚之冠，岂虚语哉。吾兄博雅，蓄名迹甚富，如此册恐未易多得。今又得宗颐先生文，足称三绝。

他又致函潘受说：

公所题拙作《山水小景》，讽诵嘉篇，书法之精，诗笔之美，并世所罕观，……楮墨之间，为深沉，为渊博，为淋漓尽致，为鞭辟入里，且为我言之所未敢言而心所尽同也。三复循诵，钦佩不已。海自髫龄，即摹写金古文字，心有所好，而力未逮也。书法之汪洋恣肆，必以胸臆精神气质出之。老子有无相生，难易相成，长短相形，高下相倾，音声相和，前后相随之言，乃可称作书画之法则，数十年来弗敢失，以此中有深意在焉，虽作书作画未尝悖此旨。

1975年3月16日，是刘海粟80岁生日。他作篆书《临散氏盘铭》长卷自寿。跋曰：

学书必从篆入。余近写毛公鼎，好习散氏盘。今余年八秩，重临散氏盘铭自寿。迫以耄年，蜿蜒满纸，尚多懈笔。乙卯春三月刘海粟书于存天戏海之楼。

数天后，他又跋云：

乙卯春，临散氏盘毕，并录阮氏积古斋释文。阮氏释文，较之诸家为精。然细审之，尚未安。……因参考吴缶翁、郭沫若释文注于侧。

不久，他又加跋赠给了周颖南。跋云：

颖南贤兄博雅多闻，尤嗜书画，常问书于仆，感其意之诚，以此卷赠之，以塞其请。毗陵刘海粟识。

并在附函中说：

学书必从学篆始，求篆于金，求分于石。余十三四岁学篆书。八十岁写一通《毛公鼎》、一通《散氏盘铭》以自寿，不轻示人，颖南酷嗜余书画，再四函索，不忍却其请，即以自寿卷移赠，祝颖南亦如海翁之长寿也。

周颖南非常珍爱这帧书法长卷，他在 1976 年 12 月香港《书谱》上撰长文《自寿与寿人——海粟大师临写的〈散氏盘铭〉》，记述这一书坛佳话。他说，海翁临写的《散氏盘铭》，“真是大师的神来之笔，是美的化身”。又说，“寿人，不能只寿我一人，要寿普天下所有的人”。我特地请诗人潘受先生题跋，潘先生大为叹赞，全文如下：

吾旧题海翁画句云：折钗屋漏未为奇，笔笔蛟虬反走姿。盖谓其用笔悬腕中锋，纯以篆籀之意行之。非深肆力于周秦金石，不能至是。今观所临此《散氏盘铭》，毫发无憾。则吾言果不谬矣！散氏盘乃西周重器，结字势横体欹，错落若懈，然欹而实正，懈而实严，真气转旋，不可方物。自二百年前出土以来，书家之求其拓本以事临摹者相望，名辈如何蝯叟、吴大澂、吴缶庐、李梅庵、曾农髯，尤汲汲焉。蝯叟得其夭矫，大澂得其清刚，缶庐得其郁勃，梅庵得其峻谲，农髯得其逸宕。海翁后来居上，独兼众美而集大成。愈朴愈腴，愈拙愈秀，苍润古厚。和以天倪，韵味房流，挹之莫竭，直得散氏盘之性情魂魄，岂徒风骨乎哉！吾观之，吾重谛观之，为之欢喜赞叹，为之拍案叫绝。

周颖南在文章的最后说："潘先生认为，大师所临写的《散氏盘铭》，朴腴拙秀，苍润古厚，集夭矫、清刚、郁勃、峻谲、逸宕之大成。为诸家之冠，是前无古人的。"这是最恰当的论断了。

1976年3月20日，海粟作中国画《拟石涛松壑鸣泉图》跋曰：

> 此卷余卷所藏，满纸奇气，逸纵不可羁勒。戏临一过，与大涤子血战。

他把这幅画也赠给了周颖南。周颖南请潘受在上题了一阕《水调歌头》，潘先生在这阕词中有句赞曰：

> 海翁磅礴为画，落笔势飞惊。只恐瞎尊招架，百合难分高下，绝顶看同登。

7月，周颖南致函海粟，附寄了潘受的跋词。7月12日，海粟在复函中描绘了他作此画时那种无以言表的心境：

> 此卷当时吾不知何者为山，何者为水，何者为林麓、屋宇，何者为烟云，更不知何者为笔墨。吾年八十有一，足迹遍天下，所见实有此山，实有此水，实有此林麓屋宇，实有此烟云。独未见九州之内有此笔墨……古人长卷皆不轻作，必经年累月而后成，苦心在是，适意亦在是也。

论画犹在危难时

李家耀先生是马来西亚—中国画坛的泰斗，刘海粟的早期弟子，1922年毕业于上海美专。1942年，海粟到南洋举办抗日筹赈义展，从印度尼西亚巡回到星洲，又从星洲到马来西亚，住在怡保。李家耀即搬到旅馆，与他同住，朝夕相处，听校长谈艺术、谈抗战、谈教育、谈生活。这次重聚，加深了他们师生间的了解和情谊，消除了在学校时横陈在师生间那扇师道尊严的无形屏障，他们不仅是亲密的师生，还是亲密的朋友。

1956 年，李家耀回国探亲，他特地到上海看望老校长。这时的上海美专，已在院校调整中与苏州艺专合并，改为华东艺专，刘海粟任华东艺专校长。可他不问校务，有很多时间外出旅行写生，住在上海家中。相别 15 年，这是一个漫长的多事日月，他们都没死于日寇屠刀之下，一旦相见，那种喜悦犹似隔世相逢，他们抚着彼此鬓边新添的霜华，感慨万千，海粟留家耀在他家住了数日，还特为他作了两幅中国画。

1958 年，刘海粟被打成“右派”，又患中风，很长时间，手不能抬，脚不能行，口不能说话，长期卧榻不起。往日热闹的门庭逐渐冷落，他终日在寂寞和痛苦中度着难熬的日月。李家耀和他在南洋的弟子们从新闻媒体中得知了他的境遇，纷纷致函问候，和他探讨艺术，这对于身处艰难中的他，无疑是种精神鼓励，也给了他战胜疾病的力量。1960 年，他中风初愈，刚能握笔，就给在黑夜中以他光亮、冰雪中以炭火的友人作画。5 月，他作了中国画《牡丹》《牧牛图》，寄赠给李家耀。他在《牡丹》上题了李白的《清平乐》，在《牧牛图》上跋道：

> 家耀贤弟来书求予画牛，久病不可多作劳，得墨沈漫书此纸，指臂皆乏，题不成字，他日再易，必又是病臂时也。

12 月，李家耀将他摹写的《百花图卷》寄给海粟，求跋。12 日他在《百花图卷》上写道：

花卉画以徐熙为神，黄筌为妙，徽宗次之。徐熙志趣高尚，画花落墨颇重，中略施丹粉，生意勃然。黄筌花竹翎毛，超出众史。熙之孙崇嗣、崇矩，黄之子居宝、居寀，各得家学。熙之下，有唐希雅、易元吉亦佳。若赵昌，则以传染为工。又如滕昌佑、丘余庆、崔白、艾宣、丁贶之徒，皆得其余绪，以成一家。要之，花卉画至宋而大盛，人才辈出，为古今规式。吾友李家耀所摹宋人百花卷，清劲古艳，可与古人媲美，盖其纯而后肆，非若近时粗犷怪诞，即自诩为能事者已。

1961年，刘海粟摘去了“右派”帽子，他即把这个消息告知李家耀，又和他谈起了赴浙江各地写生创作的情况，并说：“我觉得我的画的情调已有所改变，尤其是油画，自己看看每张都很清新、鲜艳，可惜不能与吾弟共赏之。”不久，他第二次中风。

十年浩劫一开始，刘海粟被逐出家门。南洋弟子和友人的信，成了滋润他那孤寂枯涩心灵的泉水，复函作画赠他们，也成了他唯一寄托情思的快事。他不能在信中直言胸臆处境，就把心曲融于丹青和笔墨之中，这成了他排解寂寞、倾吐心怀的绝妙方法。他给李家耀画了一幅中国画《葡萄》，他在上跋曰：

是日大风、奇寒，手僵墨冻，点画狼藉，乃甚于三尺之童。徐增光谓：此中真气流衍，古朴如拓碑然。家耀以为否？

1971年10月，李家耀致函问艺，10月23日，他复函谈书画用笔：

来函云：“近搜集古今名画，临摹数百帧装池成册，间时披览，若有所悟，或有灵感，随意挥写，自创一格。”短短几句，知吾弟对于古人名画，下过很多临摹的苦功，只是你虽对古人下功夫，惟不为古人所囿，吸取古人精英，还要打破古人的窠臼，以自成其个性发挥的创造。从古人入，从造化出的妙境，仍须借笔墨以达到。而运用笔墨，先须注意运腕。运腕以书法入手。您说的“自行一格，以书法为骨干，无往不利”这一段话，真是一针见血。昔石涛说过：“腕是虚灵，则画能折变。笔如截揭则形不痴蒙。腕受实则沉着透彻，腕若虚灵则飞舞悠扬，腕受正则中直藏锋，腕受仄则欹斜尽致，腕受疾则操纵得势，腕受迟则拱揖有情，腕受化则浑合自然，腕受变则陆离谲怪，腕受奇则神工鬼斧，腕受神则川岳荐灵。”这段话正是他自己的说法。石师画笔墨虚灵，神情飞舞，正是他运腕超脱的结果。作画运腕的力量，不特见之于笔墨达到处，而且要见之于笔墨未到处。东坡说：“此竹数寸耳，而有寻丈之势。”可说明此理。不是运腕超脱，哪能到此。运腕必从书法入手，正如吾弟所说，以书法为骨干，无往不利，你已透彻此理。蒙问随笔拉杂，不尽百一。

不久，海粟遭受到严酷的批斗。这个被打入另册的老人，仿佛坠落到黑暗的深渊。在这种境遇中，李家耀第一个从海外来看望他，请他为《家耀书画集》题写书名和作序，极大地慰藉了他受了重创的心。他的这篇序文可谓精美的论画散文诗，全文抄录于此：

画家有逸品、神品、妙品、能品之分。汉魏绘事迭兴，至唐始盛，迨南唐董北苑乃集大成，而巨师、南宫、房山、子久、叔明、云林、仲圭、石田、思白，瓣香南宗，格法大备。厥后继起者，殊属寥寥。即烟客、元照、麓台、耕烟，步趋谨严，而神味未隽。惟石涛、石溪、八大，以雄绝之姿，历遭时艰，沉郁莫偶，托迹缁流，放情山水，以天地为寄旅，浑古今为一途，万化生身，宇宙在手，每一挥毫，奔赴笔下，此其所以神也。

家耀老友学画五十年，观其近作，结构谨严，别见妙造古朴，豪迈之处，酷似“二石”，意境之高，迈绝时流。壬子春，回祖国观光，过从益密。家耀为人耿介爽直，谈艺论书，独具只眼，不独精于中西绘画而已。兹值七十五岁生日，将所作印辑成斯集，以为纪念。家耀数十年学书画不倦，故其功力有如此者。古人云：“业精于勤。”家耀勤而有恒，可为后学矜式。为之序。

1976 年 5 月，李家耀第三次回国探望他。他作中国画《荷花》送他，并把 1975 年 10 月 9 日在上海西郊公园所作的中国画写生《熊猫》一同赠给了他。

1977 年 6 月，李家耀和周颖南、张振通、李炯才一起，把他们所藏海粟的书画作品 33 件结集成《海粟老人近作》，在新加坡出版，潘受为之撰序。潘先生在序中写道：

海粟先生以画名天下者垂六十年，……无论油画，水墨画，笔锋一以强烈感情驱使之。枯树不足为其槎丫，怪石不足为其嶙峋，苍鹰俊鹘不足为其翻腾搏击，疾风猛雨不足为其纵横痛快！……今此集收其友人李家耀、张振通、李炯才、周颖南四家所藏水墨画，或设色或不设色，皆六十至八十间之作。试玩味之，罔不淋漓恣肆，来飞动又去混茫，……海粟先生能诗、能词，草书瓣香怀素，行书神似翁松禅。并世画人，兼此数长，盖不一二觏。就画之范畴而言才识，而言造诣，而言开风气，而言培植后学，而言沟通中西，而言综合贡献与影响，则二十世纪中国画坛，刘海粟当为最杰出之一代表人物，此殆可悬诸无，以俟论定者也欤！

这是海外为海粟出版的第二本画集。南洋弟子纷纷撰文怀念，称颂他们的师长刘海粟。李家耀以《刘海粟是东方的毕加索》为题，写了数万言的长文，系统介绍他的生平、学识、追求和对东西方艺术的贡献。这篇文章在东西方画坛产生了很大影响。

粉碎“四人帮”后，刘海粟焕发了生命的青春和创作热情，他又开始了游历和作画。1978 年 2 月 10 日，他从广州复函李家耀，谈他近日在广东游览创作情况，说：“在广州游览后，又去肇庆、佛山许多地方参观，游览名胜古迹，……在肇庆七星岩晚会，即席挥笔，画大幅《鹰击长空》。”

1986 年，刘海粟到新加坡访问，李家耀数次从马来西亚去看他。这次离别之后，他们就再也没有见过面了。

海粟老人的南洋弟子和友人很多，著名画家黄葆芳、陈人浩、陈文希、陈人滨，艺术鉴赏家张振通、李炯才等诸君，都和他有亲密的往还，他们的友情一直延续到老人告别人世。他们来往最频繁的时期，恰是“文革”时期。那段日月，中外文化交流几乎冻结了，他们的艺术交流对打开中国对外文化交流的封闭之门，有一定的影响和起到了促进作用。细研他们的信函和彼此书画上的题跋以及序文，无不是价值很高的画论，对研究中国书画理论和艺术史，都是极其珍贵的艺术文献，值得艺术史论家重视。

天马会：招天马自由之魂

唯此天马之魂，不属于形体，
不被社会一切需要所拘束，
是超过实利与功用，
也无不可以分析之、度量之。
——刘海粟《天马会究竟是什么》

天马会是20世纪初我国青年艺术家们创立的新兴美术团体。

1919年8月26日，刘海粟与他的美专青年教授汪亚尘、王济远、江小鹣、丁悚在上海静安寺路环球学生会的小会议室，举办联合作品展览会。展览会即将结束的前两天，展厅来了两个包探，站在陈列的几张人体素描前，大声喊叫："谁是刘海粟？"

刘海粟刚与王济远从外面进来，就说："我是刘海粟，有什么事？"

"上海海关监督昨天来看过你们的展览，向工部局举报了你们张挂淫画，证据就在这里，我们奉命前来查禁。令你们立刻关闭展览会，否则要取缔环球学生会的一切活动。”他们为了不影响别校师生的活动，只好关门，摘下画展衔牌和作品。他们像一群斗败的公鸡，垂头耷脑坐在一起猛猛地抽烟，被悲愤和忧伤裹挟着，久久沉默在烟雾里。

刘海粟的心头也萦绕着沉重的雾霭，一片迷茫，看不到光明，满眼黑暗。他想，难道新艺术就这么被黑暗吞噬？就这么被拉到俎上任屠夫宰杀？人生如不能获得意志的自由，还能算是成功的人生吗？他不甘败在这些伪道学们的手里！他要冲出去，向他们宣战，让新艺术的风浩荡中国大地。他站了起来说：“大家不要这样丧气嘛！我们的展览关了，并不说明新艺术在中国就已失败了！这查禁一事，就证明它的强大影响。”他在室内踱起步来，“我早就在想，如果我们团结起更多的画家，形成一股强大的势力，就可以和黑暗势力抗衡、较量。”

“对！”留法归来的艺术家江小鹣兴奋地跳了起来说，“我们组织一个美术家的团体，仿效法国的春、秋季沙龙和日本的帝国美展，每年春秋两季，征集新的作品，举办展览，选优胜者吸收进团体。”

“这个提议太好了！”教务主任丁悚立即响应，“我们艺术家太需要一个这样的团体了，它可以推动新艺术创作的繁荣和兴旺！”

“这事我来牵头。”江小鹣激情满怀，“丁先生，我们现在就去联络发起。”

大家欢欣雀跃响应着。

“你不要太性急，此事重大，并非一句话就能实现了。”刘海粟说，“政府曾发布命令，集会结社得事先呈报批准，组织一个民间团体还得呈文政府。你们先去联络发动，我来拟文呈请批准。我们分头进行。”

“海粟，”江小鹣非常兴奋，又提出一个问题，“我们叫它沙龙呢，还是起个什么别的名称？”

海粟想了想说：“我们的团体应该有个具有我们民族特色的名称。”

“这个名称应该既具有我们中国特色，又富有理想精神。”丁悚思索开了，“大家要合计一下，我们这个团体的主张、宗旨得明告于天下，才能登高而呼。”

“是的，”海粟接上说，“我认为，这个组织要肩负起中国新艺术运动启蒙之责，促进艺人自由研究的精神和自我觉醒的趋向。”他坐了下去，掏出钢笔在纸烟盒上写道：

我们的信条：

一、发挥人类之特性，涵养人类之美感。

二、随着时代的进化，研究艺术。

三、拿“美的态度”创作艺术，开拓艺术之社会，实现美的人生。

四、反对保守的艺术、模仿的艺术。

五、反对游戏态度来玩赏艺术。

他写完后，把纸烟盒递给丁悚。

丁悚连连点头，传给小鹣；小鹣拍手称好，又传给济远……海粟复又站起来说：“叫个什么名称，大家再想想，既要寓意深长，又要形象。”

有了团体的名称，才好呈文。大家想出了好多名称，可没一个理想的。那日午休，海粟还在想，突然，他眼前浮现了六匹腾空而起的马，昭陵六骏！他一骨碌从床上滑下来，从一堆书刊中寻出一本外国人印制的《中国古代雕刻作品选集》。他翻到了《昭陵六骏图》，一个极理想的名称突然跃了出来——“天马会”！他叫了一声，挟起画册就去找住在楼下的丁悚。

“慕琴！”他未走近就大声嚷嚷说，“有了一个好名了！”

正值盛夏 8 月，丁悚只穿了条短裤在午休，听到他在叫唤，也没来得及衣冠出迎，就急忙开门把他让进屋，急不可待地说：“快告诉我！”

“天马会，怎么样？”

“取‘天马行空’‘天马歌’之意，是吗？”

“老兄，”他用力拍了下丁悚的肩，高兴地说，“对，正是此意！”“我们去告诉小鹣。”丁悚随手拽了件长衫套在身上，拉着他出门了。

江小鹣也没休息，他屋里聚集了一群年轻的西洋画家：张辰伯、刘雅农、杨清盘、陈晓江。海粟和丁悚一进来，江小鹣站起来把座位让给他们说：“在座的都是自愿具名的发起者。”

“加上我！”丁悚说，“我们的团体有一个非常理想的名称，天马会！”

“天马会！”江小鹣高兴得欢呼起来，“太好了，天马行空，自由自在，此乃我辈之追求也！”

“我们要招天马自由之魂，”海粟接上说，“唯此天马之魂，不属于形体，不被社会一切需要所拘束，超然于实利与功利之外也！”

年轻的画家们仿佛听到了自由之神的钟声，一个个激动得满脸飞红。

海粟将《昭陵六骏图》指给小鹣看：“我们的会徽你来设计吧！”

小鹣朗声应道：“我有了一个构思，暂且保密！”

“那好！”海粟站起来，“我这就去起草呈文。”

天马会的筹备工作都已就绪，可呈文报上去两个月却不见下文。小鹣他们摩拳擦掌，急不可待。年轻的画家们也不再去管它了，他们拟定于 1919 年 10 月 23 日在白云观美专礼堂召开成立大会。

海粟执笔写了《天马考》，张布于礼堂门首。会徽汇集了江小鹈、张辰伯的智慧，圆形、金地、青文，中选昭陵六骏石刻马之一，加上飞翼，下面环刻发起者姓名，张辰伯用方砖刻成一个浮雕，以赭石黄土打底，加上石青石绿泥金涂抹，犹似古铜色彩。不曾料及，与会者竟达数十人，一致拥护天马会主张。会议通过了天马会章程和研究方法，群推刘海粟为特别会员，给了他特殊的荣誉。

这年 12 月 20 日，天马会在江苏教育会举办了首次展览，推定吴昌硕、李平书、王一亭、费龙丁、华子唯为中国画审查委员；刘海粟、江小鹈、丁悚为西洋画审查委员。展览分中国画、西洋画、图案画、折衷画四部分，陈列会员、非会员作品 200 多幅，在社会上产生了强烈反响，中外人士不远千里来观看。《申报》称此展览为“民间艺术之精神从此发生动机，实我国美术界之光彩”。闭会后，评选优秀作品，推选非会员中作品优秀者为会员。第一次就推荐了汪亚尘、王济远、吴杏芬几人为会员。

这以后，天马会每年春秋两季举办展览会。

1920 年 7 月 21 日，天马会第二届绘画展览会在静安寺路 51 号环球学生会开幕，参观者无须入场券，观者无数。投票选出西洋画和国粹画评审委员。刘海粟被推选为西洋画评审委员。

8 月 1 日，天马会举行常年大会，选举江小鹈为干事，王济远为书记，陈晓江为会计，其余会务由各会员分任，经费由会员分担。刘海粟和江小鹈依据会章，推俞寄凡、洪野、吴昌硕、王一亭、李超士为新会员。

天马会在举办春、秋季绘画展览的同时，还举办京昆戏曲会演。粉墨登场的都是画家、诗人、名媛闺秀、贵族公子中的票友。诗人徐志摩、袁世凯的二公子袁寒云、西洋画家江小鹈、平分南北美人盛誉的唐瑛和陆小曼、京昆名优俞振飞……诸许风流荟萃，同台献艺，令人倾倒。江小鹣的《捉放曹》，唐瑛的《拾画叫画》，袁寒云和俞振飞的《蒋干盗书》，陆小曼和琴秋芳、江小鹣的《贩马计》，陈小蝶的《罗成叫关》，袁寒云的《藏舟》，陆小曼在《玉堂春》中饰苏三、翁瑞午饰金龙、徐志摩饰红袍、江小鹣饰蓝袍。……那是何等的盛况啊！每次活动，无不轰动上海滩，醉倒文艺界。

天马会的声势越来越大，蜚声海内外，在它周围凝聚了越来越多的画家、艺术家。在沪的一些前辈画家名流，李瑞清、吴昌硕、曾熙、王延定诸先生，也拿出作品参展，积极参与活动。中国新艺术以它汹涌澎湃之势向着因循守旧的艺术观发起了强烈的攻击。

刘海粟历次都被会员投票推定为历届展览会的评审委员。第六届画展前，他在《艺术》杂志第 13 期上发表了题为《天马会究竟是什么》一文，叙述了天马会成立的经过及其在中国艺术史上的地位，以及第六届展览会的筹备情况。他说：

> ……吾于明、清画学之衰，与夫现今艺术界之一种蓬勃淋漓之气象，虽以现时所见作品之鄙陋，仍觉有类似之征候焉！而为此类似文艺复兴时代之晨钟，则当推天马会。天马会确时时登高而呼，促艺人自由研究之精神，促艺人自我觉醒之趋向。数年间声气相应者汹涌如潮。吾知其将来奔腾澎湃，其势不可遏抑也。综观吾国画坛历代之递嬗，天马会所处时会与地位，则吾辈更当尽毕生之力，以成此大愿望！吾并愿与现今之同道共勉之也！

他又说：

> 今年第六回展览会，在上海美专第二院开会，会期自9月4

日至12日为止，以7日为限，时日比较以前已增多一倍。会场布置也与前不同，共14室，仍分为国画与洋画两系。出品比较以前也增加了许多，并且有许多新作家的作品，颇有一种天才的表白；许多旧会员的出品，也时时现出不同的面目。这实在是天马会一步一步进展的征象……

刘海粟在天马会第六届展览会上陈列了一幅人体油画，大得占了展室一面墙。画面上是五个变形的裸体女子，蓬头、细颈、大臀，但生命的活力却在油彩中回旋。他把它题为《模特儿到教堂去》，标价5000元。这是他的宣战书，掷向伪道学家们的一枚重磅炸弹。他要为新艺术炸开一条血路，冲出去，冲向广阔的原野，让封闭的国土接受它们。

果然引起了十级地震般的震动。七天展出，观众数万。有人摇头，有人咋舌，说："刘海粟的画，我们看不懂！"有人说："刘海粟的胆子也太大了！"有人还说："刘海粟的画画到人家看不懂，便是他的成功！"又有人说："5000元的标价，骇人听闻！上海最有名气的中国画家吴昌硕也不过20元一张堂幅，冯超然、吴待秋才不过三四块钱一张尺页，刘海粟的身价平白地比中国画家涨了一千倍！"全国骇然，说："西洋画家里出了怪人。"

1925年8月10日，天马会第七届美术展览会在上海静安路赫得路（今常德路）320号学艺大学内开幕。这届展览会比第六届规模更大，展出作品更多。展出了数十位著名画家的中、西画作品和德、法、意、俄、日等国画家的作品，并首次展出了雕塑作品。《申报》对这届展览会给予了极高的评价，并称海粟所作《兰竹彩菊》"才气横溢，独辟天地"。《艺术》杂志为之出版了号外特刊，刊有刘海粟撰写的《天马考》、汪亚尘撰的《天马会感言》、滕固写的《天马会之信条》、王济远写的《天马会务志略》、谢公展的《天马会歌》。

天马会成了振兴新艺术的一面旗帜，在这面旗帜的召唤下，无数艺术家投入了振兴中国艺术的洪流，推动了中国文艺的复兴和繁荣，功不可没。刘海粟尽管没有在天马会中担任职务，也不是发起人，实则他是天马会的精神领袖，也是无名而有实的会长，亦功不可没。

可好景不长，应了《红楼梦》里那句精辟的名言，“天下没有不散的筵席”。第七届美术展览会的盛况，使天马会的辉煌达到了顶峰。随着国际国内政治形势的变化，上海美专被“朋友”从内部肢解，刘海粟被当作“学阀”遭通缉，逃亡东瀛；发起者、中坚者相继风流云散，第七届美展也就成了天马会不再有的绝响了。

范小石：南洋遇险识新知

范先生，我永远感谢你们，我刘海粟决不会去做民族的敌人。

——刘海粟

艺术大师刘海粟的百年人生不仅像沧海一样浩瀚博大，还像狂涛般动魄惊险。他 17 岁创办中国第一所美术专科学校——上海美专，获得“艺术叛徒”称号，为捍卫新兴艺术，与杀人如割韭的军阀孙传芳论战，在法庭上怒斥大权在握的上海县长危道丰。他 20 多岁被新军阀当作“学阀”受到通缉，东渡日本，日本关东画派领袖桥本关雪称他是“东方艺坛之狮子”。他 30 岁出访西欧考察艺术，被法国艺术评论家称作“中国文艺复兴大师”。他一生创造了无以数计的艺术珍品，享誉世界。但误会又总是相随着他。他的一生经历了数不清的风雨和磨难，抗日战争时期，他到南洋举办筹赈画展，这段人生经历，又为他的多彩人生抹上了一层浓厚的传奇色彩。

1937年“八一三”后，上海很快成为孤岛，日伪特务在租界活动猖獗，常有爱国志士被暗害，租界笼罩在白色恐怖之中。汪伪政权想借海粟在知识界的声望为其张帜，汪精卫多次派他的亲信褚民谊做说客，请他出来“管管教育”，出任伪教育部长。海粟以“不懂政治”而坚决拒绝。敌人不甘罢休，千方百计对他进行威胁利诱。他在上海待不下去了，协商于他的老朋友美专教导主任谢海燕先生。

谢先生有位印尼华侨朋友，是印尼的一位侨领，叫范小石，他曾跟谢先生说过，南洋的侨领们有意请国内有声望的艺术家到南洋去举办筹赈画展，支援国内抗战。海粟很愿意到南洋去，尽一个中国人的义务。谢先生把范小石带到海粟家中，海粟向他申述了要去南洋的要求。范先生一口应承说：“我这两天就动身回去，做好了具体安排，就电告你。”

海粟边申请去南洋签证，边做赴南洋筹赈画展安排。他委托谢海燕先生代理美专校长，并请其私下招呼学校的教授和学生，请求支持，所捐作品，也请谢先生登记造册。他于1939年11月30日乘荷兰商船芝巴德号离开上海，1939年12月11日到达巴达维雅（今印尼的雅加达，简称巴城），在海关办理入境手续时，他与荷兰海关官员发生了争执。他们要他在入境签证上按手印。海粟认为这是对中国公民的歧视，对中国公民人格的侮辱，拒绝按手印，他要求与荷兰人享受签字的同等待遇，他激动地说：“你们荷兰人为什么签字？”

“这是我们的规定。”

“你们这个规定不合理！不公平！我去过你们的海牙和阿姆斯特丹，在那里举办过大型展览，所到之处，无不受到热情欢迎，从未打过手印，我在这里也不会打手印的！你们可以去请示你们的上级，我可以等着。”

在他的坚决抗议下，荷兰海关官员才很不情愿地打电话去请示。半个小时后告诉他：“我们上级同意你签字过关。”但他们又指着他携带的四只画箱说：“你带的货物，要去补交 40 盾的关税。”

这是故意刁难他，他据理力争道：“里面装的是绘画的作品，不是货物，为什么要征税？”

一个说是商品，一个说是艺术品，越争越激烈。他从上海出发时，天空还飘着雪花，而巴城已是酷夏，他争得汗流浃背。等在码头的侨领见出口处已没有了旅客，还不见他出来，焦急万分，想办法上了船，见他还坐在那里挥汗如雨。他们证明了他的箱里不是商品，才得以过关上岸。

1940 年 1 月 20 日，“中国现代名画筹赈展览会”在巴城中华总商会开幕，轰动了爪哇，成为当地侨胞一件盛事，筹款 15 万盾。半年中，移展多处，从泗水、垅川移往三宝垅，后又移往万隆。所到之处，受到侨胞热烈欢迎。义卖收入超过 30 万盾，全部由华侨筹赈总会汇寄贵州红十字会，转给急需救助的前线战士。画展成功的消息传到星洲，星洲南侨筹赈总会副主席陈延谦先生致函邀请海粟去新加坡举办筹赈画展，正在新加坡《星洲日报》编辑副刊的郁达夫也致函给他，说那里民众的抗日热潮很高。由于海粟的演说和筹赈展览的强烈政治色彩，荷兰殖民当局宣布他为不受欢迎的人，要他离境。他于 1940 年 12 月 21 日离开巴达维雅，同月 23 日抵达新加坡，受到南洋筹赈总会和星华筹赈总会的热烈欢迎。他在新加坡创作了数百幅作品补充义卖展品，应邀做了几十场演讲，成功地举办了多次画展，侨胞们踊跃购藏。郁达夫为他的绘画作品题了很多诗，形成了刘画郁诗的收藏热潮。画展为华侨筹赈会筹得了巨额款项，全部由华侨筹赈总会寄给贵州红十字会，支持国内抗战。

1941年12月8日，太平洋战争爆发。日本偷袭美国在太平洋的海军基地珍珠港。同时，日本航空兵也轰炸了美、英在威克岛、关岛、马尼拉、新加坡和中国香港的驻军，英国在这一领域的飞机一下损失了三分之一。新加坡面临残酷战火的威胁。华侨的抗日情绪高涨，而英国殖民当局很害怕这种爱国热情，对爱国青年进行了残酷的镇压。许多青年在大搜捕中被杀，一部分进了丛林，参加了星华义勇军。抗日成了犯罪。达夫和海粟都是目标很大的人物，面临着很大危险。不久，日军占领了马来亚半岛。1月31日，日军第五师团先头部队冲进了与新加坡一堤之隔的新山。星华义勇军越过柔佛海堤，在格兰河畔架起枪、垒起石头，磨砺匕首，誓与新加坡共存亡。他们用血肉之躯筑起了保卫新加坡的最后一道防线。每日相聚的朋友们各自逃难去了。海粟不知往哪里去，一位喜欢他绘画的英国朋友给他搞到了一张去印度加尔各答的机票，并说是小飞机，只能带很少的行李。他只带了部分装裱的作品和洗换衣服，把带不走的东西都交给他的朋友、新加坡名医胡载坤保存，告别了他寄住的期颐园和它的主人胡大夫一家。

机场上静得可怕，只有十来个旅客，除海粟外，全是外国人。刚刚磅过行李，准备登机，敌机突然空袭，大家纷纷钻进防空洞。日机像马蜂一样，俯冲投弹；炸弹像雨点一样倾泻到机场上，爆炸声地动山摇。油库中弹，油桶爆炸，烈焰滚滚，除了那架飞往加尔各答的小客机，尽数被毁。

待敌机一走，机场工作人员就敦促旅客赶快登机。海粟刚一踏上飞机，站到舷窗前，不由自主地向他借住的胡氏别墅期颐园方向望了一眼，他的心不由提拎起来，那边火光冲天，半边天都烧红了。数月来，他和胡大夫兄弟般的情谊倏地涌上心头，期颐园怎么样了？他们一家可平安无恙？他忧心如焚。忽地，一念头闪过他心中，我今乘此飞机，就能逃生吗？既然都是个死，何不同朋友们死在一起？他立即从行李架上拿下箱子，就往出口处走去。机上工作人员拦住他说："先生，你不能下去，飞机就要起飞了。"

他坚决地说："我不走了！"

"你不走？这飞机票可是非常珍贵的哟！"机上工作人员非常惊讶地说，"先生，机场就要关闭了，这是最后一架飞机。"

他重申着："我不走了。"

旅客们无不用惊奇的目光注视着他走下飞机。

胡大夫百感交集地紧紧攥住他的手，怪他不该回来："英国就要放弃新加坡了，你不应该放弃逃生的机会！""我望到这边一片火海，放心不下你们。"他坦率地道出了自己的心思，"日本飞机像蝗虫一样满天飞，我预感到小客机很难幸免不被他们炸毁！"

胡大夫一把抱住他："刘先生，难得你这样挂着我们，可是，日本人就要来了呀！"

海粟动员胡大夫说："日本人还没有越过海堤，也许还有船出去，我们一起从海上走吧！"

胡大夫说："我也不知道有没有船出海，只有等天明出去打听打听。"第二天一早，海粟就想出去找找朋友，胡大夫一把拽住他："到处都有日本特务在活动，你不能出去，我去打听有没有船，你在这等着。"

中午的时候，胡大夫拿着一张报纸赶回期颐园，他不停地说着："刘先生，你福大命大！福大命大……"直奔海粟住房，见着海粟还是那句话，"你福大命大，天神助你呀！"他把报纸递给他，激动地说："你看，你看，去加尔各答的小客机果然为你所料，刚上天就被敌机击毁，机上人员全部遇难，你的名字赫然印在遇难者名单之列呢！"

海粟接过报纸，看着印在遇难者名单上的自己姓名，他被这则凶讯震惊了，难道我刘海粟命不该绝？

胡大夫惊奇地望着他说："刘先生，我有一个请求！"

海粟说："你待我亲如兄弟，有什么话，尽管说，只要我做得到的。"

"日本人就要来了，我已年过半百，外出行动迟缓，只好留下，就是遇到不测，也没什么大不了的。我刚听说，陈嘉庚先生主持的星华赈灾总会，已遭亲日分子和日本特务砸毁，郁先生也走了。你在这儿非常危险，你得在这两天离开。我已打听到了，还有难民船出去。我的大儿子已继我业挂牌行医，三子赐道（后为新加坡财政部长）、四子赐彰，还未立业，他们受我等抗日思想影响很深，留下来凶多吉少。你福大命大，我想把他俩托付给你，托你的洪福，寻条生路。"

海粟只是一个画家、一介书生，在此战乱之秋，自身都难保，带着两个未成年的孩子逃难，有很多不便和困难，且责任重大。但出于友情，他一口就应允下来："你的孩子就是我的孩子，你放心，有我刘海粟在，孩子们就在！"2 月 4 日深夜，海粟带着两个孩子乘上了挂着红十字会旗帜的最后一艘难民船，离开了新加坡。2 月 1 日，英国军队从海堤经过科斯威大桥逃到了新加坡，然后炸毁了桥。星华义勇军断了后援之路，他们到这天已孤军奋战了四天四夜，以顽强的抵抗抗击着日本人发起的一次次进攻，子弹、石块雨点般倾向他们，血流成河，以血肉之躯建造着新加坡这道最后防线，为海粟他们乘坐的这最后一艘难民船赢得了时间。可这时，正值多雨的季候风季节，海水拍岸，波澜冲天，子弹从难民船上呼啸而过，颠簸着东去。难民船刚开出半小时，海水突然冲起巨浪，日军从新山阵地用大炮拦截船只东行，炸弹不断炸裂在船前船后，巨大的水柱冲天而起，没头没脑扑向船上。海粟搂着两个瑟瑟发抖的孩子，不停地安慰着他们："别怕，别怕！"

突然，"轰隆"一声巨响，轮船被弹击中了，甲板上烟尘滚滚，一堆行李着了火。水手们冒着危险，用水龙把火扑灭了。不一会儿，又一发炮弹击中了机舱，船体渗水了。船长当机立断宣布："机舱渗水了，急需就近靠岸抢修，不能远航印度，只好转舵西去爪哇了！"

日本飞机像蜂群一样在夜空中"嗡嗡"地叫个不停。舱内的积水越来越深，船尾在缓缓下沉，难民们胆战心惊。海粟挽着两个孩子挤在船舱一角，提拎着惊恐的心。抵达爪哇时，船体已大部分沉入海中。爪哇也已陷落在日本人手中了。海粟带着赐道、赐彰，侥幸地从前面被翻箱倒笼搜查的人群中间溜了过去，逃过了检查，可往哪里去呢？他虽然在爪哇办过画展，见过一些侨胞代表，可如今这里是日本人的天下，就是他们幸免于难，但对他这样一个曾在这里大声宣传抗日的人，也不见得就敢接待呀！何况他也不知到哪里去找他们。突然，他想起一个和他同姓的侨胞刘品山在附近开油坊，海粟曾去过他那里，在此别无选择的时候，只有去投奔他。他站在刘家油坊紧闭的门前，邻人告诉他，刘品山被日本人捉走了。他惶恐地带着两个孩子离开那里，漫无目的地走在荒野小路上，他们已一天一夜没吃没喝了，累得歪歪倒倒，就靠着路边一棵树坐下去。两个孩子也互相靠着迷糊过去了。那个迫在眉睫的问题像钢鞭一样抽打着他——往何处去？何处能为两个孩子弄点儿吃的？由于忧思和疲累过度，他靠着树干也睡着了。

不知睡了多久，突然听到有人在问他："你们是什么人？从哪里来？"他惊喜地睁开眼睛，那亲切的上海口音，使他感到说不出的高兴。他连忙说："我是上海的古董商人罗赫，从新加坡逃来，过去认识的熟人都找不到了，两个孩子饿得都受不住了。"

那人自我介绍说："我叫董玉麟，也是上海人，在这开染坊，你们到我那里歇一会儿吧！”

董老板把他们带到他家，叫人给他们做了吃的。吃过饭，又把他们带到阁楼上，对他们说：“就暂时住在这里，外面正在搜捕游民，千万不要出去。”晚上，他们三人挤睡在一张小铁床上，白天，他给两个孩子留下学习中国文化的功课，就到下面染坊帮忙，他不好意思白吃人家饮食。两个孩子见他去帮着干活，也争着去做漂洗、绞干的重活。海粟不忍心让孩子们累着，规定他们在完成他留下的学习任务后，去干几小时，他自己尽量多干些，以减少董老板的负担。可他从未干过体力活，更没干过重活，初干繁重的体力劳动，一时适应不了，加之天气又热，染坊热气蒸腾，汗流如注。没几天，就病了，险些倒到染缸里了。两个孩子发现他面色苍白，歪歪欲倒，忙把他扶到楼上躺下。

董老板闻知奔上楼来，一摸他的头，就叫了起来：“哎呀！这么烫！”埋怨他说，“我早就看出来了，你不是做粗活的人，不让你干活，你偏不听。你好好躺着，我去找医生。”董老板请来医生，为他看过病，又端着温开水看着他把药吞下，坐到他身边，安慰着他：“别着急，安心养病。”

海粟深深地被感动了，就把自己的真实身份告诉了他。

董老板惊喜地攥紧他的双手说：“啊！你就是刘大师！真是幸会！那年你到这里开画展，我还买了一张《岁寒三友图》呢！”他打开壁橱，从里拿出那张画，“你看，在这呢！日本人来之前，我一直挂在客室里，现在只好藏起来了。”

海粟眼里滚动着泪花：“董老板，叫我如何感谢你呢！”

“你说哪里话！若不是国难，你刘大师，我接还接不到呢！”董老板也很激动：“你先养好病，我去给你弄张身份证，不能用你的真名实姓，外面正在传，说有个宣传抗日的画家逃到这里来了，你不能暴露身份。”

“还用罗赫这个姓名吧！职业还是古董商人。”海粟用罗赫这个姓名在董家染坊住了下来。董老板不让他干活，他整天在阁楼上教两个孩子念唐诗，写汉字，一住就是三个月。4 月的一天，他又发高烧了。董老板坚持要送他到医院检查。海粟只好听他的，留在医院观察检查，两个孩子不肯离开他，在医院守护着他。第三天，他们从医院回来才知道，不幸已经发生，染坊封闭了，董老板被日本宪兵抓走了。幸好他随身带着那只手提箱，他又一次陷入了走投无路的困境。他带着两个孩子刚刚离开染坊门前，身后有人轻轻地唤了他一声：“刘先生！”

除了董老板，这里没人知道他的真名实姓，他大吃一惊，不敢回头，拉着两个孩子拐进一条小巷。

那个声音跟了上来：“刘先生，你等等。”他自感想逃已逃不掉了。只好站下转过身，突然他惊喜得张大了嘴巴，莫非是梦？站在他面前的是他的友人侨领范小石、刘应宜。范小石解释说：“我们是来看你的！”

他仍然不相信，以为出了幻觉：“刘先生，范先生，真的是你们？你们怎么知道我在这里？”

“董老板派人告诉我们的。”

“他因抗日嫌疑被关起来了。”海粟焦急不安地说。

“这里你不能住下去了，你就会暴露的。跟我们走吧，离巴城不远有个叫米斯脱的山区小镇，那里比较闭塞，但很安静，你还可以作画。”

海粟不由相信起命运来了，飞机没炸死，船沉又偷生，濒临危难时总遇到贵人搭救，也许我命不该绝，能化险为夷，逢凶化吉。但他不放心董老板，想在离开前去看一次。范小石、刘应宜坚决地把他拉上了车，说：“说不定日本人正在找你呢！这等于送上门去！我们得快快离开这里。”

他们把他安置在米斯脱山上一所幽静的屋子里，给他们配了个做饭的人。他的身份还是古董商人罗赫。他和两个孩子相依为命，他教他们写生，画青山翠岭、海上日升日落，教他们中文，带他们攀援山间小道，寻觅只有南国才有的奇花异木，制作标本。两个孩子本来连汉话都说不连贯，在他的教授下，进步很快，汉语说得熟练了，还学着写诗。六个月后，印尼和新加坡恢复了邮路，他和胡大夫联系上以后，胡大夫托人接走了孩子。他感到从未有过的孤独。这里远离万隆，日本人的侦骑还没来过，他放松了警惕，与人交往多了起来，结果被奸细告密了。

1943 年 3 月的一天清晨，他在刚画好的一幅红梅上题上："悬岸标独操，绝壁抱孤芳。"在自我欣赏。忽然进来三个不速之客，两人进来就径直往他房里闯，一人坐下来问他："你有登记证吗？"

他拿出登记证递给那人。

"你几时住到这里来的？"

"半年多了。"

"你太太在此吗？"

"她在上海。"

"还有什么人与你同住？"

"只有个烧饭的仆人。"那人又检查了仆人的登记证。进里屋搜查的两个也出来了，什么也没搜到，就坐到那个问话的人旁边。问话人一面抽烟，一面继续问他："你不姓罗，你是刘海粟！"

"不，你认错人了！"他否认着。

"不会的，你是中国一个著名画家。"那人拿出两张报纸，指着上面刊登的照片，"这不是你吗？"

海粟知道他们已掌握了他的情况，只得承认。

那人继续问："你来这里的目的？"

"我是从星洲逃难来这里的，仅此而已。"

“你要放明白些！”那人站了起来，“你不可离开这里，等待军部问话！”他连说三遍。

原来他们是日军军部的特务。他知道这意味着什么。可这里民风淳朴，极少宵小之徒，是谁向日军特务机关告密的呢？既已如此，也就只有听其自然了，大不了一死。

他的两位当地学生得知此事，吓得面色惨白，一个说：“日本人心狠手辣，恐怕凶多吉少，怎么办？”一个说：“先生，我们能帮你做些什么？”

“我只要你们为我做一件事，倘若我遇了难，请给我家里打个电报。”他在一张纸上写下了他妻子的姓名和他上海家中的地址，“现在我请你们快快离开这里，我已被特务盯上了，这里危险，你们以后不要再来了。”

第二天中午 10 时，小镇维持会副会长刘启明陪着一个日本人来到他的住所。刘启明原是当地侨领，万隆沦陷后，做过一些抗日秘密工作，常来他住处，把外面抗日活动的信息转告于他，说起抗战，会激动得义愤填膺。海粟视他为可信朋友，把自己的真实身份告诉了他，还给他作过两幅画。他向海粟介绍着那个日本人：“皇军军部华侨班长官平山熊雄君，他来带你到军部问话。”

海粟这才明白，刘启明出卖了他。他被带到日军军部审讯室。一张长桌后面坐着五个日本军官，坐在正中的丸琦大佐，用流利的中国话问他姓名、年龄、职业。他一一做了回答。丸琦接下问：“我们早注意你了，你是 1939 年 12 月 11 日到巴城的吗？”

他答道：“是的。”

“你从上海来的吗？”

“是的。”

“你到南洋的目的？”

“我生平爱好游历，一是来看看南洋风光，二是展览我的作品。”

坐在丸琦旁边的丰岛霍地站了起来，把一本贴剪报的簿子掷到他面前。

海粟掠了一眼，上面贴的正是他到爪哇各地筹赈展览的报道。

丰岛厉声说："这里有你初到爪哇在华侨总会的一篇演说，完全是敌对性的。重庆利用你鼓动华侨抗日，你假借筹赈之名义，先后在巴城、泗水、三宝垅、万隆、新加坡、马来亚各埠举行画展，向华侨募集巨款，而且到处演说、广播，这些报纸，就是铁证。你还有申述的吗？"

他的一切活动都被特务记录在案。自三个特务闯进他的住所那刻起，他就没有想着活。这时，他已完全把生死置之度外了。他回答说："无所谓利用，没有谁叫我到南洋来筹赈。我是中国人，当然爱我自己的祖国，如同你们日本人爱你们的国家一样。你们不用多说了，我在你们手里，任你们处置好了！一个人为他的祖国牺牲是天经地义的。"

丰岛正要发作，丸琦示意他坐下，又转对海粟说："多数华人对他们过去的行动都是否认、抵赖，没有像你这样坦白态度。过去的事都过去了，我们也不算旧账了，现在，我们大东亚，尤其是有学问的人，应该大家合作，你对南京政府有什么看法？"

他回答说："中国只有一个政府，就是国民政府，汪精卫的所谓南京政府是伪政权！"

丸琦说："听说你对蒋介石先生也有看法，和汪先生也是朋友，你为什么不和汪先生合作？"

海粟哈哈大笑起来："这很简单，因为他背叛了祖国！"

他的回答再次触怒了丰岛，他大声斥责着他："你太狂妄了！"从腰间拔出手枪，重重地往桌上一放，"你想和大日本拼一死战，是吗？"

海粟想，与其让你杀死，还不如我自己来，他以迅雷不及掩耳的速度从桌上拿起枪对着自己的太阳穴扣动了扳机，可他连扣几下都没响。

丰岛哈哈大笑起来。

海粟自知受了戏弄，他怒不可遏地把枪扔到桌上，吼了起来：“卑鄙！用一支没弹的枪威胁我！”

丸琦说：“刘先生，抗日是有罪的！但我们看重中国知识分子的气节。我已说过，过去的事，不再追究，可现实是你们无法改变的。希望你明智一点。中国有句古语，叫作‘识时务者为俊杰’，像你这样一位知名艺术家，在我们日本也很有影响，我们希望你尊重现实，与我们真诚合作。”

海粟凭心里那股无畏之气，又哈哈大笑起来：“我不接受汪精卫伪教育部长之邀，我还会和你们合作？岂不笑话！你们要如何处置就如何处置吧！”

一阵沉默。

丰岛又要发作，丸琦又止住了他，说：“刘先生，我们尊重你的意愿，你可以回米斯脱去了。但你不得离开住地。”

海粟不知他们葫芦里卖的什么药，忐忑地回到了住地，见他的两个学生在焦虑不安地等着他，他首先想到的是敌人放他回来是放线钓鱼，他生气地对他们说：“叫你们不要再来，为何不听！特务随时都可能冲进来，你们快走，这里危险！”

两位学生坚持不肯抛下他，要趁黑夜把他送走。他坚定地说：“万万行不得！这会给侨胞带来大搜捕的灾难！中国有句名言，叫作‘人固有一死，或重于泰山，或轻于鸿毛’。没什么大不了的！”

日本人仿佛忘记了他，两个月没来找麻烦，但土人警士隔三岔五地来问话。他明白，他被监视着。1943 年 5 月 5 日，日本军军部华侨班长官平山熊雄来到米斯脱，再次把他带到华侨班。海粟以为他就要为祖国殉难了，心里涌上了一股视死如归之气。丰岛出来跟他谈话:“接司令部电话，20日内用军用飞机送你回上海，回去待命。”

海粟悄悄去到范小石家，把日本人要押他回国的事说了。范小石分析说：“他们押你回去肯定是有企图的，我想他们是要逼你与汪精卫合作，为汪伪政权装点门面。”

“我已有了思想准备，如果我能生还上海，我将杜门谢客，他们能奈我若何！”海粟紧紧握住范小石的手，激动地说：“范先生，我永远感谢你们，我刘海粟决不会去做民族的敌人！”

5月19日，他被押离米斯脱，同日押上了飞往上海的日本军用飞机。

刘抗、蔡斯民：刘海粟黄山恋情

刘海粟教授年方九三，十上黄山，
啸烟霞，抚琴泉，与奇峰对语，
临古松长吟，拥抱黄山，
人山合一，跳出云海，
吞吐黄岳，古所未闻，今亦仅见。
——江泽民《刘海粟十上黄山画展序》

1988 年 7 月 12 日上午 9 时，刘海粟从南京乘汽车出发，中午在泾县略微休息了一会儿，就向黄山进发。

黄山，是他的艺术之山、生命之山，有如梦魂般缭绕着他的百年人生。他和它有着特别的感情。这回是他的第十次登临，对它的感情也一次比一次加深。在他的心中，它是天下第一山，千峰竞秀，万壑横崎，集雄、奇、幻、险于一身，胜景天成，百看不厌。他每上一次，都有新的感受。它是他的精神支柱。他的诸多作品中，最杰出的都是黄山赐予他的。它的奇松、怪石、云海、瀑布，四时景色，源源流入他的笔下。黄山在他的速写、素描、油画、国画中无所不在。他的黄山画中，大泼墨、大泼彩、中西技法互相渗透，集古今菁华于一体。评论家谓之气吞山河，登峰造极。

车到汤口，红日西下。金红落日的辉煌，倏地把他送回到八上黄山、在那里创作油画《黄山汤口》的情景之中了。

1981 年 8 月 28 日的下午，他的画兴浓得和甜酒一般，决意去汤口作油画。黄山疗养院的大夫们，一齐拥来劝他："您太累了，又那么多路，作油画要站很长时间，还是在附近画画歇歇吧！"

几次经汤口上黄山，他都为皖南黄山特有的民居所吸引，特别是那风火墙，是别处所没有的，加上黄山为衬景，画稿早在他心中构成了。他谢绝了医生们的好意，执意和学生们去到汤口。只用了三个小时，就完成了。这幅画是他 15 年来的最佳之作，在民族化上做了探索，在运笔上，他采用了传统书法的技巧，将石涛、八大的笔墨与西画的长短笔融于一体。他削去了烦冗，力求洗练，用亦庄亦谐的大红大绿使之明艳，又用了些中间色。通过节律线条的组合，就有了一种艳而不浮、静谧而又不失交响乐般的效果。为了抢时间，他调动了往日观察黄山落日的感念，在房屋上还未出现夕阳余晖的时候，他就先在画布上把三块风火墙涂上了橘红。未及涂好，果然夕照在房屋的风火墙上出现了。刚涂好，墙上的晚照就消退了。

"天不早了，快回去吧！"学生们在催他。

"不！"他固执地继续画着，"我要赶在日落前把那两座山画完。"

他终于在黄昏光影交替的时候，完成了《黄山汤口》。

海粟留恋地望着那些被照映成橘红色的风火墙，感受着那色彩的美韵，心里流淌起一条幸福的河。

这次启程前，有人劝阻他："刘老，这么大热的天，冒着酷暑上黄山，您毕竟是老人了，万一中暑，怎么办？"

他风趣地说："我才 93 岁嘛，身体很好，走路不用拐棍，我最了解自己。前年我在大风雨中登上了埃菲尔铁塔，你们不用担忧。"他粲然一笑，"这次我要用我的全部激情去拥抱黄山，去吞吐黄山。只有这样，我的艺术才有生命和青春。"

晚上 8 点半，他们一行抵达黄山云谷山庄，他豪情满怀地口占一绝：

年方九三何尝老，劫历三千亦自豪。
贾勇绝顶今十上，黄山白发看争高。

第二天一早，他就早早起来了，对夫人伊乔说："今天我要出去作画。"

伊乔连忙去转告随行工作人员，要他们做准备。他们听说他一早就要上山，都来劝阻："刘老，您昨天坐了一天汽车，我们都感到累了，您休整两三天，再去画吧！"

他急起来了，说："我不是来玩的，是来工作的！不能浪费时间呀！"

他们没法，只好打开行李，取出画具，问："您想去哪里？"

"我想画人字瀑。"

"那我们就到温泉观瀑楼。"

黄山已有一个月没下雨了，又正值炎夏，人字瀑已经干涸。八上黄山时，他就画过它。那天，大雨滂沱，下了半天，中午时分，雨过天晴，他来到观瀑楼。一个银液写的"人"字从悬崖上泻了下来，犹似银河从天而降，又在岩壁上分作了两股。那气势震撼了他。他作了幅油画。银练一泻千里的磅礴气势透过油彩，仿佛都能听到银河倾泻时的轰鸣。

此刻，他望着无水的山岩，久久凝视着经年累月被瀑布冲刷

刘海粟黄山写生的情景

得发白的瀑痕，不觉有种怅然之感。他又望了望天空，夏阳正灿，奇迹不会立即出现。便说："雨总会下的，下次再来吧！"就走在前面。

他的学生们连忙上前扶着他。他们步行来到桃花溪上的白龙桥。

他的视线立即被溪畔一株古树吸引了。树下有块巨石，树上缠绕着碧绿的藤萝。立然，他心里活化出一只曲蹴的猛虎，古树上的青藤活化成一条舞动的龙。一幅龙腾虎啸的画面浮现了。他用激动得发抖的声音吩咐工作人员："铺上四尺宣！"

画架撑起来了，画板架上了，画毡铺上了，宣纸铺好了，用镇纸压着。

他脸上红光溢泛，挥笔蘸墨，笔底响起了虎踞龙腾的格斗声响，时疾风狂旋，时春蛇入草。他用浪漫的笔墨，很快挥就了一幅写意画，题上："戊辰夏刘海粟十上黄山写龙虎斗。"

1980年，他七上黄山时，作过《莲峰紫霞》《黄山宾馆即景》《万山溪谷》《青龙腾波》《黄山烟云》《始信峰松林》《锦绣河山》《黄山》等画，为赴港画展做了准备，也在这桃花溪上作过《百丈泉》《青鸾舞雨》《白龙潭》《溪谷林泉》《溪雨流舟》。回去他制了一印："昔日黄山是我师，今日我是黄山友。"他的朋友江辛眉教授评之曰：他"所画的黄山，比黄山本身更概括、更神气、更美化"。又说，"石涛得黄山之灵，梅瞿得黄山之影，渐江得黄山之质，黄宾虹晚得黄山之浑厚深邃，海老得黄山之真、之神、之变、之力"。此刻，桃花溪又在喧笑，它好像也年轻了，他情不由已地又口占一绝：

光怪陆离真似梦，泉声云浪梦如真。
仙锦妙景心中画，十上黄山象又新。

7月14日一早，他就坐缆车到达白鹅岭缆车站，转乘竹椅小轿去北海。哟，沿途游客都伫步向他欢呼、鼓掌，表示敬意。许多准备下山的游客又折转回来，跟在他们一行的后面回到北海，一直把他送到北海散花精舍。正在附近游览的数百名游客，听说是他上山来了，一齐涌到散花精舍楼下的路上，要求和他见面。他听到那一片欢腾之声，心里也腾起了烈焰，走上阳台，微笑着向他们扬起手。

楼下欢声雷动。有人高喊："刘先生，我们敬佩您！"有人喊："刘老，向您学习！我们要学习您勇于攀登的精神！""祝刘老健康长寿！"……

他眼里升起了一缕潮雾，激动地扬起手，频频挥舞，大声说："祝大家健康长寿！"

人群依依不肯散去。

他只休息了一会儿，就对伊乔说："请他们帮我准备一下，我要去画'梦笔生花'。"

伊乔望望天，外面烈日当空，游人们挥汗如雨，想劝他下午再出去。可她了解他，没敢说，就去对门房间对他的学生们说："老头子现在就要去画'梦笔生花'呢！"

"天太热，这太阳晒得人发昏，师母，等太阳稍软和一点儿去不好吗？不要让他中暑了！"他的一位学生第一个反对。

伊乔无可奈何地一笑："我有什么办法？"

他们只好把画具、椅子等往外搬。

游人们听说老人要去作画，都兴奋起来，忘了饥饿和疲累，纷纷来帮忙，搬椅子的，抬画架的，扛画板的……浩浩荡荡簇拥着他来到散花坞山巅。

哇！往日这里云蒸雾袅，波滚浪翻，可天旱和酷热，改变了它的容貌，'梦笔生花'脱去了缥缈的婚纱，朴朴素素裸露出它的皱纹和筋脉。

他望着一览无余的谷底，心里倏地涌起了千奇百幻、云霞蒸腾的壮美云涛。他笔下的'梦笔生花'烟涛滚滚，浪花沸腾，紫气袅绕。

"海老，"不知是谁唤了他一声，"您把烟雾云雾给了黄山，她要感谢您呢！"

"哈……"他笑了起来，没回头，也没停笔，说，"山在变化我变化，我画的是我心中的黄山，是她的神，不是一时的形。我与黄山至交 70 年，我了解这位老朋友的性格，她在我心中是变幻不息的活活泼泼的生命！我用爱滋养着我心中的黄山呢！"遂在画的左上方题了一绝：

年方九三上黄山，绝壁天梯信笔攀。
梦笔生花无定态，心泉涌现墨潺潺。

7 月 19 日，吃过早饭，他们一行就往始信峰腰走去。他要再次与石笋做一较量。

每次上黄山，他都要到那里去作画。那是一个神秘莫测的地方，千峰万嶂，形态各异，诡谲神奇，被称为丞相观棋、仙人对弈、仙人背包、三娘教子、观音渡海、达摩面壁……他第一次见到这些景象时，就曾惊呼：“瑰诡耸拔，奇幻百出，吾虽善绘，妙处不传也！”

他伫立在始信峰腰，凝望着神秘莫测、有如春笋般的峰群。良久之后，才对随行的学生说：“先作张油画。”

他挤了些赭石在调色板上，又兑了点儿大红，勾出了群峰的轮廓，遂铺上大色块。他一手持刮刀，一手握画笔，仿佛跃马扬鞭的勇士，驰骋在沙场上，心与山会，心与神会，忘了世间一切，乐在色彩的飞动间。不一会儿，山石、云、树就郁郁勃勃出现在画布上了。他退后一步，坐在椅上，自我陶醉起来：“你们到这儿来看呀，我又变了！这线条，这笔墨似国画，这层叠的色块，又是油画。在这幅画上，一样的气势苍莽磅礴，高远壮阔，一扫人间俗气，溢出了浪漫热烈的童心和简洁无华之美。”

伊乔站在他身边，脸上洋溢着快乐和幸福。她说：“老头子，我们应该在这张画前合张影。作为你又变了的纪念。”

“好！”他快活地欢叫起来，“来，我们大家一起照。”

回到下榻的散花精舍，他让学生把画陈放在卧室里。午休的时候，他仍然不能平静，坐在床上，久久凝视着画面，不由又心驰神往到石笋那奇妙的世界中去了。

“老头子，”伊乔轻轻走到他身边，把一瓶盖红红绿绿的药片递给他，“吃了药，休息吧！今天你已累得够呛了！”

他回头一笑：“好，我听你的。”他只得躺在床上。伊乔也躺下了，不一会儿，她就发出了轻微的鼾声。他却怎么也睡不着，他心里又出现了一个美丽奇幻的画面。

他悄悄溜下床，轻手轻脚地进了借作画室的外间。在画案上铺了一张五尺宣。他要用瑰丽的泼彩，把心中的石笋留在宣纸上。

顷间，宣纸上岚气氲氤，万峰如林似海，湿云粉白如烟，铁松塔立。三两峰端映着几抹赭红，令人惊心动魄，光怪陆离，美不可言。

“太美了！太美了！”伊乔早就站在他身后了。她不敢惊扰他，这时她忍禁不住喝起彩来了，“先生，你腕下的黄山比真实的黄山更美！祝贺你！”她把一杯黄山茶递给他。

他非常得意，兴奋得说话都有些打战了：“伊乔，书画凭气，这是难得的一幅。”他接过茶，喝了一口，就坐了下去。

伊乔知道，他在构思题跋，就默默坐在沙发上。茶才喝下几口，他就站起来了，放下茶杯，提笔在画面左上处题道：

人世沧桑大变迁，黟山郁律自巍然。师生几共游山日，桃李春风又六年。横翠嶂，起白烟，冥搜物象近日边。争高千仞山皆浪，裂壁云岚石笋寒。

一九八八年七月十九日石笋泼彩画，刘海粟十上黄山，九十三岁

8 月 6 日夜，黄山下了喜雨，7 日晨起天又晴了。山景全变了样。海粟激动不已，拿出珍藏的金笺纸，他要到白鹅岭去画晨光晴岚。他踏着湿溜溜的石阶，登上了白鹅岭，凝神眺望着天都、莲花、佛掌诸峰。

他的学生们为他在画板上展开了金笺，用镇纸镇住，站到他身后。“自古金笺破墨难。”他们只知道祖先留下的这条经验之谈，可谁也没画过金笺。他们揣着忐忑和惊奇，凝神屏息看他调墨、运笔。

他几笔勾勒出凝重的远远近近的山影，峻秀的林壑。墨泼上去了，水泼上去了，远山层层叠叠，近山巍峨挺拔。冷翠泼上去了，绀蓝润染着青峰。金笺不渗不滞，任画笔时纵时收，胆气激发，光华四射，似云似幻，似油画又不似油画，似国画又不似国画。

“金笺泼墨泼彩成功了！”学生们欢跳起来。他在画上题了一阕《菩萨蛮》：

> 天都脸上云纱绕，莲花耸若皤然老。岭上展金笺，墨潮随兴添。香风吹短笛，耳畔松涛急。山画两苍苍，铁崖老更刚。

第三天，他又用金笺作了《黑虎松·忆李可染》，题曰：

> 一九五四年夏，与可染同学画黑虎松和西海，朝夕讨论，乐不可忘。今可染已自成风格，蔚然大家。松下忆之，忽三十四年矣。

这时，黄山沸腾了。刘海粟十上黄山的消息，引起了海内外的广泛关注。时任国务院总理李鹏、文化部部长王蒙、上海市委书记江泽民、市长朱镕基、安徽省委书记卢荣景都致电祝贺他。安徽的许多领导人和作家，都上山来看望他。刘老的入室弟子和崇拜者纷纷涌向黄山。台湾画家江明贤专程赶到黄山拜访刘老，就教于他。他的新加坡弟子刘抗也来了。那天，他正在升仙台作中国画《始信峰石壁》，听到一个熟悉的声音在呼唤他，他伫笔倾听。“校长——你在哪里？”

刘海粟、夏伊乔、刘抗等在作画现场

那个声音越来越近，他已辨出来了，不由兴奋起来，大声回应着：“我在这里——！”又补充了一声，“我在升仙台——！”他抑制不住内心的欢悦：“伊乔，是刘抗，刘抗来了！”又吩咐学生，“新加坡著名画家刘抗先生来了，你们快去迎一下。”他放下笔等待着。

“校长，”刘抗也已年逾古稀，他摆脱海粟学生们的搀扶，快步向他走来。

“刘抗兄！”海老迎上去，紧紧拥抱着刘抗，“你好！”

“您好！”刘抗激动地说，“我们听到您十上黄山的消息，都激动不已，蔡斯民先生和陈人滨先生也来了。”

他放开刘抗，去和走上来的他们握手，“欢迎你们！”

“刘大师，”蔡斯民说，“去年您在我们那里说，要十上黄山，当时，我们心里还有些疑惑，您 90 多岁了，还能爬得上？您还真的上来了，这是奇迹！”他再次把手伸给他，“祝贺您！”

“刘大师，我们就是专程来向您表示祝贺的，也是来向您学习的！”陈人滨握住他另一只手。“我们回宾馆去吧！”他提议说。“校长，您画您的，我们在边上看。”刘抗说，“也好让我学点儿东西。”

“刘大师，”蔡斯民说，“我这次来有个设想，想把您的绘画过程拍成摄影作品，出一本《留真——当代中国画名家像传》，我希望得到您的支持和合作。”

“这好呀！”他高兴地说，“要我做些什么？”

“您什么也不用管。”蔡斯民脖上挂着几架高级照相机，他取下一部，卸下皮外套，“您只管画您的。”

刘抗拾起他放下的笔，递到他手上，看看始信峰，又看看他已画得差不多了的画面，赞叹说：“校长，您这峭削的立壁，您这姿态万千的松，多像草篆啊！真是飘逸之至！飘逸之至！”

海粟提笔收拾起沟壑间的林木、远山，又在近处画了一株横出的松，说：“松是黄山之花，瘠薄的土地，锻炼了它们的生命力。你看那棵小松，高不过四尺，粗不过拐棍，根却有鸡蛋样粗，穿过了石壁，长到这里来了，少说也有一丈多长。它们向阳的本能，又使枝丫多向一面生长，不论是迎客、送客、连理、凤凰、黑虎、龙爪，都是这样。这是黄山生命力的表现，独特的表现！”

他边画边说：“清凉台那里有棵孔雀松，左边大枝为雷火所劈，右边大枝发出许多劲枝，向上下伸展，活像孔雀开屏。我从未见过病态的松木给人如此壮美！”他突然停住笔，“它去年还好好的，前几天我去看它，它已枯死了，还被人锯成了两截短短的树桩。唉！造物太残酷，不假以永年，竟被人肢解而去，何其惨也！我还是画了它，题了一绝：

天地铮铮骨，山川耿耿情。

老夫尊逸气，铁笔写诗魂。

算是为它招魂吧！让它在我的画里永生！”

蔡斯民的闪光灯闪个不停。他收拾好最后几笔，又题上一阕《西江月》，掷笔后，大声朗诵起来：

万古神州灵秀，凝成铁壁铜墙。苍龙上下竞回翔，翠壑岚光流荡。漫洒钧天彩雨，随吾袖底汪洋。九三犹是旧刘郎，莫笑故人狂放。

“美哉！壮哉！”刘抗赞着又一次拥抱了他，“校长，您这一幅较之八次上黄山那幅更有气势，更有韵味。”

“画境诗情是我对黄山深沉炽热的情爱啊！”他欢笑起来，“我们回去吧，晚上我设便宴给你们洗尘。再请你们观赏我十上黄山的作品。”

晚宴席上，海粟和他们谈起了自己的再度访法。他说：“法国人把我安排住在皇家大酒店。刘抗你还记得那个地方吗？和卢浮宫隔着广场遥遥相对。我巴不得一下就扑进巴黎的怀抱。你知道的，我是从那里向中西文化合流迈开脚步的。可法国人说我年纪大，要我休息，不让我出去。我心急如火，生气了，对他们派来照顾我们的小伙子柯那巴发脾气：‘你们怕我老了，跑不动？我告诉你，我在黄山一天可以站着画三张画，年轻人都比不上呢！’我发过脾气又来软的，‘柯先生，我阔别巴黎已 50 年了，就像一个人思念他久别的恋人那般，恨不得立即和她相会、拥抱。我了解自己的身体，能行的。我又带点儿胁迫的声调，‘你们不让我出去，要我休息一周，恐怕我要相思成疾呢！’”

他放下酒杯，哈哈笑了起来："这一着还真管用。他去汇报，又请来了医生给我做检查，结果证明我的身体一切正常。柯那巴笑着对我说：'您可以在巴黎尽情游玩了！'"

他端起酒杯，呷了一口："我决定马上出去，伊乔给我穿上外衣说：'天阴下来了，怕要下雨。就近先去卢浮宫吧！'"

"'去埃菲尔铁塔，先看巴黎全景。'我又对柯先生说，'我第一次到巴黎就是先上铁塔的！'"他看着刘抗，"还是你们陪我一起去的。啊！你还记得不，那时夜幕将临，我们站在塔顶，仿佛站在云中，俯瞰巴黎。十二条街，华灯初上，辉煌如练。你当时大叫：'此乃人间仙境！'可那天，汽车刚停在铁塔下的车坪上，天就下起雨来了，随行医生说'改日再来吧！'伊乔和随行的人见雨越下越大，又刮起了风，都来劝我等雨停了再来，我坚持要上去：'这点儿雨和风算什么！我正想一睹风雨中巴黎的风采呢！'"他滔滔不绝地说个不停，"我们乘电梯上到顶层。哦，笼罩在烟雨中的巴黎独具魅力，引起了我无穷的联想，似缥缈的海市蜃楼，似黄山的海岛，似我的泼墨泼彩，美不胜收，我心怀激荡，口占一绝。啊，你还记得，你念给我听听。"刘抗诵道：

> 云涌风驰九十秋，攀登忘乐又忘忧。
> 昂首铁塔惊天外，更喜珠峰在上头。

"你的记性真好！我获得了一阵掌声……"

伊乔用肘拐了下他。

他哈哈大笑了起来："我这人聊起来没完，酒逢知己千杯少，话不投机半句多。蔡先生，吃菜，这是黄山特有的石鸡，尝尝。陈人滨先生，您是第一次回祖国吧？吃。"

与他们同来的另一位新加坡朋友突然提了个问题："不久前，

有位中国最高美术学府的教授到新加坡讲学，讲的是中国现代人体艺术，我想他一定要讲到您为人体模特儿论战的事，您首创人体写生，这是中国现代美术史上不可抹掉的事实，可那位先生却只字不提及您。我们很多人当时就很愤慨。您这样一位誉满世界的艺术大师，在自己的祖国难道还得不到公正的承认吗？”

海粟淡然一笑说：“我很欣赏您的快言快语，这个问题也问得好！”他端起酒杯呷了一小口，“我一向提倡艺术大公，主张艺术创作应有多姿多彩的流派，但我反对宗派。”

刘抗对同来的青年画家笑了笑说：“艺术天地亦非净土啊！它也是一个社会。既是一个社会，就有社会上的万千现象，文人相轻，只是一种现象，更可怕的还是宗派。刘校长主张要流派，不要宗派，我非常赞同。只有这样，艺术才能繁荣。可有些人死抱着祖宗的庭训不放，令人遗憾。”

饭后，他们一齐来到他的画室。

蔡斯民第一眼就看到画案上那雕刻了水牛芭蕉的金星砚台，连连称赞：“好！好！”

伊乔高兴地告诉他：“这是安徽歙砚厂送给老人的。他们听说老人喜欢画牛，就雕了这条栩栩如生的水牛。”她又指着一箱高级油烟墨汁和制有黄山古松图案的徽墨，“歙县老胡开文墨厂厂长姜林先生听说老人爱用他们厂的油烟墨汁作画，就特制了亲自送来的。”

刘抗看到他十上黄山画了如许油画、国画就惊呼起来：“这么多？啊，比九上的作品更奇瑰了！”

蔡斯民走过来，惊叹道：“我仿佛置身在一个奇幻的世界啊！”

陈人滨啧啧称颂，惊羡不已。

海老说：“人的感情是随着年龄的增长而变化的，我对黄山的情感随着日月的延伸也在变深变阔。特别历经了十年浩劫，我对人生有了更深沉的认识。八上之后，就有了一种告别和惜别的依依之感。过去我在清凉台作画，一攀就上去了，八上黄山，我就要人扶一把了，但我毕竟是自己上去的。这靠的是一个‘敢’字。世上无难事，只要敢攀登。我在93岁还能上黄山，就是因为我热恋着黄山，爱使我有了力量和勇敢的攀登精神，爱也使我画里的黄山更奇、更瑰、更美了。你们多看看，多画画，就能品味出黄山的佳趣。黄山奇，奇在云岩里；黄山险，险在松壑间；黄山妙，妙在有无间；黄山趣，趣在微雨里；黄山瀑，瀑在飞溅处。”

他走到那张题为《松涛呼啸》的泼墨淡彩国画前吟诵起上面的题画诗：

泼墨淋漓笔一支，松涛呼啸乱云飞。
黄山万壑奔腾出，何似老夫笔底奇。

刘抗带头鼓起掌来。

他又说：“你们发现没有，我不是用一种笔墨、一种手法在写黄山。这张松，有草篆的味道，显得飘逸。这幅，我用的是古籀的笔法，显得极凝重。这莲花峰像不像巨鹫蹲夷？‘梦笔生花’像不像天马行空？这幅的山峰几乎都是线条，没有一株同态的松。”他转向刘抗，“你是看过人民大会堂上海厅那幅巨画《黄山狮子林》的。气象雄伟，笔法苍劲。大面积的泼墨泼彩，笔力千钧，真乃杰构！”

大家各自回房休息后，刘抗一人又来到他的卧室里，师生促膝又聊了起来。他们说得最多的还是艺术。突然，刘抗沉吟了，似有话说，又似不好开口。他笑了起来：“你听到了什么话吧？”

刘抗点点头说：“我从上海来时，碰到一位之前见过面的画家，我说我是专程来黄山拜望您的，我们就谈起了您。他对我说了您第一次在中国美术馆举办画展，有位夫人散发传单攻击您的事。我心里很不是滋味。”

“唷，”他淡然一笑，念起了陈眉公辑《幽窗小记》里的一联，“‘宠辱不惊，看庭前花开花落；去留无意，望天上云卷云舒。’‘四人帮’就是那么诬陷我的！日本人没杀我，是威慑于我的声望，用飞机押送我回来，是汪精卫想利用我。可我在高官厚禄的诱惑面前坚定不移，大难没死，倒成了某些抱着宗派不放的人用以诽谤我的口实。我刘海粟有叛逆精神，但我热爱我伟大的祖国，深爱我伟大的民族，我这颗赤子之心是不容玷污的！个别别有用心的人，是深谙用什么样的箭矢才能击伤我的！就用了这样一支毒箭。我明白这一点，也就淡然处之。我这人啊！一生大起大落，阅尽了人间光怪陆离，放得下，想得开，我在别人没法活下去的时候，明知活着比死还痛苦，我还是活下来了，何惧造谣诽谤？又何在乎不公正、不承认？你刚才看到我在《文光亭泼墨》一画上的题诗吧：

浇尽平生块垒胸，衰颜今喜发春红。
更携茗水无双笔，十上黄山写奇峰。

“校长，我钦佩您登高忘喜又忘忧的境界和胸怀！”

这期间，海老夫妇还和学生一道去游览了九华山，在观音峰下用泼墨作了《凤凰松》。刚一回黄山，就见到一位著名作家给他带来的日本客人，他介绍说：“刘老，这是日本著名作家开高健先生，他是芥川龙之介文学奖的得主。”

“认识您很高兴！”他向日本客人伸出了手，热情地握着。

“刘先生，”开高健向他连鞠三个躬，“我在北京听到您十上黄山的消息，兴奋不已，就产生了要上黄山拜访您的念头。我已在黄山等您两天了！”

他被日本朋友的友情深深感动了，欢快地驱开了他四次访问日本的话匣。

“开高健先生，我第一次到日本是去参加 1919 年的日本帝国美展。第二次是 1927 年，我被当作‘学阀’遭到通缉，避难去的，朝日新闻社为我举办了个展和讲座，贵国皇室购藏了我两幅作品，裕仁天皇赠我银杯一座。那次画展影响很大，和贵国艺术名流藤岛武二、满国谷四郎、石井柏亭、桥本关雪、小室翠云诸位先生整日交流论艺，他们赞我为‘东方艺坛之狮子’。桥本关雪、小室翠云还在东京著名的艺妓之家设宴招待我。这是当时贵国艺术界接待外宾最隆重的礼遇。小室翠云先生是日本关西画派的领袖，他请我住进他在箱根的别墅长兴山庄。那真是富丽如御苑哪！生活起居的奢华，有如王公贵族。”

他越说越兴奋。

“1928 年，桥本关雪先生偕夫人来沪访问，当时，我为以何种方式接待他们，大费了脑筋。倘若依照贵国艺术家在妓家接待，那在中国又无此例；而且，社会又视花街柳巷为不干净之处，虽有某些风流名士偶尔逢场作戏涉足青楼，但从未有人正儿八经地在青楼接待外国贵宾呀！我和天马会的同仁一商讨，决定破除世俗观念，找一个高雅的妓馆接待桥本关雪夫妇。”

作家们乐了起来：“您不愧为东方艺坛之狮子！”

“哈哈……”他大笑起来，“当时上海有类叫‘长三’的雏妓，大都知书识礼，能歌善舞，色艺俱佳，卖艺不卖身。遇到愿以巨资替她出籍的意中人，就出嫁从良。我找的高级妓馆在上海四马路，叫作‘天韵阁’，房室宽敞，陈设雅致。出席宴会的除了天马会的江小鹣、王济远、丁悚等诸多同仁，社会名流经亨颐，你没听说过？就是何香凝的亲家、廖承志的岳父呀！著名的教育家。还有诗人徐志摩、陆小曼夫妇，数十人出席作陪，桥本先生那天非常高兴。”

“这真乃一次别开生面的款待嘉宾的活动啊！”两位作家又赞扬起他来，“您是生活的勇士！”

“哈哈哈……”他又仰脖放声大笑起来，“艺术家、作家都应该是勇士才行！”

“对对对，您说得对！”他们齐声响应着。

“文艺家首先应是生活的斗士，敢于鞭笞假丑恶，颂扬真善美！”

“说得好！”开高健也激动起来，“刘先生，1985 年 5 月，我看过中日友好协会和朝日新闻社在东京高岛画廊为您举办的中国画展览。”

“哦！”他兴奋得脸放红光，“您有何高见？”

“我非常喜欢您的作品，还写过一篇观画有感呢？”

“原来您还是我的艺术知音！今日相见，真乃相见恨晚呢！”他站起来，拿出一幅画，提笔在上面写了则跋，记述他们相见的趣事，对他说，“好画赠知音，开高健先生，留个纪念。”

开高建兴奋不已，连连鞠躬致谢。

“坐，坐。”他率先坐下。

“我从报道中得知，中曾根康弘首相在首相官邸会见了您和夫人。”

“他很客气，亲自把我扶进客厅，扶我坐下，他才落座，用中国话对我说‘您好’，问我可习惯日本的生活，有什么需要他做的事。”

“我记得他对您说过一段话：‘您是当代中国画的巨匠，我们的水墨画是受中国水墨画影响而发展的。因此，您也是我们日中两国水墨画的宗师。’”

“你们的首相不仅懂艺术，也深知中国人民的艺术情趣。他的谈话洋溢着日本对中国友好的感情，使我这个近一世纪来饱尝外国侵略之害，尤其备受日本军国主义侵略之苦的中国老人，心里有种难画难描的欣慰和自豪感。这使我深深感到，祖国的强大和稳定，是赢得周边近邻友谊、信任和尊敬的保证。我是一个老人，我热切希望我们的国家更加繁荣、富强。我之所以在 93 岁还要来上黄山，就是为了表达一个信念：‘世上无难事，只要肯攀登。’”

他们为他热烈鼓掌。

刘海粟大师就要告别黄山了。他心里漾起了千般情感、万种色彩，也许还能再来，也许就是永诀。他想要作幅抒发像那日出一般激动、日落一般壮美的画。

下午，他就在一张六尺宣上开始了。已泼了几次彩。午夜，他又偷偷披衣起来了。他不能让伊乔知道，不能让工作人员和学生们知道。平时，他们看到他的脚站肿了，就要劝他休息；下雨了，怕路滑，也不让他出去；起早了，也受到干涉。有一天，他画完了一幅表现黄山日出的绚丽油画，他们才起来看日出，也大惊小怪叫起来：“这不行，我们有照顾好您的使命，您不能这样硬拼！”他不得不悄悄行事。

他轻轻掩上了画室的门，调好颜料，添起彩来，他越画越兴奋了，心里涌起了明丽的晨曦，白絮样的云海，回荡在山间、壑谷，几缕朝阳，抹红了面东的山峦，青黛色的松，翠蓝的林涛，钢灰色的峭壁，朦胧的远山……组成了生命的赞歌、天籁辉煌的乐章。他忘情地哼起一支来自心底的歌。

芥子须弥，偏钟爱，黄山秀色。游人仰望，楚天清澈。点点苔花飞壁上，层层雪气浸诗页，温吾怀。翠海啸，松涛声宏烈。

十番上，难言别，情缕缕，抽不绝。纵挥毫万次，丝丝遥接。砚上落红吹不尽，纸边醉蝶添彩墨。梦悠悠，常怀众峰峦，云千叠。

他没法斟酌声韵律格、字数，这是一首无格的歌，从他心中奔腾而泻的歌！他自己也醉了！他握起笔，题到画上，把它题作《满江红》。

他的身后早已围上了半圈人，他没发觉。突然，他听到了抽泣之声，才回过头去，大惊："你们这是干什么？怎么不去睡觉？"

"刘老，"负责全程照顾他的学生说，"我睡了一觉起来，发现这里的灯光还亮着，推门一看，您披衣在画画，师母远远站在您身后。她向我摆摆手，阻止我惊动您，他们不知为何也陆续起来了。"他呜咽起来，"您不该这样不分日夜！明天，我们就要回去了，要乘一天的车呀！今天您应该好好休息！"

"你们不了解一个老人的心。"他的眼睛也湿了，"我怎么可以放松自己？人民期待着我的新作，我多画一幅画，就多为祖国和世界增加一份艺术财富。这是很有意义的事。我不能叫对我寄托厚望的人民失望，不能辜负各方面的重托和厚爱。"

海粟大师回到上海，上海市人民政府为他举办了十上黄山画展，时任上海市委书记江泽民亲笔为画展作了序文：

> 杜甫谓人生七十古来稀，我们说而今九十不稀奇。刘海粟教授年方九三，十上黄山，啸烟霞，抚琴泉，与奇峰对语，临古松长吟。拥抱黄山，人山合一，跳出云海，吞吐黄岳。古所未闻，今亦仅见。更能抒健笔，化情为墨色。打破中西界限，尽兴挥洒，蕴藉无穷。为昔日师长立传，今朝良友写真，山笔交辉，公之于众；与国内外朋友同享神游之乐。谨为小序。

这次画展观者不计其数，被喻为人间奇迹。

黄山白龙潭

139cm×68cm

1982年

光怪陆离泼彩黄山

138cm × 69cm

1988 年

黄山白龙桥

136.4cm × 67.8cm

1979 年

黄山松

177.6cm × 95cm

1983 年

黄山云海奇观

67.6cm × 89.5cm

1966 年

忆写黄山

69cm × 135cm

1989 年

始信峰高境界幽

135cm × 67cm

1981 年

散花坞云海

87cm × 172cm

1981 年

立雪台晚翠

67cm × 134.5cm

1982 年

黄山光明顶

105cm × 137cm

1982 年

曙光普照乾坤

145cm × 368cm

1982 年